HEYNE BÜCHER

N. E. GENGE

AKTE X

WIE ES WIRKLICH WAR

Die wahren Hintergründe der unheimlichen Fälle von Scully und Mulder

Aus dem Amerikanischen
von Will de Blôme

Deutsche Erstausgabe

WILHELM HEYNE VERLAG
MÜNCHEN

HEYNE ALLGEMEINE REIHE
Nr. 01/10251

Titel der Originalausgabe
THE UNOFFICIAL X-FILES COMPANION, VOLUME 2

Umwelthinweis:
Das Buch wurde auf chlor- und
säurefreiem Papier gedruckt.

Redaktion: Oliver Neumann, Redaktionsbüro Dr. Andreas Gößling

Printed in Germany 1997
Umschlagillustration: Bavaria Bildagentur/FPG/Rob Gage
Satz: Schaber Satz- und Datentechnik, Wels
Druck und Bindung: Presse-Druck, Augsburg

ISBN 3-453-11596-1

Für Peter,
der mich jeden Tag ein wenig dankbarer dafür macht,
daß ich ihn getroffen habe.

Danksagung

Wieder einmal schätze ich mich glücklich, an dieser Stelle den vielen Menschen danken zu können, die durch ihre kompetente Unterstützung und ihre wertvollen Beiträge mitgeholfen haben, daß diese Sammlung zustande gekommen ist. Vielleicht hätte ich es auch ohne euch geschafft – aber mit euch hat es wesentlich mehr Spaß gemacht!

Für Anleitungen zu allen seltsamen oder absonderlichen Themen und für Führungen in die versteckten Winkel der Magazine danke ich den Angestellten der Queen-Elizabeth-II-Bibliothek der Memorial-Universität (St. John's), der Medizinischen Bibliothek des Health Science Center (St. John's) und des Raymond J. Condon Memorial Library and Resource Center (Labrador City), insbesondere Alexandra Hartman, Sandra McDonald, Beth Woodman und Patricia Ho.

Für den offenen Gedankenaustausch gilt mein Dank der ›Verdeckten Gruppe‹ – ihr wißt, wen ich meine.

Für die fortwährende Unterstützung beim Auseinanderhalten von Dichtung und Wahrheit danke ich den geduldigen Mitarbeitern der Public-Relations-Abteilung des FBI: Ray für die Tour abseits der ausgetretenen Wege – speziell die in den Keller! Paul dafür, daß er meine Neugier teilte und mir von seinen Erfahrungen aus einem langen Leben vor Ort berichtete. Elaine für ›Frauengespräche‹ über alles – von arroganten Chefs bis zum angemessenen Schuhwerk für eine ausgedehnte Verfolgungsjagd zu Fuß.

Für Lachen, Führung und die besten Kalamari der Welt bedanke ich mich bei zwei wundervollen Menschen, die zufälligerweise auch noch hervorragende Agenten sind: Ling Lucas und Edward Vesneske Jr.

Für die kurzfristige, großzügige Bereitstellung ihres Fachwissens: Debbie Nathan, Autorin von *Satan's Silence: Ritual Abuse and the Making of a Modern American Witch Hunt.*

Für die Vermittlung des angenehmen Gefühls, ein Projekt auf große Entfernung genauso bequem durchführen zu können, als befänden sich unsere Büros auf dem gleichen Flur, danke ich meinem Verleger, Stephen S. Power, und seinen Mitarbeitern bei Avon Books sehr herzlich, insbesondere Michael Murphy, weil er zur Stelle war, als es darauf ankam.

Schließlich danke ich meinem Fels Peter für alles andere, das dieses Buch möglich gemacht hat, einschließlich sarkastischer Witze, verständnisvollen Zuhörens, breiter Schultern und der Fähigkeit, Ruhe inmitten des Chaos herzustellen.

Inhalt

Einleitung

Ohne Veränderungen wird eine Serie für Schauspieler, Autoren, Regisseure und Zuschauer irgendwann langweilig. Für die Mitarbeiter eines Produktes wie *Akte X* rangiert Veränderung in der Liste der Notwendigkeiten noch vor dem Sauerstoff. Immerhin will *Akte X* mehr als nur die neuesten Spezialeffekte präsentieren. Ständig ist man darum bemüht, originelles Fernsehen zu schaffen und eingefahrene Handlungsmuster in einem neuen Licht erscheinen zu lassen, und führt die Beziehung zwischen den Hauptdarstellern in anspruchsvollere Regionen als das Schlafzimmer.

Veränderungen können unerwartete Möglichkeiten zur Erweiterung der Parameter eröffnen, was das *Akte X*-Team im Verlauf von Andersons Schwangerschaft während der zweiten Staffel erfolgreich nutzte. Doch unglücklicherweise führen sie manchmal auch zu einer Berg- und Talfahrt für die Zuschauer, insbesondere solche, die sich einem ursprünglichen Konzept gegenüber als so loyal erwiesen haben wie die X-Philes, die Anhänger von *Akte X*.

Es überrascht deshalb nicht, daß die dritte Staffel - mit ihren subtilen, aber auch einschneidenden Veränderungen - eine Art Haßliebe bei den Zuschauern ausgelöst hat.

Einige dieser Veränderungen und die Einflüsse, die dazu führten, waren offensichtlich. Schreibtalente wie Darin Morgan, Kim Newton und John Shioban, deren unverwechselbare Handschrift bei einem Drehbuch ihre Erwähnung im Abspann beinahe überflüssig macht, erfreuten uns mit ihrem erfrischenden Humor, ihren einfühlsamen Porträts und ihren genauen Charakterzeichnungen sogar der verderbtesten Bösewichter. Auch wenn ihre Beiträge einer Serie, die bereits voller Querverweise und Anspielungen steckte, eine weitere Ebene hinzufügten – nicht jeder Zuschauer war mit der alten Formel unzufrieden gewesen.

Zuschauer, die während der Episoden ›Eis‹ oder den beiden Folgen mit Tooms (›Das Nest‹ und ›Ein neues Nest‹) fasziniert-verängstigt in ihren Sesseln gekauert hatten und nun mehr Folgen dieser Art sehen wollten, fanden ›Energie‹ und ›Der Hellseher‹ möglicherweise ein wenig abseits ihres gewohnten Geschmacks. *Was? Humor?*

Andere Zuschauer hatten eine Vorliebe für Verschwörungen und UFOs entwickelt – Handlungsmuster, die sich eng an die internen Gesetze des *Akte X*-Universums hielten. Exkursionen in die Mysterien religiösen Glaubens wie in ›Offenbarung‹ oder ›Der Fluch‹ akzeptierten sie nur als ›Füllmaterial‹, das zwischen den ›guten‹ Folgen gezeigt wurde.

Aber die Gratwanderung ist ja ein wohlbekanntes Manöver des *Akte X*-Teams.

In den drei Jahren ihrer Ausstrahlung hat *Akte X* die schwierige Balance zwischen Originalität und Tradition oft geschafft. Nachahmung ist noch immer die ehrlichste Form der Schmeichelei. Allein in der dritten Staffel hat *Akte X* einer ganzen Reihe von Vorbildern ›geschmeichelt‹ – von Stephen King (›Mein Wille sei dein Wille‹) bis hin zu Fjodor Dostojewskij (›Talitha Cumi‹). Auch wenn die Quellen der Inspiration offensichtlich sind – und für gewöhnlich im Abspann dankend erwähnt werden –, ein paar Plot-Verdrehungen oder die einzigartige Kombination von Kameraeinstellung und Darstellung kennzeichnen das neue Produkt doch unverkennbar als Folge von *Akte X*.

Durch die Verflechtung so unterschiedlicher Bereiche wie Entführung durch Außerirdische, alptraumhafte Monster oder die Enthüllung bizarrer Seiten der *normalen* Menschheit hat *Akte X* Anhänger mit verschiedensten Interessengebieten angezogen. Eine andere Serie hätte mit einer solchen thematischen Bandbreite möglicherweise niemanden wirklich ganz zufriedengestellt. Doch in *Akte X* wird auf die Charakterzeichnung genauso viel Wert gelegt wie auf die Handlung. Die dramaturgische Kombination von Action, Science-fiction und Horror, außergewöhnliche Schauspieler und eine hervorragende Crew führen die Zuschauer durch unterschiedlichste Sachverhalte, ohne daß dabei die interne Konsistenz, die alles zusammenhält, gefährdet würde.

Ohne diese Konsistenz hätte die dritte Staffel leicht dazu führen können, daß die verwirrten Zuschauer mittels Fernbedienung auf Programmreise gegangen wären – das Publikum wurde sämtlichen emotionalen Wechselbädern zwischen blankem Entsetzen (›Der zweite Körper‹) und ausgelassener Heiterkeit (›Andere Wahrheiten‹) ausgesetzt.

Doch statt dessen belebten die Abweichungen von der eingefahrenen Formel *Akte X* erneut – die Zuschauerzahlen stiegen, die Medien stürzten sich gierig auf alles, was mit der Serie in Zusammenhang stand, und das Merchandising explodierte geradezu. Der Begriff ›Akte X‹ gehörte bald zur Alltagssprache, und irgendwann zwischen ›Anasazi‹ und ›Talitha Cumi‹ wurde aus der Kultserie ein Massenerfolg.

Ist die Bezeichnung Massenerfolg nichts weiter als ein Aufmacher der Medien gewesen? Oder wird dieses Etikett beeinflussen, was wir in Zukunft auf dem Bildschirm zu sehen bekommen? Stil und Niveau lassen sich nicht so leicht quantifizieren; die Unterscheidung zwischen dem Einfluß einzelner und einem allgemeinen Trend ist noch schwieriger. Aber bereits zu Beginn der Serie war deutlich, daß leichte Abweichungen von der ursprünglichen Prämisse unausweichlich sein würden.

Natürlich hätten sich die Zuschauer berechtigterweise irgendwann geärgert, wenn Mulder so naiv, ungläubig und niedlich wie ein junger Hund geblieben wäre, wie ihn der Pilotfilm vorgeführt hatte, oder wenn Scully ohne erkennbare Reaktion von einer Autopsie zur nächsten, von einem unglaublichen Fall zum nächsten geeilt wäre. Wahrscheinlich hätte das Publikum ohnehin längst das Interesse verloren und umgeschaltet.

Doch das X-Team hatte die Integrität von Figuren wie Skinner, Krycek und verschiedener Mitglieder der Familien Mulders und Scullys von Anfang an in einem so zweifelhaften Licht erscheinen lassen, daß unter den Zuschauern erhitzte Debatten entstanden. Niemand konnte es dem Team nun verübeln, daß es die Schlupflöcher, die es sich so offengehalten hatte, auch nutzte. Wenn die Handlung deshalb eine unerwartete Wendung nahm, zeugte das lediglich davon, daß man gute Arbeit geleistet hatte.

Merkwürdigerweise äußert sich das Unbehagen über die unglaubliche Popularität der Serie oft nicht im Hinblick auf die großen Verschwörungen, sondern im Zusammenhang mit Details.

»Wie oft können sie das Wort ›Hurensohn‹ wohl noch in einem Drehbuch der dritten Staffel unterbringen?«

Offensichtlich öfter, als es im Verlauf der gesamten ersten Staffel gelungen war...

»Seit wann ist Scully so prüde?!«

Irgendwann seit dem Moment, als sie erkannte, welche Anziehungskraft Mulder auf eine Frau namens Bambi ausübte, und jenem, da sie ihn unter der vielleicht nicht ganz natürlich blonden Detective White findet? Oder seit dem Tag, als eine außereheliche Affäre Skinners sie zu der Einschätzung verleitete, er sei seelisch aus dem Gleichgewicht geraten? Sicherlich jedoch noch nicht seit der ersten Staffel, als enthüllt wurde, daß sie als Studentin der FBI-Akademie naiv genug gewesen war, ein Verhältnis mit einem Ausbilder einzugehen.

»Seit wann müssen sie uns alles bis ins Detail erklären?«

Irgendwann seit ›Anasazi‹, als das kollektive Gehirn hinter *Akte X* beschloß, daß ein paar unscharfe Bilder ausreichen mußten, um das aufmerksame Publikum auf den Tunnel zwischen Mulders brennendem Eisenbahnwaggon und der Freiheit hinzuweisen, und dem Ende von ›Talitha Cumi‹, als ›PALM‹ buchstäblich auf dem Bildschirm entschlüsselt wurde.

Niemand streitet ab, daß genau in dem Moment bedeutende Veränderungen eintraten, als die Serie den größten Erfolg verzeichnete. Das Autorengespann Morgan und Wong, das für Fanfavoriten wie ›Satan‹ und ›Eis‹ verantwortlich war, verabschiedete sich, um eigenen Projekten nachzugehen. Chris Carter selbst kümmerte sich während der Dreharbeiten zur dritten Staffel meistens um Konzeption und Vorbereitung seiner neuen Serie *Millennium.* Neue Gesichter tauchten auf; manche Schauspieler – wie David Duchovny – verlangten längere Drehpausen.

Offen bleibt, ob es sich bei der Weiterentwicklung der Serie um den wohlüberlegten Versuch handelte, ein breiteres Publikum anzusprechen. Suchte man statt scharfsinniger Beobachter, die eine anspruchsvolle Stunde vor dem Fernseher verbringen wollten, gezielt Konsumenten, die ihr überschüssiges Geld ausgeben wollten? Oder handelte es sich schlicht um die natürliche Evolution eines Produktes, das trotz allem das Werk einer sehr menschlichen Schauspielerriege und Crew geblieben ist? Zweifellos hat die dritte Staffel mit ihren experimentellen und originellen Geschichten und Präsentationen die Parameter von *Akte X* vor dem Start in die vierte Staffel auf interessante Weise erweitert.

Wohin wird uns diese vierte Staffel führen? Wird *Akte X* weiterhin die Grenzen dessen ausloten, was in Einzelepisoden bezüglich der Geschichte, ihrer dramaturgischen Präsentation, der Kameratechnik und der Spezialeffekte möglich ist? Wenn ja, wird am Ende Fernsehunterhaltung stehen, die nicht nur die Nerven der Fans kitzeln, sondern auch die Einschätzung erschüttern wird, Genresendungen könnten nicht mit Spielfilmen des Mainstreams konkurrieren.

Daß hinter den Kulissen weitere Veränderungen warten, sollte als gegeben betrachtet werden.

In den USA wird die unheimliche Akkordfolge der *Akte X*-Titelmusik nicht länger wie gewohnt am Freitagabend in den Wohnzimmern erklingen. Der Sendeplatz, der eine so wichtige Rolle für den Erfolg der Serie gespielt hat, wurde von *Millennium* übernommen, der neuen Serie Chris Carters. Sollte der Autor, Regisseur und Produzent seine Ankündigung wahr machen, dann wird diese neue Serie einen erheblichen Teil seiner Zeit in Anspruch nehmen – Zeit, die bislang ausschließlich *Akte X* zugute kam.

David Duchovny liegt nach wie vor viel an seiner Spielfilmkarriere, die sich so vielversprechend angelassen hatte, bevor er die Rolle des Fox Mulder annahm. Deshalb hat er, wie berichtet wird, um eine geringere zeitliche Beanspruchung im Verlauf der vierten Staffel gebeten.

Mitch Pileggi, der in der dritten Staffel immer stärker in den Vordergrund trat – um danach für mehrere Monate unterzutauchen –, wurde mit einem langfristigen Vertrag an die Produktion gebunden.

Darin Morgan, Redakteur vieler Episoden der dritten Staffel, sprach während der Dreharbeiten zu ›Talitha Cumi‹ davon, er fühle sich ›ausgebrannt‹ und benötige einen ›Szenenwechsel‹.

Als *Space: Above and Beyond* unglückliches Opfer der Einschaltquoten wurde, machte das Gerücht die Runde, Morgan und Wong würden zu *Akte X* zurückkehren.

Wieder werden die X-Philes mit neuen Ideen, veränderten Umständen und unbekannten Personen konfrontiert werden. Sie sollten sich - sofern man die dritte Staffel als Anhaltspunkt nehmen kann - zurücklehnen und das Unerwartete erwarten!

WIE ES WIRKLICH WAR

FALL X-2.25

Codename: ›Anasazi‹

ZUSAMMENFASSUNG

Eine jahrzehntealte Verschwörung zieht Mulder und Scully in ihre komplizierten Verstrickungen, als ein mysteriöser vierter Lone Gunman mit Informationen auftaucht, die beweisen, daß die Regierung insgeheim Kenntnis von Besuchen Außerirdischer hat. Das Problem? Niemand kann die Akten lesen! Geschützt durch den einzigen bekannten Code der Moderne, der *nicht* geknackt worden ist, führen die Akten Mulder und Scully in ein Reservat der Navajo-Indianer und zu einem vergessenen Eisenbahnwaggon.

ZITAT

»Ich glaube, es ist nur verschlüsselt, und ich glaube, ich weiß, was es ist. Es sieht aus wie die Sprache der Navajo. Man benutzte sie im Zweiten Weltkrieg. Mein Vater erzählte mir, es sei der einzige Code gewesen, den die Japaner nicht knacken konnten. Ich – ich erinnere mich an die langen Ketten von Konsonanten.« – DANA SCULLY

HINTERGRUND

Die Codesprecher

Fünfundachtzigjährige Navajo-Männer, im Inferno des Zweiten Weltkriegs im Südpazifik erprobt, schrekken noch heute verwirrt und in kalten Schweiß gebadet aus dem Schlaf, wenn sie im Traum das Entsetzen ihrer Kindheit nacherleben. Angloamerikanische Lehrer zwangen jene Kinder, die es wagten, die sanfte Sprache der ›Diné‹, des Navajo-Volkes, zu sprechen, dazu, eine dunkle, ekelerregende Seifenlauge hinunterzuwürgen. Vielleicht sahen die Fernsehzuschauer aus diesem Grund eine gewisse Ironie darin, daß Skinner, *Assistant Director* des FBI, Scully Albert Hosteen anvertraut: Die Regierung bittet die Indianer um Schutz! Mit Sicherheit aber erkennen sie jene Ironie der Realität, die darin bestand, daß die Navajo während des Zweiten Weltkrieges gebeten wurden, ihre Sprache einzusetzen, um die Soldaten einer Regierung zu schützen, die jahrelang den Wert eben dieser Sprache – und ihrer Sprecher – geleugnet hatte.

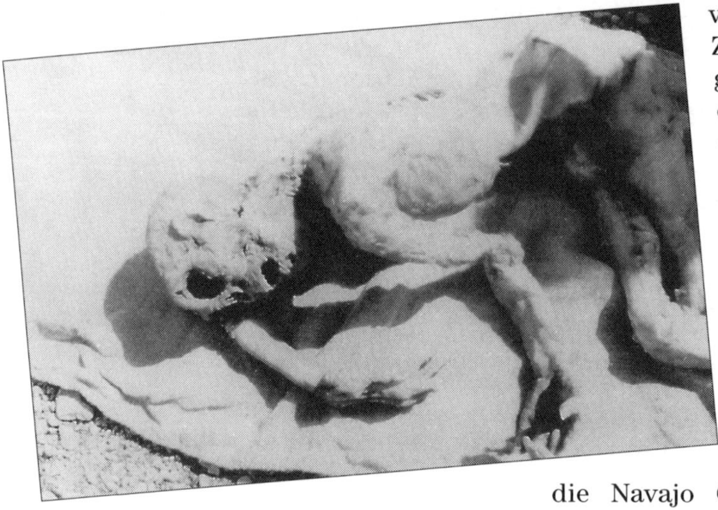

Dies und die Tatsache, daß die Navajo Generationen gebraucht hatten, um sich an die neuen Technologien zu gewöhnen, und sich ständiger Angriffe sowohl durch Nachbarstämme als auch durch die Europäer zu erwehren hatten, konnte sie nicht davon abhalten, das Land zwischen den ›Vier heiligen Bergen‹ zu verteidigen – obwohl es innerhalb der Vereinigten Staaten lag.

Die erste Rekrutengruppe sah sich immensen Herausforderungen gegenüber. Wie alle anderen Marines wurden die zukünftigen Codesprecher aus ihrer vertrauten, heimischen Umgebung gerissen und in Ausbildungslager gesteckt. Dort wurde eine Konformität gepredigt, die auf unangenehmste Weise an die verhaßten weißen Schulen erinnerte. Man unterzog sie außerdem einem harten physischen und mentalen Training. Wie nicht anders zu erwarten, stellten die physischen Anforderungen nur ein geringes Problem dar. Die Anpassung an die Routine und die Überwindung der kulturellen Unterschiede verlangten schon größere Anstrengungen. Aber auch sie überstiegen die Fähigkeiten des ersten ausschließlich aus Navajo bestehenden Platoons nicht. Die Indianer stellten eine Reihe neuer Bestmarken auf und schlossen die Ausbildung gemeinsam ab. Dann bereiteten sie sich auf ihren ersten Einsatz vor, zunächst ohne zu wissen, weshalb man sie überhaupt angeworben hatte.

Nachdem die Navajo den Schock über die Enthüllung verdaut hatten, daß die Marines von ihnen die Erstellung eines auf der Navajo-Sprache basierenden Codes erwarte, stürzten sich die neuen Rekruten mit wildem Eifer in die Arbeit. Zuerst entstand ein Alphabet, schließlich ein Code innerhalb eines Codes – eine beeindruckende Leistung, wenn man sich die Tatsache vor Augen hält, daß die Navajo-Sprache keine natürlichen Worte für moderne militärische Begriffe enthielt. ›Panzer‹, ›Oberst‹, ›M-1-Sturmgewehre‹ und ›Telefonvermittlungsstelle‹ waren den Indianern genauso fremd, wie ihnen ein außerirdisches Wesen fremd gewesen wäre. Auch wenn nur wenige Nicht-Navajo über (zu vernachlässigende) Kenntnisse dieser Indianersprache besaßen, erfüllte eine Kommunikation, die auf einer existierenden Sprache basierte, die Erfordernisse für eine abhörsichere Kontaktaufnahme über offene Funkfrequenzen nicht. Deshalb verwendeten sie Navajo-Worte, die wiederum andere Navajo-Worte repräsentierten. Das so entstandene neue Lexikon diente als Ausgangsbasis für eine Sprachübermittlung, mit der die Codesprecher sogar andere Navajo vollständig verwirren konnten.

Selbstverständlich wollten die Codesprecher selbst beweisen, daß sich das, was sie entwickelt hatten, in der Praxis bewähren würde – ein Chiffriersystem, mit dem Informationen schnell und zuverlässig weitergegeben werden konnten. Das typische Codesystem der Marines basierte auf einer komplizierten Maschine, die Mitteilungen auf der Grundlage täglich neuer Parameter verschlüsselte und die kodierte Botschaft dann an den Empfänger übermittelte. Dort mußte die Nachricht auf die gleiche Weise wieder entschlüsselt werden. Weil solche Mitteilungen nicht den Regeln echter Sprachen folgten, wurden Übertragungsfehler erst dann offensichtlich, wenn, Stunden später, die entschlüsselte Nachricht keinen Sinn ergab.

Die Codesprecher produzierten in unzähligen Tests perfektionierte ›Übersetzungen‹ ursprünglicher Botschaften, die nahezu ohne zeitliche Verzögerung beim Empfänger entschlüsselt werden konnten. Die Bedeutung für eine Nation, die sich sowohl Japans talentierten Kryptographen als auch dessen Soldaten gegenübersah, kann man nicht hoch genug einschätzen.

Nachdem ihre ursprüngliche Aufgabe – nämlich ein leistungsfähiges Chiffriersystem zu entwickeln – erledigt war, sahen sich die Navajo mit dem schweren Alltag des Fronteinsatzes konfrontiert. Wie ihre Kameraden hatten sie das Elend der Pazifikschlachten durchzustehen: Guadalcanal, der monatelange Kampf um jeden Fußbreit der acht Kilometer von Iwo Jima, der furchtbare Angriff auf den Strand von Okinawa und die Eroberung all der felsigen kleinen Inseln dazwischen.

Zusätzlich waren die Codesprecher mit den spezifischen Problemen ihres Jobs konfrontiert – mehr als einmal gerieten sie unter Beschuß durch eigene Trup-

Rätsel 1

X-Philes hatten genügend Zeit, sich mit der Folge ›Anasazi‹ zu beschäftigen; erwarten Sie also an dieser Stelle keine leichten Fragen! Es geht jedesmal um 2 Punkte. Viel Glück!

1. In welchem Navajo-Bezirk leben die Hosteens?
2. Welches Sportgerät wird durch das Erdbeben aus Eric Hosteens Schrank gerüttelt?
3. Wovor, warnt Eric Hosteens Großvater Albert, müsse man sich am Morgen nach einem Erdbeben in acht nehmen?
4. Wie stark ist der Erdstoß, der das Haus der Hosteens erschüttert?
5. Was liest der ›Denker‹, als er in den Computer des Verteidigungsministeriums eindringt?
6. Schnell! Wie viele Sprachen – außer der Originalsprache Englisch – werden in dieser Episode gesprochen?
7. Von wem glauben sich die Lone Gunmen verfolgt?
8. Wie beschreibt Frohike die Schießerei in Mulders Gebäude?
9. Auf welches Gebot weist Mulder Scully hin?
10. Was hält der ›Kettenraucher‹ für eine unausweichliche Konsequenz des Lebens?

pen. Offensichtlich überstieg es die geistigen Fähigkeiten mancher Marines, einen Navajo von einem Japaner zu unterscheiden. Für die Mehrheit der Marines, die auch nicht eines der vielen hunderttausend von ihren Codesprechern übertragenen Wörter verstanden, klang Navajo verdächtig nach Japanisch – besonders im Dunkeln.

Auch die Navajo, die vom Feind gefangengenommen wurden, hatten es nicht leicht. Einer von ihnen verbrachte Monate seiner Gefangenschaft damit, die Japaner davon zu überzeugen, daß er ein amerikanischer Navajo, nicht aber ein Amerikaner japanischer Abstammung war. Auch die Entdeckung der Japaner, daß die Navajo für das Kauderwelsch verantwortlich seien, das ihren Geheimdienst immer wieder vor unlösbare Rätsel stellte, half ihm nicht. Er verbrachte den Rest seiner Haft in der Folterkammer, weil er die gewünschten Antworten nicht geben *konnte.* Die ›Navajo-Sprache‹, die er hörte, war für ihn gleichermaßen Kauderwelsch wie für die Japaner – genau wie beabsichtigt.

Im Verlauf des Krieges wurde es erforderlich, die Sprache der Codesprecher wie jede andere natürliche Sprache weiterzuentwickeln. Neue Waffen, Taktiken und geographische Gegebenheiten wurden entdeckt, und während eine Gruppe nach der anderen die Codesprecherschule absolvierte, wuchs das Wörterbuch. Frühere Absolventen frischten ihre Kenntnisse oft im Schützengraben auf, statt im Klassenzimmer, denn das Leben Tausender Kameraden hing davon ab, daß sie auf dem laufenden blieben.

Codesprecher konnten sich selten den Luxus erlauben, ihre Einheiten zu verlassen. Während der vier Jahre des Programms verdoppelte sich der Umfang des Wörterbuches von ursprünglich zweihundertdreiundsechzig Ausdrücken auf über fünfhundert Begriffe. Im Gegensatz zu anderen wurde der Navajo-Code niemals

Rätsel 1

11. Welche Wörter kann Scullys Quelle für sie entschlüsseln, bevor sie die Dokumente an Albert übergibt?
12. Was entwendet Scully von Mulder, nachdem er in ihrem Bett eingeschlafen ist?
13. Auf welche Temperatur steigt Mulders Fieber in dieser Nacht bei Scully?
14. Was entdeckt Scully in Mulders Wassertank?
15. Wo findet sich Mulder wieder, nachdem ihn Scully ohne Wasser auf eine Fahrt über Land mitgenommen hat?
16. Wo will Mulder, wie er während seiner ›Unterhaltung‹ mit dem Kettenraucher behauptet, die vergangenen Tage verbracht haben?
17. Ein seitlich an dem Eisenbahnwaggon angebrachtes Schild trägt den Namen der Gesellschaft, zu der er ursprünglich gehörte. Um welche Gesellschaft handelt es sich?
18. Was findet Mulder auf den Armen der ›Außerirdischen‹?
19. Wie heißt der Agent, der mit der Untersuchung von Mulders Waffe beginnt?
20. Nennen Sie eine der Chemikalien, die laut Scully Mulders merkwürdiges Verhalten erklären könnten.

Antworten

Vergessen Sie nicht, daß jede richtige Antwort 2 Punkte bringt!

1. In Two Grey Hills, New Mexico
2. Ein Basketball
3. Vor Schlangen
4. 5,6 auf der Richterskala
5. *Die fünfzig größten Verschwörungen aller Zeiten*
6. Vier: Deutsch, Japanisch, Italienisch und Navajo
7. Von einer multinationalen Geheimorganisation namens ›Garnet‹, einer sogenannten ›Schwarzen Brigade‹
8. Als ›sehr merkwürdig‹
9. Auf das vierte Gebot
10. Reue
11. ›Güter‹, ›Ware‹, ›Impfung‹
12. Dessen Waffe
13. Auf 39°C
14. Einen Dialysefilter
15. Farmington, New Mexico
16. Im Betty Ford Center
17. Um die Sierra Pacific Railroad
18. Narben einer Pockenimpfung
19. Agent Kautz
20. LSD, Amphetamine oder ein exotischer Rauschmittelcocktail

Ihre Punktzahl:

außerhalb des Trainingscenters niedergeschrieben. Es gab keine an die Seiten der Funkgeräte und Telefone gehefteten Spickzettel. Man machte sich die Tradition der mündlichen Überlieferung der Navajo zunutze und versorgte das System so mit einer weiteren Sicherheitsstufe. Für die Codesprecher wurde die Arbeit im Feld dadurch natürlich erschwert.

Die größte Gefahr für das Codesprecher-Programm sowie die gesamte Kommunikation und alle Verschlüsselungsbemühungen bestand in undichten Stellen. Die Geheimhaltung, die den Navajo von Beginn des Projektes an auferlegt worden war, wurde zu Hause verletzt. Mehrere Zeitungen und Monatszeitschriften veröffentlichten Artikel über den Kriegsbeitrag der Navajo. Obwohl die meisten vage blieben, ging mindestens ein Bericht ins Detail. Zwar schien es noch immer unmöglich zu sein, den Code für praktische Zwecke zu entschlüsseln, aber auch die geringste Information, die den Feind erreichte, brachte nicht nur die Codesprecher in Gefahr, sondern auch die Männer, deren Botschaften sie übermittelten.

Die Notwendigkeit der Geheimhaltung endete nicht mit dem Krieg. Der Kalte Krieg brach aus – beinahe noch vor der Kapitulation Deutschlands –, und die Vereinigten Staaten machten sich Sorgen darüber, ob sie in eine Auseinandersetzung mit der Sowjetunion verwickelt würden, bevor die Situation im Pazifik bereinigt wäre. Die Streitkräfte wollten ein System, das so erfolgreich funktionierte wie das der Codesprecher, nicht aufgeben. Die Möglichkeit eines weiteren, unmittelbar bevorstehenden Konfliktes erhöhte den Wert dieser Abteilung zusätzlich. Im Gegensatz zu ihren Ka-

(Tragen Sie beim Weiterlesen jeweils Ihre Punktzahl ein, und vergleichen Sie sie abschließend mit der Tabelle am Ende. Dann sehen Sie, ob Sie für das FBI taugen.)

meraden, die sich nach dem Krieg viele schreckliche Erfahrungen in offiziellen und inoffiziellen Gesprächen von der Seele reden konnten, blieben die Navajo auch Jahre später noch zur Geheimhaltung verpflichtet. Für sie gab es keine sorglose Kneipenunterhaltung, kein Bettgeflüster, keine offiziellen Erklärungen, welchen Beitrag sie zur Beendigung des Krieges geleistet hatten. Verantwortlich für Botschaften von größter Wichtigkeit, hatten Navajo-Codesprecher häufig an strategischen Treffen auf höchster Ebene teilgenommen, und oft waren sie die ersten gewesen, die gewußt hatten, wo und wann Offensiven stattfinden würden. Ihr Beitrag zur Geschichte und ihre ungewöhnliche Perspektive bei bedeutsamen Entscheidungen gingen aufgrund der Natur ihrer Tätigkeit für fast dreißig Jahre verloren.

Wollen Sie mal einen Blick auf Chris Carter werfen, den Erfinder von *Akte X – Die unheimlichen Fälle des FBI*? In der Szene, in der Scully befragt wird, spielt er den Agenten am Ende des Tisches.

Chris Carter und David Duchovny

Der Nachname von Albert Hosteen, dem erfundenen Codesprecher in ›Anasazi‹, ist ein relativ seltener Name. Trotzdem hieß ein Mann, der sich mit dem Codesprecher-Programm sehr gut auskannte, genauso. Dennie Hosteen, ein Navajo aus New Mexico, gehörte zu denen, die Iwo Jima aus den Händen der Japaner holten. Er war ebenfalls ein Codesprecher.

FALL X-3.01

Codename: ›Das Ritual‹

ZUSAMMENFASSUNG

Dana Scullys Partner wird vermißt, ist wahrscheinlich tot. Ihrer Karriere droht nach drei Jahren des Kampfes und der Opfer ein Ende in Mißerfolg und Demütigung. Mit ihren eingeschränkten Möglichkeiten – die nur noch aus den paranoiden Lone Gunmen, einer weit entfernten Gruppe von Navajo-Sängern und ihrer Eigeninitiative bestehen – hätte sie keinen weniger günstigen Zeitpunkt wählen können, um einem Feind zu begegnen, der eine ganze Generation Vorsprung hat.

HINTERGRUND

Majestic-12

Hier finden wir ein gutes Beispiel dafür, wie die Kunst das Leben widerspiegelt – zumindest den Realitätssinn eines Menschen. *Akte X* ›leiht‹ sich einen Heiligen Gral der Ufologie aus, aktualisiert ihn für die neunziger Jahre und beginnt ein spannungsgeladenes Spiel mit einer heißen Kartoffel. Von Zeit zu Zeit tauchen Gerüchte über einen zentralen, umfangreichen Aktensatz auf, in dem Einzelheiten über die militärischen und politischen Ver-

ZITAT
»Hüten Sie sich vor diesen Männern, denn sie sind gefährlich und töricht. Ihre gefälschte Geschichte wurde mit dem Blut derer geschrieben, die sich womöglich erinnern könnten, und derer, die die Wahrheit suchen.« – Albert Hosteen, Navajo-Ältester und Codesprecher

strickungen einer UFO-Vertuschungsaktion enthalten sein sollen, die sich vom Versuchsgelände der Army in Roswell bis in den Krieg am Persischen Golf erstreckt. Sie regen die Fantasie derer an, die von einer eindeutigen Antwort auf die UFO-Frage träumen. Bluebook, Yellow Pages, MJ oder Majestic-12 – die Codenamen und ihr Gegenstand variieren, aber die zugrundeliegende Story bleibt die gleiche und spiegelt darüber hinaus frühere Berichte wider. Einer Fernsehserie mit dem Thema Entführungen durch Außerirdische und Regierungsintrigen kann das nur zugute kommen.

Die aktuelle Umsetzung – die sich auf Majestic-12 beruft – nimmt Bezug auf eine Reihe von Aktenschränken, deren Inhalt nicht ganz so umfangreich ist wie die Unmengen von Unterlagen im Bergversteck von *Akte X*. Immerhin bestehen auch sie aus zwölf, sechzehn oder vierundzwanzig Schränken mit jeweils vier Schubfächern, je nachdem, mit welcher Zusammenstellung ›authentischer‹ Dokumente man sich beschäftigt. Sollte sich auch nur ein Dokument als echt erweisen, dann befindet sich die gesamte Geschichte über den Kontakt mit Außerirdischen in ein paar Metallschubladen acht Stockwerke unter dem Hauptgebäude der *Central Intelligence Agency*. Der Inhalt dieser Aktenschränke wäre ziemlich genau auf einem DAT-Band größeren Formates unterzubringen.

Glauben wir den Einzelheiten, die angeblich in diesen Akten gefunden wurden, dann hat die amerikanische Regierung seit 1939 Beweise für die Existenz von Außerirdischen. Damals wurden Armeepiloten sechs Stunden lang von einem offensichtlich extraterrestrischen ›schwebenden Flugobjekt‹ verfolgt, das »keinen Versuch unternahm, sich zu tarnen« oder »eine Entdeckung zu vermeiden«. Außerirdische Überreste fand man erstmalig 1943, als beobachtet wurde, wie eines dieser ›schwebenden Flugobjekte‹ sich verschwebte

Scullys Implantat im Hals gewinnt im Licht zweier anderer Erfindungen an Glaubwürdigkeit: Erstens der Funkarmbänder, die Strafgefangenen angelegt werden, und zweitens der Identifikationsscheiben – eigentlich aufgetupfte Mikrochips –, die mehr und mehr Hundemarken und die Tätowierung von Hunden ersetzen.

und anschließend ins Meer stürzte. Das ›Raumschiff‹ blieb erhalten und wurde geborgen – einschließlich einer vollständigen, aber toten Besatzung. 1947 wurde erneut ein einigermaßen intaktes UFO auf das Versuchsgelände in Roswell, Nevada, geschafft, aber diesmal befand sich ein lebendes, atmendes außerirdisches Wesen an Bord. Der Extraterrestrische (mit einer unerklärlichen Vorliebe für Erdbeereis) besuchte ein Dutzend verschiedener Stätten, bevor er am 2. Juni 1953 eines natürlichen Todes starb.

Doch wie konnte man all dies vor dem amerikanischen Volk geheimhalten? Jeder gute Verschwörer kennt die Antwort: mit Hilfe einer ›Schattenregierung‹, deren Verbindungen sowohl Deep Throat als auch Mr. X vor Neid erblassen ließen.

Auch wenn wichtige Zeugen in diesen Dokumenten angeblich durch falsche Namen geschützt werden oder vollständig anonym bleiben, wird darin ansonsten kein Blatt vor den Mund genommen. Beginnen wir ganz oben: Der Präsident – wer auch immer der aktuelle Inhaber dieses Amtes sein mag – wird als Majesty demaskiert. Der allgemeine Codename für sämtliche Aktivitäten im Zusammenhang mit außerirdischen Kontakten lautet Operation Majority. Majority beseitigte physische Beweisstücke, brachte Zeugen zum Schweigen und stellte sicher, daß Informationen sogar innerhalb des elitären Kreises von Eingeweihten nur im unbedingt notwendigen Maß durchsickerten.

Ein ausgefeiltes System von Projekten und Mitarbeitern bildete den Kern von Majoritys vielschichtigen Aktivitäten. Die Grudge-Gruppe erledigte die Schreibarbeit. Alles, was in jene Aktenschränke gelangte, wurde zuvor von Grudge einer Prüfung unterzogen. Einige Unterlagen verschwanden für immer zwischen steifen Aktendeckeln, andere fanden den Weg in weniger passive Abteilungen.

Nehmen wir beispielsweise die Garnet Berets, die Gruppe, die Mulder durch den puertorikanischen Dschungel verfolgt. Die Gruppe rast in Rallyemanier Bergabhänge hinunter und hindert den Agenten daran, an seinen Beweisen festzuhalten. Die Berets hätten sehr gut in das Projekt Garnet gepaßt, jenen Arm von Majority, der für die Sicherheit von Projektunterlagen

Sogar halbtot besteht Mulder noch auf seiner ›Hausmannskost‹

und Mitarbeitern verantwortlich war – um jeden Preis. An beidem herrschte kein Mangel.

Die Kommunikation mit einer außerirdischen Lebensform stellte selbst an die besten Diplomaten große Anforderungen, insbesondere wenn es dabei um so heikle Themen wie Entführung, Technologieaustausch und Hybridisation ging. Sigma bestand aus Spezialisten für die Erstellung von originalen Kommunikationsprotokollen. Später fanden diese Experten als Tatsachenverdreher Verwendung, weil sie die Fähigkeit besaßen, auf Bestellung überzeugende Pressemitteilun-

RÄTSEL 2

Leichte Fragen: Notieren Sie sich 1 Punkt für jede richtige Antwort.

1. **Wo halten sich der Kettenraucher und seine Freunde auf, als sie in New York City sind?**
2. **Nennen Sie den Namen eines der beiden Toten, die zu Mulder ›sprechen‹, als er bewußtlos in dem Navajo-*Hogan* liegt.**
3. **Was befand sich in dem Kanister, der in den Eisenbahnwaggon voller ›Außerirdischer‹ geworfen wurde?**
4. **Was entfernt ein Arzt aus Scullys Hals?**
5. **Wo befindet sich das Heim der Familie Mulder?**

Es wird schwieriger: Notieren Sie sich 2 Punkte für jede richtige Antwort.

6. **Was trägt Dana Scully in der Hand, als sie beim Haus ihrer Mutter eintrifft?**
7. **Wen nennt Frohike einen ›Baum unter lauter Schößlingen‹?**
8. **Frohike bringt Scully einen Zeitungsartikel über den Tod von Kenneth Soona. Aus welcher Zeitung stammt er?**
9. **Welche Spezialgebiete hat Melissas Freund, Dr. Pomerantz?**
10. **Wo wird Bill Mulder beerdigt?**

Antworten

1. In der 46. Straße. Notieren Sie sich 2 Punkte, wenn Sie die 46. Straße und die Zehnte Avenue wußten.
2. Deep Throat und William Mulder
3. Sauerstoffzyanid
4. Einen winzigen Computerchip
5. Auf Martha's Vineyard in West Tisbury, Massachusetts

---

6. Ihre Schuhe
7. Mulder
8. *The Examiner*
9. Psychotherapie, hypnotische Regression und Energiefelder
10. Im Garden of Reflection des Parkway-Friedhofs von Boston, Massachusetts

Ihre Punktzahl:

gen herauszugeben und verblüffende Fälschungen von offiziellen Dokumenten anzufertigen. Mit ihrer Hilfe ließ sich jede Stellungnahme der Regierung untermauern. Nachdem die Sprachbarriere überwunden und die Grundlage für eine Übereinkunft geschaffen war, schürte Plato die Hoffnung der Abgesandten, daß die für die Regierung relevante Seite des Geschäftes noch verbessert werden könnte.

Das platonische Korps brachte schließlich einen Vertrag unter Dach und Fach, mit dem sich die Handvoll einflußreicher Persönlichkeiten, die von den Verhandlungen Kenntnis haben durften, einverstanden erklären konnte. Die Bedingungen waren verhältnismäßig einfach: Im Austausch gegen außerirdische Technologie und absolute Geheimhaltung über deren Herkunft gestattete Majority eine periodische ›Ernte‹ von Menschen und heimischen Tieren über seine Agenten, die Majestic-12. Allerdings erhielten die Außerirdischen keinen willkürlichen Zugriff auf die Bevölkerung. Majority verlangte eine ›Abrechnung in bestimmten Zeitabständen‹ über die ›Subjekte‹. Die Außerirdischen willigten ein, Berichte zu erstellen – nach Vollzug.

Das Projekt Aquarius beschäftigte sich mit der menschlichen Seite des Geschäftes, der Flut von Technologie, die angeblich über amerikanische Labors und Geheimdienste hereinbrach. Zu dieser Arbeit gehörte auch eine akribische Auflistung außerirdischer Einflußnahme auf diesem Planeten. Alles wurde sorgfältig unter einem Codenamen verborgen, der, wie einige Ufologen behaupten, noch immer unter die höchste Geheimhaltungsstufe falle: MAJIC. Eine der vielen Unterorganisationen von MAJIC war Pounce, das zukünftige Absturzüberreste – einschließlich extraterrestrischer Passagiere – einsammeln sollte. Pluto kümmerte sich dagegen um weniger verfängliche Beweise, beispielsweise um Augenzeugen und um eventuell von diesen an andere weitergegebene beweiskräftige Informationen.

Selbstverständlich bestand die Hauptaufgabe von Aquarius weiterhin darin, die außerirdische technologische Theorie zusammen mit Absturzüberresten in ein *funktionierendes* Raumschiff umzusetzen. An dieser Stelle fügten sich Redlight und Snowbird, die Abteilung für gezielte Desinformation, als Teile in das Majority-Netzwerk ein. Falls Beobachter der Area 51, FOIA-Gopher und moderne Deep Throats als glaubwürdige Zeugen gelten können, gelang es Redlight 1952 tatsächlich erstmals, ein menschlich-außerirdisch koproduziertes Raumschiff vom Boden abheben zu lassen. Unmittelbar danach explodierte es.

Um das Projekt wurde es wieder still, weil alle an ihre Zeichenbretter zurückkehrten, doch schnell kursierten Gerüchte über das Ereignis in der UFO-Gemeinschaft. Daraufhin schaltete Snowbird in den höchsten Gang. Die einzige Aufgabe dieser Abteilung, nämlich die Verbreitung von Desinformationen und so vielen gegensätzlichen Erklärungen wie möglich, führte zu einem halben Dutzend angeblicher ›Testflüge‹ verschiedener konventioneller Flugzeuge in und um jene Gebiete herum, die UFO-Beobachter als die kritischsten ausgemacht hatten. Hält man sich die Instabilität vor Augen, der *jedes* konventionelle Flugzeug ohne Flügel ausgesetzt wäre, gibt es eigentlich keinen plausiblen Grund, weshalb auch nur ein Gedanke an diese Prototypen verschwendet worden sein sollte. Lediglich die Überzeugung einiger Beobachter wurde untermauert, es habe sich bei dem Manöver um den Versuch gehandelt, jene Spur zu verwischen, die nach ihrer Ansicht die Kontakte mit Außerirdischen hätte beweisen können.

Doch lief in diesem Bündnis mit Außerirdischen

FEHLERHINWEIS!

Die Austrittswunde von Mulders Verletzung heilt vor der Eintrittswunde. In der Regel ist eine Austrittswunde aber vier- bis fünfmal größer als die des Eintritts.

FEHLERHINWEIS!

Während der kritischen Situation, in der man sich mit gezückten Waffen gegenübersteht, findet Mulder, Scully oder Skinner tatsächlich die Zeit, die Jalousien in Mulders Apartment zu schließen!

nicht alles glatt. Offenbar hatten die Besucher vergessen, ein paar relevante Punkte zu erwähnen, darunter die Tatsache, daß sie Erdbeereis zwar ganz nett fanden, aber daneben einige spezielle menschliche Körperteile zur Vervollständigung ihres Ernährungsplans benötigten. Aufgrund neuer Berichte von Entführungen durch Außerirdische in den Nachrichten, neuer Aussagen glaubwürdiger Zeugen und einer bizarren Serie von Viehverstümmelungen, die Ufologen damit in Verbindung brachten, wurde es schwieriger, die Anwesenheit der Fremden geheimzuhalten.

Darüber hinaus begannen die Extraterrestrischen nachlässig zu werden. Sie brachten entführte Personen zurück, ohne deren Erinnerung an das Erlebte vollständig auszulöschen. Wie Duane Barry erinnerten sich Entführte gelegentlich an winzige Implantate, die ihnen heimlich unter die Haut gepflanzt worden waren. Oder sie entdeckten sie, wie im Fall von Dana Scully, zufällig und brachten sie mit ihren Erinnerungslücken in einen Zusammenhang.

In der Befürchtung, ihre Kontrollmechanismen könnten durchlässig werden oder nie so zuverlässig gewesen sein, wie man geglaubt hatte, legte die Regierung eines von insgesamt nur drei Treffen fest, bei denen alle an Majestic Beteiligten in einem Raum zusammentrafen. Die Gästeliste - falls sie stimmt - war beeindruckend. An der Spitze stand MJ-1, der jeweilige Direktor der CIA, der nur dem Präsidenten gegenüber verantwortlich war. MJ-2 bis MJ-12 setzten sich aus handverlesenen, hohen Regierungsvertretern und führenden Köpfen verschiedener ziviler Einrichtungen zusammen. Darunter waren der Generalstabschef, die Leiter des Nationalen Sicherheitsbüros, des Außenministeriums, des Verteidigungsministeriums und des FBI. Auch Nelson Rockefeller und J. Edgar Hoover sollen sich unter MJ-2 bis MJ-12 befunden haben.

Die Treffen fanden – wie sollte es anders sein? – im Zentrum von New York City statt. Ein zentralerer Ort als die 46. Straße, die sich das Team von *Akte X* ausgedacht hat, ist kaum vorstellbar. Dem Majestic-Mythos zufolge hat nur ein einziger Mann jemals eine Position in diesem Gremium abgelehnt – kein Geringerer als John F. Kennedy (es mußte ja der Realität entsprechen!). Angeblich nur wenige Wochen nach Kennedys unerwünschtem Statement, die amerikanische Öffentlichkeit habe ein Recht auf umfassende Information, kam er in Dallas ums Leben. Um im Universum von *Akte X* zu bleiben: Vielleicht hat der Kettenraucher tatsächlich ›Präsidenten sterben sehen‹.

Die verbleibenden Mitglieder der Majestic-Gruppe gingen, davon unbeeindruckt, zur Tagesordnung über. Sie leiteten in die Wege, hielten zurück und steuerten. Hinzu kam jetzt noch, daß die Außerirdischen in Schach gehalten werden mußten. An der Spitze einer Liste von Waffen gegen Extraterrestrische – für die die Besatzungsmitglieder der *Enterprise* töten würden – standen ›Joshua‹, ›Gabriel‹ und ›Excalibur‹. Dabei handelte es sich zum Beispiel um durch Niederfrequenzen ausgelöste Geräuschkanonen, Raketen mit der Fähigkeit, hundert Meter dicke Felsen (hinter denen sich die ›geheimen Basen‹ der Außerirdischen verbargen) zu durchschlagen und um Richtstrahlwaffen gegen im Wasser schwimmende Extraterrestrier. Sogar die *Strategic Defense Initiative* (SDI), besser bekannt unter dem Namen ›Krieg der Sterne‹, wurde als Projekt Zeus in die Operation Majestic integriert. Der Name dieses Projektes dürfte sowohl X-Philes als auch Anhängern der Verschwörungstheorie nicht gänzlich unbekannt sein.

Viele Elemente des Majestic-Schemas finden sich in einer Reihe von Theorien wieder, die mit UFOs im Zusammenhang stehen. Aber Majestic ist wohl das umfassendste und internationalste solcher Szenarien. Es gibt keine sozialen Mißstände, die sich nicht damit erklären ließen - von Drogen (mit Gewinnen aus dem Drogenhandel wurden die UFO-Experimente angeblich finanziert) bis zu AIDS (ein medizinisches Verfahren zwischen Menschen und Außerirdischen, das fehlschlug).

Bis heute wird Majestic außerdem mit offiziellen Raumfahrtprojekten in Verbindung gebracht. Die Vereinigten Staaten sollen an zahlreichen multinationalen Unternehmungen beteiligt sein, was beinahe jedes Land zu einem potentiellen Mitverschwörer macht. In einem raffinierten Henne-und-Ei-Spiel wird jeder Versuch, Majestic zu diskreditieren, leichtfertig Snowbird zugeschrieben. Im Umkehrschluß heißt das, dieses Projekt, das geheimer ist als jede Top-Secret-Unternehmung, existiert tatsächlich.

Wenn eine Fernsehserie, die auf der gesunden Neugier ihrer Zuschauer und dem aktuellen Mißtrauen gegenüber Regierungen aufbaut, aus einer solchen Vorlage kein Kapital schlüge, dann verdiente die Crew hinter *Akte X* nicht den Ruf begnadeter Geschichtenerzähler, den sie sich erworben hat.

Codesprecher

Die Theorie hinter der doppelten Verschlüsselung ist täuschend einfach: Man nehme eine Originalbotschaft, verschlüssele sie und übergebe sie dann einer zweiten Person zur weiteren Verschlüsselung. Selbstverständlich kann jeder sich regelmäßig wiederholende Zeichensatz durch Umkehr des Prozesses entschlüsselt werden; darin besteht für Kodierer sowohl eine Herausforderung als auch eine potentielle Gefahr.

Sollten Sie jemals versucht haben, eine Fremdsprache zu erlernen, dann wissen Sie, daß natürliche Sprachen im Gegensatz zu Codes Unregelmäßigkeiten aufweisen.

Diese werden zwar von den Sprechern erkannt, lassen sich aber oft nicht mit den Regeln der Grammatik einer Sprache erfassen. Außerdem gibt es neben den Ausnahmen eines sprachlichen Systems auch mehr oder weniger unverständliche idiomatische Redewendungen. Beispielsweise empfinden Franzosen die Wendung *mon petit chou chou* als Kosewort, während sie für deutsche Leser ›mein kleiner Kohlkopf‹ heißt.

Sprachen, die den Eigenheiten von geographisch getrennten und unterschiedlich erfahrenen Sprechern unterworfen sind, besitzen naturgemäß eine größere Komplexität als jeder Code. Die Kombination einer so komplizierten und relativ unbekannten Sprache wie dem Navajo mit der Kodiererfahrung des Nationalen Sicherheitsbüros führte zu einem der seltenen niemals geknackten Codes. Zwar konzentrierte sich *Akte X* auf die Beteiligung der Navajo im Zweiten Weltkrieg, aber auch im Ersten Weltkrieg dienten bereits einige Dutzend amerikanische Indianer als Codesprecher.

Die Navajo-Codesprecher des Zweiten Weltkriegs arbeiteten äußerst zuverlässig. Es kam zu keiner einzigen falsch oder gar nicht verstandenen Übermittlung.

Larry Wells, dem diese Episode gewidmet ist, war Kostümbildner bei *Akte X.*

Fallen und Spuren

In manchen Situationen, in denen das Gegenteil angebracht wäre, ignoriert *Akte X* die technischen Möglichkeiten, Telefone ausfindig zu machen. Ein wichtiger Handlungsstrang dieser Episode ist jedoch eng mit diesen Möglichkeiten verknüpft. War es eigentlich unmöglich, das Handy der entführten Scully zu orten, bringt es die Leute des Kettenrauchers doch direkt zu ihr auf den Wüstenhighway.

Damit ›Ma Bell‹ ein Funktelefon ›finden‹ kann, wenn es angerufen wird, muß sie lediglich dessen Standort

Seltsame Apartmentnummern – haben Sie's gemerkt? Scully wohnt in Nummer 35, ihrer Wohnung gegenüber liegt aber nicht die 34, sondern die Nummer 3...

ausmachen. Selbstverständlich ist dies immer möglich, wenn ein Funktelefon eingeschaltet ist. Durch Verfolgen der Zellen, die das Signal passieren, kann Ma Bell die weitere Umgebung relativ leicht bestimmen, in der sich ein Funktelefon befindet, unabhängig davon, ob es gerade benutzt wird.

FALL X-3.02

Codename: ›Verschwörung des Schweigens‹

ZUSAMMENFASSUNG

Wieder vereint, folgen Scully und Mulder einer fünfzig Jahre alten Spur, die zu einem zum Gärtner gewandelten Nazi führt. Der Deutsche wurde nach dem Zweiten Weltkrieg unter dem Schutz der Operation Paper Clip (dt. ›Büroklammer‹; so auch der Originaltitel der Episode) ins Land geschleust. Seine Behauptungen - einschließlich einer Theorie, die sich, wie Scully schwört, nicht im entferntesten belegen läßt - trennen die beiden Partner um ein Haar erneut. Schließlich stoßen sie jedoch auf Wahrheiten, die unmittelbar vor der Haustür zu liegen scheinen.

HINTERGRUND

Vor den Augen der amerikanischen Öffentlichkeit: die Operation Paper Clip

Die Operation Paper Clip war nicht annähernd so geheim, wie *Akte X* uns glauben machen will. Aber die Ausführenden hätten sich höchstwahrscheinlich gewünscht, daß sie es gewesen wäre - aus guten Gründen! Zu einer Zeit, als die amerikanische Öffentlichkeit mit schockierenden Erzählungen über deutsche Greueltaten überhäuft wurde, suchten amerikanische Stra-

ZITAT
»Wir bewegen uns momentan weit außerhalb der Gesetze... Als hätten wir jedes Rechtsgefühl verloren. Wir sind zu Außenseitern geworden. Wir haben unsere Verbindungen und unseren Schutz verloren.«
– Dana Scully

tegen verzweifelt nach einer Möglichkeit, sich der Kenntnisse führender deutscher Wissenschaftler zu bemächtigen.

Nach der Kapitulation Deutschlands sahen sich Amerika und seine Verbündeten plötzlich keinem Gegner mehr gegenüber, der sie aufgrund seiner Gefährlichkeit zur Kooperation zwang; statt dessen traten weit gestreute Probleme in den Vordergrund. Individuelle nationale Interessen standen bereits an der Front, bevor keine Bomben mehr fielen. Sowjets, Briten und Franzosen, die den Feind ›zu Hause‹ besiegt hatten, waren darum bemüht, das Leben ihrer an viele schmerzliche Opfer gewöhnten Bevölkerungen zu normalisieren. Dagegen waren die Amerikaner in den Blickpunkt des japanischen Interesses gerückt. Während sich Europa dem Wiederaufbau zuwandte, kämpften die USA noch um ihre durch Pearl Harbor geschundene Seele und um die Aufrechterhaltung ihrer Überlegenheit, denn man sah sich weiterhin einer ernsten pazifischen Bedrohung gegenüber.

Die auf Trümmern stehenden sowjetischen Sieger begannen mit der Zerlegung der verbliebenen deutschen Infrastruktur, bevor die Deutschen so richtig wußten, daß sie verloren hatten. Straßenlaternen, Autofabriken und sogar Brauereien wurden abgebaut, zusammengepackt und über hastig reparierte Eisenbahngleise in die Heimat abtransportiert.

Großbritannien hatte ebenfalls genug Arbeitssuchende, Bürger, die lautstark verlorene Bequemlichkeiten wiedereinforderten, Industrielle, die begierig darauf schielten, deutsche Innovationen in ihren Anlagen einzusetzen, jetzt, da man mit den Abenteuern friedlicher Zeiten konfrontiert wurde. Niemand hatte ernsthafte Einwände gegen die Beschäftigung von deutschen Wissenschaftlern. Vor allem Forscher, die Deutschland zu einem der größten Konkurrenten auf den Weltmärkten hatten aufsteigen lassen, waren gefragt. Die Bürger des Vereinigten Königreichs hatten schon vor dem Überfall auf Polen Menschen auf der Flucht vor Hitler erlebt. Die Einsicht, daß allein die Tatsache, Deutscher zu sein, noch kein Beweis für Nazisympathien war, ließ Großbritannien deutsche Wissenschaftler, die eine rasche Rückkehr zu der Behaglichkeit und dem Wohlstand der Vorkriegszeiten versprachen, willkommen heißen.

Sogar Frankreich fand eine der Ausbeutung wert erscheinende Enklave, als seine erschöpften Bürger bereit waren, ihre Gesellschaft wiederaufzubauen.

Die Amerikaner hatten eigene Probleme. Deutschland war besiegt, aber wie stand es mit seinem Verbündeten, Japan? Deutsche Wissenschaftler arbeiteten längst mit Amerikanern am Manhattan-Projekt und in Los Alamos an der Herstellung der ›ultimativen Waffe‹ (wie das amerikanische Militär sie eilfertig nannte) zusammen. Gerüchte über Kollegen in Deutschland drangen durch, die angeblich nicht nur kurz vor der Entwicklung der Atomwaffe standen, sondern auch kurz vor der Fertigstellung Dutzender anderer modernster Waffen. Unter dem Eindruck der Zerstörungen durch V-1- und V-2-Raketen und der Schäden und Verwüstungen, die Deutschlands ›Superkanone‹, die ›dicke Bertha‹, und Hitlers durch Europa rollende Panzerdivisionen angerichtet hatten, sorgten diese Gerüchte dafür, daß in Washington die nächtlichen Bürolichter nicht mehr ausgingen. Medikamente zur Beruhigung der Magensäure wurden kräftig beansprucht.

Es bestand die zwingende Notwendigkeit herauszufinden, wie groß das deutsche Potential tatsächlich war, inwieweit Japan es teilte und wann die Vereinigten Staaten frühestens damit zu rechnen

Rätsel 3

Leichte Fragen: Notieren Sie sich 1 Punkt für jede richtige Antwort.

1. **Wen bittet Mulder, auf Melissa Scully aufzupassen?**
2. **Wer hat schließlich das DAT-Band mit den MJ-Daten?**
3. **Wessen mathematische Konstante ist der Schlüssel zu dem Geheimgang im Berg?**
4. **Wie lautet der Name der amerikanischen Geheimaktion, mit der Nazikriegsverbrecher unmittelbar nach dem Zweiten Weltkrieg von Deutschland aus in die Vereinigten Staaten gebracht wurden?**
5. **Wie lautet Samantha Mulders zweiter Vorname?**

Es wird schwieriger: Notieren Sie sich 2 Punkte für jede richtige Antwort.

6. **Welche sind Victor Klempers Lieblingsblumen?**
7. **Welcher Mann umarmt Mulder in dieser Episode?**
8. **Mulder droht Frohike, ihm etwas in seinem Testament zu hinterlassen. Was?**
9. **Welches Unternehmen richtet auf seinem Gelände das größte unterirdische Aktenarchiv der Vereinigten Staaten ein?**
10. **Wo finden Mulder und Scully nach ihrer Flucht aus dem Bergwerk ›hausgemachte Gerichte‹?**

ANTWORTEN

1. Albert Hosteen
2. Der ehemalige Agent Alex Krycek
3. Die von Napier
4. Operation Paper Clip
5. Anne

---

6. Hybridisierte Orchideen
7. Frohike
8. Seine Videofilmsammlung
9. Die Strughold Mining Company
10. In Charlotte's Diner

Ihre Punktzahl:

hatten, im Kampf mit diesen ›Superwaffen‹ konfrontiert zu werden.

Aber wie?

Deutsche Militärdirektiven besagten, daß Dokumente, Modelle und Einrichtungen, die zurückgelassen werden mußten, zu zerstören seien. Die vorrückenden alliierten Truppen besaßen weder die Ausbildung noch die Zeit, um wichtige Unterlagen zu bergen. Außerdem tilgte die befreite Bevölkerung oftmals in Ausbrüchen von Freude und Haß sämtliche Überbleibsel, die an ihre Unterdrücker erinnerten.

Die Auswertung des Verfügbaren konnte sogar dann, wenn es vollständig und unversehrt war, Jahre dauern – Jahre, die den Vereinigten Staaten nicht zur Verfügung standen.

Deutsche Wissenschaftler zu finden war nicht schwierig. Hunderte stellten sich den Amerikanern freiwillig und boten ihr Wissen für nichts weiter als die Sicherheit ihrer Familien und ein paar tausend Kalorien täglich an. Andere leisteten keinen Widerstand, wenn sie an ihren Arbeitsplätzen gestellt wurden. Weitere meldeten sich, nachdem sie durch Kollegen, die sich bereits in der amerikanischen Zone befanden, dazu aufgefordert worden waren. Einige guerillaartige Streifzüge durch die von den Verbündeten besetzten Zonen – selbstverständlich vor der offiziellen Einrichtung einer internationalen Verwaltung – genügten den Amerikanern, um die verbleibenden deutschen Forschungsköpfe aufzustöbern.

Versuche, diese reiche Quelle ›intellektueller Reparationen‹ in Deutschland selbst zu nutzen, erwiesen sich als unpraktisch. Die Labors, Aufzeichnungen und Materialien befanden sich bereits auf dem Transport über den Atlantik. In den Lagern gab es wenige Einrichtungen für Familien, und viele Frauen und Kinder lebten in ausgebombten Häusern, die häufig geplündert wurden. Während der de facto gesetzlosen Tage nach der Kapitulation ermordeten herumstreunende Banden Hunderte von vermeintlichen Nazisympathisanten. Den Tätern reichten geringere Beweise, als die Nazis sie benötigt hatten, um Andersdenkende abzuurteilen. Darüber hinaus wurde die Situation dadurch erschwert, daß auch andere alliierte Regierungen die Wissenschaftler aktiv rekrutierten. Es war kaum verwunderlich, daß Deutschland der Abwanderung seiner Spezialisten wenig entgegenzusetzen hatte, wenn Sowjets und Briten ihnen lukrative Arbeitsverträge, bessere Einrichtungen und - als zugkräftigstes Argument - die Staatsbürgerschaft anboten.

Genau dieses Thema - die Einbürgerung - sollte die Operation Paper Clip umgehen, weil es heftige Gegenreaktionen in den Vereinigten Staaten auslöste. Entsetzliche Bilder von zu Skeletten abgemagerten Gestalten, die aus den Lagern schlurften, überfluteten das Land, und so startete die Öffentlichkeit eine Kampagne, die den griffigen Slogan »Nicht in meinem Garten« führte. Der Gedanke, daß Amerika Menschenverstümmler oder deren Landsleute für irgend etwas benötigen könnte, stieß auf instinktiven Abscheu.

Die ständigen Beteuerungen, es handle sich bei diesen Männern nicht um Kriegsverbrecher, konnten die Meinungen aus gutem Grund kaum beeinflussen.

Wie die amerikanischen Bürger befürchtet hatten, passierten tatsächlich einige äußerst fragwürdige Einwanderer das Auswahlverfahren. Zu den bekanntesten zählte Klaus Barbie, der ehemalige Gestapo-Offizier. Während viele Wissenschaftler glaubwürdig versichern konnten, daß ihre Mitgliedschaft in der NSDAP eine ideologisch bedeutungslose Notwendigkeit dargestellt hatte, traf dies im Fall Barbie nicht zu.

Barbies Rolle in der Gestapo war alles andere als bedeutungslos und noch weniger ehrenhaft gewesen. Als

FEHLERHINWEIS!

Hätten sich Mulder und Scully tatsächlich auf Napiers Konstante verlassen, um in den Geheimgang zu gelangen, wären sie verloren gewesen. Napiers Konstante ist 2,71828 - nicht 2,7828, die Zahl, mit der Scully und Mulder das Schloß öffnen.

Gestapo-Chef von Lyon hatte er persönlich Tausende französischer und deutscher Juden in Konzentrationslager geschickt und war für die Folterung und Ermordung von Widerstandskämpfern und formellen Kriegsgefangenen verantwortlich gewesen. Als Mitglied einer geheimen Naziorganisation hatte er die Rückreise seiner Komplizen nach Deutschland eingefädelt, nachdem Frankreich von den Alliierten zurückerobert worden war. Später, als sich Deutschland am Rande der Niederlage befand, leitete er die Flucht von Nazis nach Afrika und Südamerika in die Wege. Obwohl die für seine Rekrutierung verantwortlichen Amerikaner seinen Hintergrund, seine Verbindungen und seine Aktivitäten sorgfältig durchleuchtet hatten, boten sie ihm einen Job an, statt ihn vor Gericht zu stellen.

Ein weiterer Angeworbener war für eine Grausamkeit verantwortlich, die weit über das im Vergleich dazu fast weltlich anmutende Verbrechen Mord hinausging: Er hatte einen Angriff gegen die Seele des Judentums geführt. In einer makabren Persiflage auf die jüdischen Gesetze war Otto von Bolschwing, zunächst SS-Angehöriger, später Angestellter der CIA, durch Bukarest gestürmt und hatte jüdische Einwohner vor sich her in eine fleischverarbeitende Fabrik getrieben, wo sie dann, an Fleischerhaken aufgehängt, als ›koscheres Fleisch‹ gebrandmarkt worden waren. Berücksichtigt man die Unmengen von Blut, das an manchen Stellen der Fabrik knöcheltief stand, muß man davon ausgehen, daß die meisten Opfer bei lebendigem Leib gequält worden waren. Einem Kind von kaum fünf Jahren wurde während von Bolschwings perverser Abwandlung jüdischer Speiseregeln die Kehle durchschnitten.

Als 1945 die Niederlage Deutschlands unabwendbar war, bot sich von Bolschwing den Amerikanern als Geheimdienstexperte an, eine Position, die er über Jahrzehnte behalten sollte.

Walter Gotell, der in dieser Episode Victor Klemper spielt, zählte als KGB-Chef Anatol Gogol bereits einige Male zu den Widersachern eines anderen Agenten: James Bond!

Dutzende von Programmen – einige erfolgreicher als andere – brachten deutsche Wissenschaftler und Geheimdienstler nach Amerika oder enthielten sie zumindest den früheren Verbündeten der Amerikaner vor. Die Operation Pajamas führte eine Gruppe deutscher Spezialisten, die mit der Vorhersage politischer Trends in Europa beschäftigt gewesen war, in die Vereinigten Staaten. Das Projekt Birchwood konzentrierte sich auf sogenannte Wirtschaftsexperten, die unter Göring mit der SS zusammengearbeitet hatten. Dwindle diente dem Import von technischem Gerät zur Verschlüsselung, das die Nazis verwendet hatten, sowie der Einreise jener Männer, die die Algorithmen erstellt hatten.

Um Deutschlands ›Sowjetspezialisten‹ herauszufiltern wurde Apple Pie, ein zunächst von den Briten mitfinanziertes Projekt, ins Leben gerufen. Später setzten die Amerikaner es allein fort – ironischerweise unter dem Namen Credulity (dt. ›Leichtgläubigkeit‹). Die Tatsache, daß Biotechnologen, Ärzte, Tierärzte, sogar Zahnärzte und Kinderärzte im Schutz dieser und anderer Programme ins Land *geschmuggelt* wurden, wirft unweigerlich die Frage auf, weshalb man diese Männer nicht unter den normalen Einreiseformalia ins Land brachte.

Die Vergangenheit beweist, daß das Wissen deutscher Raketenspezialisten, Fernlenkwaffenexperten und Geheimdienstler maximal genutzt wurde. Vor diesem Hintergrund wird die Prämisse von ›Verschwörung des Schweigens‹ glaubwürdig: Was immer ehemalige Nazibiologen und -chemiker auch getan hatten: sie wurden nahtlos in die amerikanischen Laboratorien integriert. Schwer zu glauben.

Strughold Mining Company

Mario Mark Kennedy, dem diese Episode gewidmet ist, war ein Online-Fan von *Akte X.* Er betrieb über America On-Line ein Diskussionsforum, und war für seine scharfsinnigen Kommentare bekannt. 1995 starb er an den Folgen eines Unfalls, den er im gleichen Jahr erlitten hatte.

Für den Namen Strughold wurde in der echten Operation Paper Clip eine eigene Akte angelegt. Es handelt sich nicht um einen Ort, sondern um eine Person: Professor Hubertus Strughold war einer der ersten, die die Vereinigten Staaten 1947 unter dem Mantel von Paper Clip betraten. Er traf auf die begeisterte und bedingungslose Unterstützung von Colonel Harry Armstrong, der zu Kriegszeiten Chirurg beim achten Geschwader der US Air Force gewesen war.

Strughold, Spezialist für Luftfahrtmedizin, hatte am Luftmedizinischen Institut der Luftwaffe und am Physiologischen Institut der Universität Göttingen gearbeitet, bevor er eine Gruppe von Wissenschaftskollegen in die amerikanische Zone geführt hatte.

Unter den Wissenschaftlern, die Strughold mitbrachte, befanden sich Dr. Hans Clamann (Spezialist für die Konstruktion von Unterdruckkammern und Hochdruckkabinen), Dr. Ulrich Luft (führender Forscher im Bereich Anpassung von Kost, Ernährung und Atmung an große Höhen), Dr. Ernst Opitz (Koronarphysiologe) und Dr. Otto Gauer (Spezialist für die physikalischen Effekte von Beschleunigung auf den menschlichen Körper). Obwohl diese Wissenschaftler vor ihrer Einwanderung sorgfältig durchleuchtet worden waren, fühlten sich viele Amerikaner bei dem Gedanken äußerst unwohl, daß deren Forschungsarbeit möglicherweise erzwungene Experimente an Kriegsgefangenen, Juden und anderen Häftlingen von Konzentrationslagern eingeschlossen hatte.

Diese Zweifel stellten sich schnell als berechtigt heraus, als Tausende deutscher Dokumente ans Tageslicht kamen, von denen viele später bei den Nürnberger Prozessen Verwendung fanden. Zwar behaupteten Strugholds Wissenschaftler, daß sie ihre Experimente an

Mäusen, Hunden und Schweinen durchgeführt hätten, und amerikanische Forscher fanden bei der Untersuchung ihrer Einrichtungen tatsächlich Anlagen, die von der Größe zu Katzen, kleinen Hunden und Nagetieren paßten. Aber es wurden keine Kammern, Druckbehälter, Eiswannen oder ähnliches entdeckt, die groß genug gewesen wären, um Schweine aufzunehmen.

Dafür stellte sich heraus, daß in den Labors, die man Monate zuvor in Dachau gefunden hatte, Menschen einem Druck ausgesetzt worden waren, der ausreicht hatte, um ihnen die Augen aus dem Kopf zu treiben. Andere hatte man mit Temperaturen traktiert, die in weniger als dreißig Minuten zum Tod führten, und wieder andere waren in Eisbäder von unermeßlicher Kälte gelegt worden. Bei den in allen Berichten erwähnten ›Schweinen‹ hatte es sich in Wahrheit um Juden gehandelt, die sich geweigert hatten, ihre koschere Ernährung aufzugeben.

Strughold wurde zu keinem Zeitpunkt für eines dieser in Europa begangenen Verbrechen vor Gericht gestellt, genausowenig wie seine beinahe dreißig Kollegen. Nachdem die Gruppe nach Texas umgezogen war, bildete sie dort den Kern der ersten Abteilung für Raumfahrtmedizin der Air Force, ein »leuchtendes Beispiel amerikanischer Genialität« und ein »Vorbild für die zukünftigen Möglichkeiten der Raumfahrtforschung«.

Betreff: X-Akten.
X-Kulturen

Wenn sich Produktionsfirmen in fremde Kulturen vertiefen, gehen sie ein Risiko ein. Weil alles authentisch wirken soll, riskieren sie es, jenen Teil des Publikums zu verlieren, der sich für tiefergehende Hintergründe nicht interessiert oder sie nicht erkennt. Andererseits wird sofort jemand zur Stelle sein und die gesamte Story auseinanderpflücken, falls einige Details nicht haargenau stimmen. Sollte das Undenkbare eintreten, daß nämlich mehr als einige Einzelheiten danebengeraten, läuft das Unternehmen Gefahr, eine ganze ethnische Gruppe zu verprellen – noch dazu in einer Zeit, in der Hollywood höheren Ansprüchen gerecht werden muß, als sie zum Beispiel die Produzenten von Spaghetti-Western gestellt haben.

Natürlich ist es schwierig, Menschen wie die Anasazi zu beleidigen, denn sie sind seit beinahe tausend Jahren vom Erdboden verschwunden. Je weniger man über eine solche Gruppe weiß, um so schwieriger ist es, etwas falsch zu machen. Doch wenn man neugierige X-Philes mit alten Mythen konfrontiert und sie dann *fünf Monate* lang nichts anderes als Wiederholungen zu sehen bekommen, werden sie unweigerlich Nachforschungen anstellen, um die Hintergründe herauszufinden. Wenn die Fortsetzung startet, sind sie mit Sicherheit gut informiert.

Das erste, worauf ein recherchierender X-Phile stößt, ist die Tatsache, daß die Anasazi genaugenommen gar keine Anasazi sind. Das aus der Navajo-Sprache übernommene Wort für ›die alten ehrwürdigen Fremden‹ (so wurde es in *Akte X* übersetzt) war mit großer Wahrscheinlichkeit nicht der Name, den sich die Menschen, die wir Anasazi nennen, selbst gegeben hatten.

Die Felsenwohnungen, die wir ihnen so lange zuschrieben, vermitteln offenbar auch keinen korrekten Einblick in ihre Lebensweise. Bevor ausgedehnte Dürren sie in die Berge trieben, hatten die Anasazi in den Ebenen riesige Siedlungen aus großen Holzhütten (*Hogans*) und beeindruckende Wasserstraßen auf dem offenen Land gebaut. Sie konnten kilometerweit in alle Richtungen sehen. Pueblo Bonito, eine dieser Ortschaften, in einer Ebene nahe des Chaco Canyon gelegen, ist als Beispiel für die dichtbesiedelten Städte erhalten geblieben. Es handelte sich nämlich in der Tat um richtige Städte – auf der eineinviertel Hektar großen Grundfläche von Pueblo Bonito finden sich noch heute Überreste von freistehenden vier- und fünfstöckigen Gebäuden und von einem gut durchdachten Straßennetz. Dort lebten siebentausend Anasazi friedlich – soweit überliefert – Wand an Wand mit ihren Nachbarn.

Bereits siebenhundert Jahre vor Christus wies die Kultur der Anasazi beeindruckende Errungenschaften auf: Ineffiziente Speere waren durch Pfeil und Bogen ersetzt worden; man pflanzte Baumwolle, die anschließend in diffizile Muster gewoben wurde; die Architektur beinhaltete Schachtelbauten; ein Handwerk wie die Töpferei umfaßte Dutzende verschiedener Techniken; die dekorativen Künste erfreuten sich ähnlicher Blüte. Fast zweitausend Jahre lang entwickelten die Anasazi ihre Fähigkeiten weiter; die überlegte Landwirtschaft förderte das Bevölkerungswachstum.

Die frühere Einschätzung, daß die Anasazi sich möglicherweise aufgrund einer Bevölkerungsexplosion selbst ›um Haus und Hof aßen‹, erscheint in der Rückbetrachtung als unwahrscheinlich. Bestattungsüberreste und die durchschnittliche Fläche von zur Verfügung stehendem Wohnraum deuten im Gegenteil sogar auf eine effektive Form der Geburtenkontrolle hin. Wenige Familien hatten mehr als vier Kinder, und die Rate der Kindersterblichkeit scheint gering gewesen zu sein. Unter Berücksichtigung der harten Umweltbedingungen ist davon auszugehen, daß die Anasazi vortreffliche Agronomen waren, die behutsam darauf achteten, die Möglichkeiten ihrer natürlichen Ressourcen nicht zu überschreiten.

Und doch: Seit dem Jahr 1300 n. Chr. standen die großen Städte der Ebenen leer.

Als die Siedlungen im 19. Jahrhundert erstmals untersucht wurden, kam man zunächst nicht darauf, daß die Anasazi sich in Felsenwohnungen

zurückgezogen hatten, und für einige Zeit glaubten sogar professionelle Archäologen, der Indianerstamm sei schlichtweg ausgestorben.

Bei der späteren Untersuchung der Geschichte des ganzen Südwestens fanden sich die Einflüsse der Anasazi in Dutzenden von anderen Stämmen, einschließlich der Ácoma, Laguna, Hopi und Zuñi. Klimatologische Geschichtsdaten deuten darauf hin, daß lang anhaltende Dürreperioden zwischen 1250 und 1300 n. Chr. die Anasazi gezwungen haben könnten, die Ebenen zu verlassen. Falls die Schätzungen zutreffen, fielen während dieser fünfzig Jahre weniger als einhundertfünfzig Millimeter Regen auf das Gebiet der Anasazi. Für ein von der Landwirtschaft abhängiges Volk hatte dies verheerende Folgen. Die Tatsache, daß die Anasazi diese Phase überlebten, bleibt beinahe genauso mysteriös wie ihr späteres Verschwinden.

Eines jedoch bleibt unzweifelhaft: Kunst und Töpferei waren nicht das einzige, was die Anasazi mit ihren Nachbarstämmen verband. Die großen Zeremonienkammern (*Kivas*) der Anasazi, die Holzhütten der Navajo und die religiösen Feste dieser und anderer nordamerikanischer Indianervölker belegen, daß zu einer bestimmten Zeit in großen Teilen des Südwestens eine Religion praktiziert wurde, die mehr Gemeinsamkeiten als Unterschiede aufwies. Zumindest in diesem Sinne reflektieren die Navajo-Traditionen, die in der aus ›Anasazi‹, ›Das Ritual‹ und ›Verschwörung des Schweigens‹ bestehenden Trilogie nachgespielt werden, jene ›alten ehrwürdigen Fremden‹.

Aber wie authentisch waren die Darstellungen von moderneren und besser erforschten Traditionen und Zeremonien der Indianer in *Akte X*? Obwohl Einzelheiten der gezeigten Rituale und Lebensweisen manchmal von den Ergebnissen der allgemein anerkannten Forschung abweichen, ist es der Crew und den Darstellern gelungen, mit Hilfe der Atmosphäre längst vergangene Zeiten und Orte heraufzubeschwören.

Die Legende vom Weißen Büffel

(Ich genoß das Privileg, bei diesem Kapitel auf die wertvolle Hilfe von Charles Little Deer vom Volk der Lakota zurückgreifen zu können. So kam ich an Materialien mündlicher Überlieferungen aus den Archiven verschiedener nordamerikanischer Indianerstämme, unter anderem der Navajo, Lakota, Rosebud Sioux und Cheyenne. Fehler gehen ausschließlich auf mein Verschulden zurück und sind unbeabsichtigt.)

Die Legende von der Weißen Büffelfrau überschreitet die kulturellen Grenzen zwischen vielen Indianerstämmen. Trotz geringfügiger Abweichungen bei der Überlieferung bleibt die Geschichte ein beständiger Quell gemeinsamer Hoffnung. Einer Hoffnung, die sogar den Weg in nichtindianische Kulturen fand, als ein weißes Büffelkalb geboren wurde, das den treffenden Namen Miracle (dt. ›Wunder‹) erhielt. Um die mächtige Anziehungskraft zu verstehen, die dieses kleine Kalb auf so viele Menschen ausgeübt hat, und um zu erkennen, wie nahe *Akte X* am Kern der Überlieferung geblieben ist, benötigt man eine grundlegende Kenntnis der Legende, die sich hinter dem Symbol verbirgt.

Die Sonne brannte unablässig auf die Köpfe des Sioux-Volkes herab, und das Wild floh vor ihrer unerbittlichen Kraft. Für das Volk war es eine Zeit großer Leiden, weil die leeren Bäuche nach Nahrung verlangten. Sogar die Pflanzen verdorrten und starben. Frauen und Männer weinten um ihre hungernden Kinder.

Ausgerüstet mit ihren besten Waffen und Wasser, begaben sich zwei Männer auf eine Reise, die sie weiter führen sollte, als sie je zuvor gekommen waren. Die Sonne folgte ihnen, und sie wurden krank und matt. Drei weitere Tage gingen sie, bevor sie endlich eine kleine Quelle fanden. Sie tranken und schliefen ein. Der jüngere der beiden Männer träumte von einer wunderschönen Frau, die zu ihm sang. Ihr Lied begleitete den Hufschlag Tausender Büffel.

Der Morgen kam, und die Männer erwachten zum Klang einer singenden Frauenstimme. Sie sahen auf und erblickten eine Frau, die von Osten, aus der aufgehenden Sonne heraus, auf sie zukam. Sie war wunderschön. Der jüngere Mann erkannte in ihr die Frau aus seinem Traum, und er warnte den älteren, daß diese Frau seltsam und wunderbar sei. Der Ältere sah sie mit Verlangen an.

Während die Frau näherkam, bemerkte der jüngere Mann, daß sie über der Erde schwebte, und er vernahm die Geräusche der Büffel in ihrem Lied. Gekleidet in weiße Büffelhäute, übertraf sie die Sonne an Schönheit.

Der ältere Mann beachtete die Warnung des jüngeren nicht und versuchte, die fremde Frau zu berühren. Da erhob sich der Wind, und über dem Mann entstand eine Wolke, die auf die Erde sank und ihn in sich verbarg. Als der Wind sie fortgeblasen hatte, blieb nur ein Haufen Knochen zurück. Der junge Mann bedeckte sein Gesicht, aber die Frau sang erneut, bis er sich nicht mehr fürchtete.

Sie sprach zu ihm: »Geh und sage deinem Volk, daß ich bald zu ihm kommen werde.« Es hatte fünf Tage gedauert, bis sie die Quelle erreicht hatten, und auf dem ganzen Weg hatte der junge Mann nichts Eßbares gesehen. Trotzdem willigte er ein. Am ersten Tag fing er einen dicken Hasen. Am zweiten Tag fand er ein Rebhuhn mit gebrochenem Flügel. Am Morgen des dritten Tages erreichte er sein Dorf.

Zunächst erschrak das Volk über die Ankündigung, daß sich die Frau nähere. Doch dann erzählte der junge Mann von ihrer Schönheit und ihrem kräftigen Lied. Er zeigte ihnen die Knochen des Hasen und des Rebhuhns. Das Volk fürchtete sich nicht mehr.

Am nächsten Morgen kam eine Frau von Osten heran. Sie war in weiße Büffelfelle gekleidet und trug ein Bündel in ihren Armen. Das Volk hieß sie willkommen und teilte die wenige Nahrung, die es hatte, mit ihr. Sie sprach zu ihm: »Ich bin gekommen, euch einen neuen Weg zu zeigen – einen Weg, der euch vom Hunger befreien und euch stark machen wird.«

Die Frau entfaltete das Bündel. Darin befand sich eine heilige Pfeife, die sie den Männern gab. Nachdem sie sie Gebete gelehrt hatte, die sich mit dem Rauch erheben sollten, sprach sie zu ihnen: »Mit der Pfeife werdet ihr zu einem lebenden Gebet werden.« Die Männer lernten die Worte und rauchten die Pfeife.

Dann versammelte die Frau die Frauen um das Feuer. Sie sprach zu ihnen: »Ihr stammt von Mutter Erde ab. Ihr Weg ist euer Weg. Was ihr tut, ist wichtig.«

Als die Sonne unterging, rief die Frau die Männer in den Kreis um das Feuer. Sie erinnerte alle an die Macht der Pfeife. Sie lehrte die Männer, den Büffel, ihre Frauen und ihre Kinder zu schätzen. Sie sang für sie. Der Klang von Büffelhufen war deutlich in ihrer Stimme zu vernehmen. Sie sang von der Jagd. Sie sang von der Tapferkeit des Büffels. Die Frauen sangen mit ihr, und ihr Lied war laut und trug über das ganze Land.

Dann stand die Frau auf und ging fort. Am Ausgang des Dorfes blieb sie stehen. »Ich werde zurückkehren, um meinen Glauben an euch zu erneuern. Vergeßt mich nicht.« Mit jedem Schritt erhoben sich ihre Füße weiter vom Boden, bis sie hoch über dem Horizont schwebte. Das Volk beobachtete, wie sie sich in ein weißes Büffelkalb verwandelte und mit der Sonne verschwand.

Die Sioux vergaßen die Worte der Weißen Büffelfrau nicht. Sie ehrten ihre Pfeife, und die Büffel kamen. Sie nutzten die Büffel weise und konnten ihre Frauen und Kinder ernähren. Die Frauen behielten die Lieder und lehrten sie ihren Kindern, und diese gaben sie an ihre eigenen Kinder weiter. Als sie andere Völker trafen, hörten sie an den Feuern Lieder über die Weiße Büffelfrau, und sie wußten, daß Frieden zwischen ihnen herrschen sollte.

Inzwischen hat die Legende vom Weißen Büffel für viele Indianer Amerikas und auch für viele Nichtureinwohner, die sich mit der Geschichte ihrer eroberten Heimat beschäftigten, eine zusätzliche Bedeutung gewonnen. Die Legende vermittelte nicht nur eine Reihe von Lebensregeln, die sowohl für die Umwelt als auch für die Familie bedeutsam waren und auf die moderne Völker stolz sein könnten, sondern trug auch zum Frieden unter den Stämmen der Ebenen bei, die vorher miteinander im Krieg gelegen hatten.

Als Miracle am 20. August 1994 geboren wurde, erkannten viele amerikanische Indianer darin ein Symbol – ein Zeichen dafür, daß ihre Kultur, ihre einzigartige Lebensweise und ihre reiche Geschichte endlich eine Wiedergeburt erfahren würden. Diese Wiedergeburt konnte sich sogar inmitten der großen Mehrheit der weißen Amerikaner vollziehen. Auf den ersten Blick jedoch erschien das kleine, schmutzige Kalb mit der Aufgabe des Botschafters, der ein so monumentales Werk wie die friedliche Vereinigung der gesamten Menschheit zu vollbringen hatte, weit überfordert.

Auch der Familie Heider schien auf ihrer Farm in Wisconsin nicht unbedingt eine lebende Legende zu ihrem Glück gefehlt zu haben. Der nicht abreißende Besucherstrom von Indianern und Nichtindianern hätte zumal sehr leicht zu neuen Spannungen führen können. Nachdem sich die Nachricht von dem Ereignis verbreitet hatte, wurden die Heiders von einer Menschenflut überschwemmt, die mindestens jeweils zur Hälfte aus ernsthaften Pilgern und aus Neugierigen bestand. Für die einfachen Farmer, die noch nie von der Legende vom Weißen Büffel gehört hatten, war das plötzliche Interesse an ihnen – um es vorsichtig zu formulieren – beunruhigend. Wie die meisten weißen Einwohner Amerikas hatten sich auch die Heiders vor der Geburt von Miracle nie mit Indianerkultur beschäftigt.

Tausende wollten das einmal unter sechs Millionen Kälbern vorkommende ›Wunder‹ sehen. Die Medien berichteten nicht nur in den Vereinigten Staaten darüber, sondern in fast jedem Land, das über eine Reuters-Nachrichtenagentur verfügt. Bis heute wird Miracle von Besuchern, die aus so fernen Ländern wie Australien, Mosambik oder Irland anreisen, bestaunt und bejubelt. Falls der Sinn von Miracles Geburt darin bestanden haben sollte, Menschen zusammenzubringen und die Geschichte der Völker der großen Ebenen bekanntzumachen, dann hat das junge Rind seinen Auftrag erfüllt. Im Gegensatz zu dem unglücklichen Kalb in *Akte X* käut auch Miracles Mutter heute noch vergnügt ihr Futter wider. Sollte Miracle genauso lange leben wie die letzte verzeichnete Inkarnation der Weißen Büffelfrau, dann hat das ehedem unbeholfene Kälblein noch etwa sechsunddreißig Jahre vor sich, in denen es seine Botschaft, seine Wahrheit, verbreiten kann.

›The Blessingway‹: Der ›Gesang des Gesegneten Weges‹

Wegen der religiösen Bedeutung einiger Szenen in ›Das Ritual‹ trugen die Produzenten bei den Dreharbeiten eine noch größere Verantwortung dafür, daß wirklich alles richtig gemacht wurde.

Mit den erheblich eingeschränkten Möglichkeiten des Mediums Fernsehen war es verständlicherweise kaum möglich, alle Details und die Komplexität einer solch aufwendigen Zeremonie auf dem Bildschirm darzustellen, aber innerhalb dieser Grenzen ist es *Akte X* gelungen, erstaunlich originalgetreue Bilder zu erzeugen. Wenn man berücksichtigt, daß sich der Gesang des Blessingway von den vielen anderen Navajo-Gesängen deutlich unterscheidet, dann bestand darin eine nicht zu unterschätzende Leistung.

Vergleicht man das Blessingway-Ritual mit modernen medizinischen Praktiken, läßt es sich lose in den Bereich präventive Medizin einordnen. Die meisten Navajo-Gesänge richten sich gegen *bestehende* Probleme, aber der Blessingway ist eine Art geistiger Impfung gegen Krankheit, Unglücksfälle, Unannehmlichkeiten und sogar Gemütskrankheiten. Bei einer Kultur, die derart großen Wert auf Familie, Gemeinschaft und die Ausgeglichenheit des Individuums legt wie die der Navajo, kann der Gesang sogar als gemeinschaftliche Segnung, als positive Beschwörung der oben genannten Bindungen und Zustände betrachtet werden.

Obwohl alle erforderlichen Elemente vorhanden waren – der vierpolige *Hogan*, die Bemalungen, das Fasten und die Gesänge –, war der Gesang den Bedürfnissen Mulders nicht angemessen. Die Blessingway-Rituale, eigentliche Ausgangsbasis für alle anderen Zeremonien außer ›Enemyway‹ (ein Ritual für den Kriegsfall) und ›Monsterway‹ (richtet sich gegen die bösen Geister), stehen natürlich auch mit dem ›Healingway‹ (die Zeremonie zur Heilung von Krankheiten, die eigentlich für Mulder angebracht gewesen wäre) in Zusammenhang. Doch der Blessingway selbst hat mit der Heilung einer akuten Krankheit nichts zu tun. Die Rituale des Gesegneten Weges wären die angebrachte Zeremonie für eine Frau gewesen, die ein Kind erwartet, für Jugendliche, die die Gemeinschaft für längere Zeit verlassen – etwa um das Studium an einer Universität zu absolvieren – oder für ein frisch vermähltes Paar.

Geradezu konträr zum echten Verhalten der Navajo steht in dieser Episode von *Akte X* der Umgang mit Toten und Sterbenden. Wie für die meisten Kulturen ist dies auch für die Navajo ein heikles Thema. Sie verabscheuen ein frühes Ende des Lebens und halten es für mehr als nur ein Unglück. Den augenscheinlich im Sterben liegenden Mulder in die Hütte einer Indianerfamilie zu bringen, setzte diese einem ernsten Risiko aus. Wäre er, wie erwartet, tatsächlich gestorben, hätten die Bewohner keine andere Wahl gehabt, als ihr Haus für immer zu verlassen. Da viele Navajo-*Hogans*, wie man inzwischen weiß, seit Jahrhunderten im Gebrauch sind und auch heute noch das Zentrum moderner indianischer Heime bilden, erscheint dieses Verhalten sehr unglaubwürdig. Die Familie hätte den fremden Mulder weder einer Zeremonie unterzogen, die nicht dazu geeignet war, seinen Gesundheitszustand zu verbessern, noch diese Zeremonie an einem Ort durchgeführt, der keine Sterbenden beherbergen soll.

Auch der Zwischenfall am Anfang, als Mulder auf den Eisenbahnwaggon mit ›Außerirdischen‹ aufmerksam wird, ist ein wenig danebengeraten. Es ist äußerst unwahrscheinlich, daß ein junger Navajo-Mann eine Leiche zum Haus seines offensichtlich sehr traditionellen Großvaters bringen oder sie zu einem solchen Zweck auch nur berühren würde.

Doch solche Inkonsequenzen können eine ansonsten gute Story nicht abwerten. Weite Teile des geschichtlichen Hintergrundes dieser Episode sind absolut richtig wiedergegeben. Die X-Philes hatten einen Sommer lang Zeit, um die zusätzlichen Bedeutungsschichten zu erforschen, und es ist dem Team gelungen, in einer so weit vom Originalschauplatz entfernten Gegend wie dem südlichen British Columbia eine täuschend ähnliche Szenerie aufzubauen.

Übrigens: Zufälligerweise arbeitet ein anderer Vincent Scully, ein Archäologe (nicht die Stimme der Dodgers, nach der Dana Scully benannt wurde), momentan im Chaco Canyon und an anderen Stätten der Anasazi.

FALL X-3.03

Codename: ›Blitzschlag‹

ZUSAMMENFASSUNG

In einer Kleinstadt ist der fünfte Todesfall zu verzeichnen, der eng im Zusammenhang mit Blitzen steht. Mulder argwöhnt, daß im ländlichen Amerika etwas nicht mit rechten Dingen zugeht, aber Scully kann keine Fehler in den Autopsieverfahren oder deren Ergebnissen feststellen. Sie schließt sich der Skepsis ihres Partners erst an, als ein Verdächtiger das Herz seines Chefs zum Hüpfen bringt – mit bloßen Händen.

ZITAT

»Wußten Sie, daß jährlich mehrere Menschen in ihrer Wohnung – unter der Dusche oder am Telefon – vom Blitz getroffen werden? Daß Leute Blitze wie Bälle über Fußböden haben springen sehen? Daß Wissenschaftler, wenn Sie nur lange genug nachbohren, zugeben müssen, daß sie keine Ahnung haben, wie Blitze überhaupt entstehen?«

– Sheriff Teller

HINTERGRUND

Wenn Funken fliegen ...

Sheriff Teller ist einer der wenigen, die eine völlig ratlose Scully erleben. Den Witz über ihre ›Hausaufgaben‹ muß sie als schmerzhaften Stich empfinden – insbesondere, da es um Blitze geht und Scully einen Universitätsabschluß in Physik besitzt. Viel-

RÄTSEL 4

Leichte Fragen: Notieren Sie sich 1 Punkt für jede richtige Antwort.

1. **Welches Videospiel löst den Kampf zwischen Jack Hammond und Darren Oswald aus?**
2. **Darrens Kumpel hat einen ungewöhnlichen Vornamen. Welchen?**
3. **Welches bizarre Produkt exportiert Cornerville?**
4. **Welchen ungewöhnlichen Gegenstand finden Scully und Mulder in geschmolzenem Sand?**
5. **In welchem Fach hat Sharon Kiveat ihren Schüler Darren durchrasseln lassen?**

leicht findet sie in der Tatsache Trost, daß das Phänomen Blitze in Geschichte, Romanliteratur und Wissenschaft eine äußerst bizarre Position einnimmt.

Ob es um den Funken geht, der Frankensteins Kreatur zum Leben erweckt, oder um die Blitze und Donnerschläge des Thor – den fantastischen Fähigkeiten, die Menschen dem Blitz zusprechen, scheinen nur durch die Einbildungskraft Grenzen gesetzt zu sein. Als sei eine Kraft, die Energie von 10^9 Joule freisetzen und dabei Sand in Glas verwandeln kann, nicht übernatürlich genug...

Vielleicht ließe sich die Neugier der Autorin befriedigen, wenn die Wissenschaft in der Lage wäre, jene eigenartigen Phänomene, die mit dieser exzentrischen und dynamischen Form von Elektrizität in Verbindung stehen, zu erklären. Aber selbst Erscheinungen, die seit Jahrhunderten wissenschaftlich untersucht werden, bleiben weiterhin rätselhaft.

Nehmen wir beispielsweise den Kugelblitz. Er trotzt jedem konventionellen Wissen. Niemals bewegt er sich von einem geeigneten Punkt zum anderen. Statt dessen rollt er womöglich träge den Mittelgang eines Flugzeugs entlang wie am 12. August 1956. Zwei erfahrene Piloten, drei Polizeibeamte und ein Meteorologe, der als Urlaubsvertretung für den Wetterkundler des Flughafens auf dem Weg zur Arbeit war, bezeugten das. Aufgelöst berichteten sie von einem »hellen Lichtball mit einem Durchmesser, der wenig geringer war als der Abstand zwischen den Sitzreihen«. Er »zischte wie Schlangen«, während er den engen Gang hinunterlief, und verschwand dann spurlos durch die Rückwand des Flugzeugrumpfes.

Gelegentlich spiegeln die merkwürdigen Bahnen, in denen sich ein Kugelblitz bewegen kann, auf überzeugende Weise eine eigene Intelligenz der Erscheinung wider. Mrs. Petra Daley aus Dunnellon, Florida, beobachtete von ihrer Terrasse aus einen typischen mittäglichen Wolkenbruch, als ein Kugelblitz vor ihr aus dem Nichts auftauchte, ihr zweimal über die gesamte Länge der Veranda folgte und durch das Gitter der Fliegentür nachsprang, als sie nach drinnen flüchtete. Der Kugelblitz hinterließ ein kreisrundes Loch in den Maschen des Gitters, bevor er die Frau die Treppe hinauf ins Badezimmer jagte, wo er schließlich »mit einem Knall explodierte, als hätte jemand ein Gewehr abgefeuert«. Wie zehn Prozent aller Personen, die Begegnungen mit Kugelblitzen erlebten, berichtete auch Mrs. Daley von Schwindelgefühl, Erinnerungslücken und dem Verlust der Orientierung – normale Reaktionen auf starke elektrische Schläge. Aber es gab keinen physischen Beweis dafür, daß sie oder eine der anderen Personen von einem Blitz getroffen worden war.

Sogar ›gewöhnliche‹ Blitze bringen Wissenschaftler zur Verzweiflung. Ein Perlschnurblitz – ein heller Blitz, der in Teile zerbricht und ursprünglich für eine optische Täuschung gehalten wurde – konnte 1992 auf einen hochempfindlichen Film gebannt werden.

Augenzeugenberichte wie jene der Besatzung des englischen Schiffes *Mary Joe* können allerdings immer noch nicht plausibel erklärt werden. Die Seeleute hatten behauptetet, während eines Gewitters über der Bucht ihres friedlichen Dorfes ›Leuchtspurraketen‹ gesehen zu haben. Im offiziellen Abschlußbericht fand sich dann lediglich die Feststellung, die Männer hätten im Fernsehen zu viele Nachrichtensendungen über den Golfkrieg gesehen – obwohl zwei der Matrosen gar keinen eigenen Fernsehapparat besaßen.

Selbstverständlich gewinnen Berichte von zufälligen Beobachtern an Glaubwürdigkeit, wenn genügend unabhängige Zeugen ähnliche Vorkommnisse beschreiben. Bunte Blitze in fast allen Farben des Spektrums zogen die Aufmerksamkeit verblüffter Wissenschaftler höch-

RÄTSEL 4

Es wird schwieriger: Notieren Sie sich 2 Punkte für jede richtige Antwort.

6. **Für welches Unternehmen arbeiteten der Pizzajunge und das Opfer Jack Hammond?**
7. **Wie lautet Darren Oswalds zweiter Vorname? (1 Punkt, wenn Sie nur den Anfangsbuchstaben wissen.)**
8. **Welchen Imbiß bietet Darren Oswald seiner ehemaligen Lehrerin Sharon Kiveat an?**
9. **Was findet Mulder in Darrens Zeitschrift zwischen Miß April und den ›Women of the Ivy League‹?**
10. **Nennen Sie eines der drei Automodelle, die Darren für Sharon Kiveat stehlen will.**

Antworten

1. ›Virtual Fighter 2‹
2. Zero
3. Blitze
4. Einen mit Frostschutzmittel bedeckten (gläsernen) Fußabdruck der Schuhgröße 42/43 (8_)
5. Therapeutisches Lesen

6. AB Pizza
7. Peter
8. Einen Tag alte Geleekrapfen
9. Ein Bild von Sharon Kiveat (aus einem High-School-Jahrbuch herausgerissen)
10. Accord, Maxima, Taurus

Ihre Punktzahl:

stens einmal in zehn Jahren auf sich, aber sämtliche Anekdoten gleichen sich in auffälliger Weise. Ein Geschehnis vom August 1890 in England wiederholte sich im Detail 1993 in Nevada, einschließlich der Tageszeit (7 Uhr 15), der Wetterbedingungen (klarer Himmel) und der Farben (»zumeist rötlich bis orange, aber ein Blitz, der größte von allen, erschien wie eine Strähne in einem anderen Lichtstreifen – ein blauer Strich inmitten eines gelben Blitzes«). Neuere Theorien gehen davon aus, daß die am häufigsten beobachtete Farbe Rot durch Wasserstoff entsteht, der entlang des Blitzes aus Wasserdampf freigesetzt wird. Die selteneren Farben wie Grün und dessen Abstufungen bleiben jedoch ein Mysterium.

Wenn bereits relativ leicht zu beobachtende und zu erklärende Phänomene wie Farben der Wissenschaft Rätsel aufgeben, dann kann man sich vorstellen, in welchem Maße bizarrere Blitzerscheinungen die vorsichtig aufgestellten Theorien erschüttern.

Eigentlich sollten Blitze in hohe Bäume, Bürogebäude oder die eigens dafür angebrachten Blitzableiter einschlagen, nicht wahr? Tun sie in der Regel auch. Beinahe drei Dutzend Bürger der Stadt Herford würden gegen diese Behauptung jedoch vehement Einspruch erheben. Während sie einer Veranstaltung zum Verkauf von Stiefeln beiwohnten, beobachteten sie einen Blitz, der aus tiefhängenden Wolken herabfuhr, scharf abknickte, einen Uhrenturm, zwei Kirchtürme und eine Reihe von Schornsteinen passierte, um in gut sechs Kilometern Entfernung in das an einem der tiefsten Punkte der Stadt gelegene Heim von Mr. Isbell zu fahren. Sicher wunderte sich der überraschte Mann, wen er wohl verärgert haben mochte.

Mrs. Lillian Hermes, eine langjährige Einwohnerin von Vancouver (der Wahlheimat von *Akte X*), trug einen Stapel Geschirr von ihrem Auto zum Haus, als ein Blitz hinter ihr in eine nahe Eiche einschlug. Zusätzlich zu dem Schaden am Baum waren alle Teller zersprungen, aber Mrs. Hermes war nicht ein Haar gekrümmt worden, obwohl sie sich zwischen Baum und Geschirr befunden hatte.

Wenn Menschen und Blitze tatsächlich miteinander in Berührung geraten, wird es noch unheimlicher. Während einer stürmischen Nacht im Jahre 1904 schlug im aufgewühlten Nordatlantik ein Blitz ins Meer und in die *Galicia*, die sich auf dem Weg von Hamburg nach St. Thomas befand. Nach vorne gebeugt, um aus einem Bullauge zu sehen, stützte sich der Zweite Offizier kurzzeitig an einem metallenen Schrank ab, als der ›Superblitz‹ das Schiff zur Seite warf, es aber um wenige Meter verfehlte. Während der Seemann zurücktrat, blinzelte er mehrmals in der Annahme, das, was er sah, resultierte aus den Nachwirkungen des grellen Lichtreflexes. An der Seite des Metallschranks zeichnete sich deutlich ein leuchtender ›Schatten‹ seiner Hand ab. Das Phänomen verschwand durch sein Blinzeln nicht. Er war nicht der einzige, der es sah, bevor es zehn Minuten später zu verblassen begann.

Noch brenzliger und persönlicher wird es, wenn auf den *Menschen*, die der einzigartigen Kraft eines Blitzes zu nahe gekommen sind, Spuren zurückbleiben. Ein griechischer Seemann, den vor der Insel Zakynthos der Blitz traf, wurde mit der in seine Haut eingebrannten Nummer 44 aufgefunden. Er hatte sich mehr als einen Meter von der *Reling Nummer 44* entfernt aufgehalten und war nach Augenzeugenaussagen zu keinem Zeitpunkt mit dem Schild auf der Reling in Berührung gekommen. Wenn man berücksichtigt, daß eine in Maryland vom Blitz getroffene Kuh noch bei der Ankunft im Schlachthof das leuchtende Abbild eines Vogels mit einem Zweig im Schnabel auf sich trug, dann

In regelmäßigen Abständen frönt die Crew der *Akte X* ihrem eigenen Musikgeschmack. Zusätzlich zu den zahlreichen Anspielungen auf die Vandals in dieser Episode schaffte es auch das Video des Titels ›Mary Beth Clark I Love You‹ von The Rosemarys auf den Bildschirm.

hätte vielleicht jemand die Kühe in ›Blitzschlag‹ sorgfältiger untersuchen sollen!

Professor Poey, Wissenschaftler an der Grandiston-Universität, zeichnete in seinen Unterlagen über vierzig Vorkommnisse ›leuchtender‹ Objekte auf, darunter Münzen, Fensterscheiben, der Fächer einer Frau, ein Blumengesteck und – auf einer besonders delikaten Körperstelle – das Armband eines Liebhabers.

1595 brachte eine derartige merkwürdige Erscheinung einen Priester in der Ortschaft Wells in England in ernste Schwierigkeiten. Ein Blitz traf die Kirche, und Dutzende von Gemeindekindern sahen sich plötzlich mit dem leuchtenden Schatten des Altarkreuzes gezeichnet. Wie ein Lauffeuer verbreitete sich der Aberglaube in dem kleinen Ort. Einige der Gezeichneten schworen auf Intervention von oben. Wer in geringerem Umfang markiert worden war, geriet in Verdacht. Hätte nicht der Bischof eingegriffen, dann hätte die Situation leicht zu einer Hexenjagd eskalieren können.

Den Opfern von Blitzschlägen wurden bereits längst besondere Fähigkeiten zugeschrieben (manchmal beanspruchten sie sie auch), bevor sich Darren Oswald in seine Lehrerin verguckte. Schaurige Ähnlichkeit mit Darrens Geschichte weist der Fall Catherine Aubigons auf, einer exquisiten französischen Kurtisane, die 1718 vom Blitz getroffen wurde. Sie setzte sich daraufhin die Eroberung eines ganz besonderen Liebhabers zum Ziel – des Königs. Als Tochter einer Prostituierten und eines von deren zahllosen Freiern schienen Catherines Aussichten anfangs sogar begrenzter als die von Darren Oswald. Bis sie im zarten Alter von dreizehn Jahren die Aufmerksamkeit von Ardon Duchène, eines Mitglieds des niederen Adels mit einer Vorliebe für junge Mädchen, erregte, der sie aus dem Elendsviertel von Arlennes holte.

Auch wenn sie in so mancher Hinsicht allzu weltlich war, fehlte es der jungen Catherine doch an Erfahrung in ländlichen Angelegenheiten. Für sie existierten Blitze lediglich in den entfernten Sphären über den Dächern. Da sie von der Bedeutung von Bäumen für die entfesselte Elektrizität nichts wußte, suchte sie während des ersten Frühlingsgewitters Schutz unter einer fünfzehn Meter hohen Zeder und wurde anschließend mit verbrannten Händen und einer verkohlten Fußsohle aufgefunden.

Das verängstigte Dienstpersonal trug das betäubte Mädchen zu einem älteren Gemeindepfarrer statt zu einem Arzt. Vielleicht inspiriert von dessen gemurmelten Gebeten oder den entsetzten, abwehrenden Gesten der Bauern am Wegrand, begann Catherine bald, ihre Schönheit, ihre lokale Bekanntheit und ihr wachsendes Gespür für Dramatik in ein neues, dunkleres und gefährlicheres Image als Verführerin umzuwandeln. Während sie sich in den Zimmern der Dienerschaft erholte, wurde sie von plötzlichen Visionen heimgesucht und prophezeite mit unheimlicher Detailgenauigkeit Schlüsselerlebnisse im Leben ihrer hingerissenen Zuhörerschaft. Ein Junge starb. Ein Ehemann verließ seine Frau und acht Kinder. Ein Koch entkam mit Müh und Not einer Feuersbrunst, der eine Gartenküche zum Opfer fiel. Alles hatte Catherine vorausgesagt.

Wären ihre Visionen von derart tragischer Art geblieben, hätte ihre Karriere mit großer Wahrscheinlichkeit auf einem Scheiterhaufen geendet, anstatt sie an den Hof nach Paris zu führen. Aber Catherine verstand ihr Publikum genau. Sie täuschte der tiefreligiösen Bauernschaft göttliche Eingebung vor, und mit einem Repertoire aus Unglücksfällen und Katastrophen gelang es ihr, sich den Anschein einer Wundertäterin zu verleihen. So wie Darren Oswald behauptete, den Ehemann seiner einzig wahren Liebe gerettet zu haben, wurde Catherine zum Segen Dutzender von Menschen auf den Bauernhöfen ihres Schirmherrn. Alle Einwohner im Besitztum Duchènes – von Kindern mit aufgeschürften Knien bis zu in den Wehen liegenden Frauen – kamen irgendwann unter ihre ›heilenden Hände‹, und die Patienten verbreiteten die Kunde von ihrem Erfolg rasch.

Duchène selbst war als einziger wenig angetan von Catherines plötzlicher Verwandlung. Zwar bereitete es ihm große Freude, sie seinen prominenten Freunden zur Unterhaltung vorzuführen, aber er konnte sich nur schlecht damit abfinden, daß Catherines Göttinenähnlichkeit Einfluß auf ihre Schlafzimmeraktivitäten nahm und sie ihm ihre Gefälligkeiten vorenthielt. Nur einmal trieb sie eine ihrer Visionen an seine Seite. Als er ein anderes Mal den Versuch unternahm, ihre Tür gewaltsam zu öffnen, flogen Metalltöpfe aus den Regalen in der Küche, rasselten Schlösser und fielen Bilder von den Wänden. Auch die Brandspuren um die Scharniere ihrer Tür herum waren vorher nicht dort gewesen. Seltsamerweise führten sie ihre Visionen immer häufiger in Duchènes Gästegemächer. Vielleicht waren die Trinkgelder dort besser...

Jedenfalls dauerte es nicht lange, bis Catherine den Tod ihres aktuellen Gemahls voraussah. Für diese Information erhielt sie eine kräftige Tracht Prügel und wurde drei Tage lang ohne Nahrung und Wasser in ihr Zimmer eingesperrt. Als man sie wieder hinausließ, erklärte sie erneut, sein Tod stehe kurz bevor. Er erhob eine Hand, um sie zu schlagen, und fiel in dem Moment, in dem er sie berührte, tot um.

Das Dienstpersonal behauptete später, es habe aus den Händen, die Catherine zum Schutz hochhielt, Blitze zucken sehen.

Dieser Zwischenfall ließ sie beileibe nicht zu einer Ausgestoßenen werden. Sie erlangte schnell den Ruf

einer kleinen Berühmtheit, und innerhalb weniger Monate zog sie in das Haus des Adligen Tampière, dessen Interesse am Okkultismus weithin bekannt war. Zunächst schien sich Catherine damit zufrieden zu geben, ihn bei seinen Investitionen zu beraten und sogenannte ›Lesungen‹ der Männer durchzuführen, mit denen er Geschäfte plante – und während sein Bett zu wärmen. Aber die Zufriedenheit währte nur solange, bis die unglaubliche Präzision ihrer Vorhersagen die Aufmerksamkeit eines reichen Grafen erregte. Als sich Tampière weigerte, sie mit diesem Grafen ziehen zu lassen, sagte Catherine auch seinen Tod voraus.

Zwei Dienstmägde wurden Zeuginnen der letzten Auseinandersetzung. Die ältere schwor, daß ihr Arbeitgeber von gleißendem Licht umgeben gewesen sei, bevor er starb. Die jüngere war zu sehr damit beschäftigt gewesen, sich in eine Ecke zu kauern, um das Licht zu sehen, aber sie sah später die versengten Spitzen von Catherines Handschuhen.

Innerhalb der nächsten drei Jahre arbeitete sich Catherine von dem Grafen und dessen Vetter ersten Grades, der zufällig in der Nähe des königlichen Hofes

In dieser Folge erfahren wir, daß Darren mindestens viermal entweder vorsätzlich oder zufällig vom Blitz getroffen wurde. Dies ist zwar beeindruckend, stellt aber keinen Rekord dar. Den hält der ehemalige Ranger Ray C. Sullivan aus Virginia, der siebenmal getroffen wurde.

in Paris wohnte, durch die Pariser Gesellschaft nach oben, an ihr Ziel heran. Irgendwann in dieser Zeit begann sie des Königs Thronbesteigung vorherzusehen. An seiner Seite – sie selbst. Irgendwo entlang des Weges starben weitere fünf Männer.

Zu der Zeit, als sie sich endlich in die Nähe des Königs laviert hatte, besaß Catherine Aubigon eine bemerkenswerte Stellung unter den vielen bemerkenswerten Persönlichkeiten jener Sphären. Ihre Visionen stellten sich weiterhin ein. Während einer dieser mitternächtlichen Zusammenkünfte gelang es ihr tatsächlich, die Aufmerksamkeit des Königs auf sich zu ziehen. Obwohl er von seiner aktuellen Gefährtin – wenn auch nicht seiner Gemahlin – begleitet wurde, widmete Ludwig dieser seltsamen Frau einen erheblichen Teil seiner Zeit. Umgeben von gepuderten Perücken, ließ Catherine ihr dunkles, ungebändigtes Haar offen auf ihre Schultern fallen und machte sich im Gegensatz zu den Hofdamen, die kichernd hinter ihren Fächern hockten, offen an den König heran.

Bei einer Gelegenheit schienen Catherines ›Kräfte‹ sie jedoch verlassen zu haben – oder sie waren machtlos gegen das Gift, das ihr, wie die Hofärzte am nächsten Morgen behaupteten, einen Hexenschuß eingebracht habe. Jahre später wurde des Königs Bettgespielin von einem bäuerlichen Emporkömmling gefreit, der nicht genügend Verstand besaß, um zu erkennen, worauf er sich einließ.

FALL X-3.04

Codename: ›Der Hellseher‹

ZUSAMMENFASSUNG

Bei der Untersuchung einer Mordserie an Wahrsagern begegnen Scully und Mulder dem Versicherungsvertreter Clyde Bruckman, der offensichtlich ›Augenzeugenberichte‹ von Ereignissen liefern kann, denen er nicht beigewohnt hat. Scully sieht in Bruckman eher einen Verdächtigen als einen Zeugen, aber Mulder ist davon überzeugt, daß er einen Beweis für hellseherische Fähigkeiten oder sogar für Prädestination gefunden hat.

HINTERGRUND

Der Blick in die Zukunft

Die Neugier des Menschen kennt keine Grenzen. Als hielten Vergangenheit und Gegenwart nicht genügend unbeantworteter Fragen bereit, sind wir von der Zukunft unendlich fasziniert. Die in ›Der Hellseher‹ erwähnten Handleserinnen, Teesatzleserinnen und Tarot-Kartenleger sind nur einige Vertreter der weissagenden Künste. Zwar variiert der Grad der technischen Ausreifung, aber es existiert keine Kultur, die absolut frei wäre vom Wunsch nach Zukunftswis-

ZITAT

»Sie finden die Frau morgen früh. Neben dem fetten, kleinen weißen Nazi-Sturmtruppler. Glenview Lake. Ihre Leiche treibt im Glenview Lake. Wenn Sie mich jetzt entschuldigen wollen – ich glaube, ich habe für einen Abend genug Tote gesehen.«

– Clyde Bruckman

Peter Boyle, der in dieser Episode als Clyde Bruckman mit seiner unheimlichen Begabung hadert, spielte im Kultklassiker ›Young Frankenstein‹ das Monster.

sen oder von Leuten, die behaupten, Antworten auf zukünftige Fragen zu haben.

Dana Scully, die schließlich der Versuchung Bruckman erliegt, steht in vielerlei Hinsicht symbolisch für unsere moderne Gesellschaft. Einerseits klammern wir uns an die Wissenschaften und Technologien, bespötteln ›veraltete Methoden‹ und sind ständig auf der Suche nach der neuesten Version, andererseits finden sich in unseren Zeitungen Horoskope.

Wir teilen die Neugier unserer Vorfahren und scheuen keine Mühen, um innovative Wege zu ihrer Befriedigung zu finden. Die *Anthropomantik*, für die Eingeweide verantwortlich, die den Tisch des Puppensammlers zieren, existierte unter sämtlichen großen Zivilisationen und Religionen. Es gab beinahe so viele Ausprägungen, wie Schlachttiere erhältlich waren, obwohl Menschenopfer die genauesten Vorhersagen ermöglichen sollten. Dieser Praxis verdanken wir solch unschätzbare Perlen der Weisheit wie:

- »Befinden sich zwei Finger auf der Leber, erwarte Mitbewerber um den Thron.«
- »Ist die Lunge rot, steht eine Feuersbrunst bevor.«
- »Läuft Blut in eine Körperhöhle, wird ein Sohn geboren.«
- »Ist die Gallenblase mit Fett bedeckt, erwarte kaltes Wetter.«
- »Bleibt das Zwerchfell hängen, wird göttliche Intervention erfolgen.«

Ob eines dieser Vorzeichen nun günstig oder ungünstig war, hing davon ab, auf welcher Körperseite es sich einstellte. Alles auf der rechten Seite galt als Segen; was links geschah, wurde mit Bestürzung aufgenommen. Lief also das Blut, das die Geburt eines Sohnes ankündigte, auf die rechte Seite, dann begann möglicherweise ein ganzes Land zu feiern. Verteilte es sich dagegen nach links, konnte dies dazu beitragen, daß die Eltern ernsthaft in Erwägung zogen, ihr Neugeborenes zu ertränken.

Damit ist noch nicht erklärt, welche Konfiguration von Organen und Körperflüssigkeiten zu der Aussage führten: »Man hat Sie soeben getötet.« Vielleicht hätte die Puppensammlerin ihren Teeblättern etwas mehr Aufmerksamkeit schenken sollen.

Aber selbst das hätte möglicherweise nicht viel geholfen. Im Universum von *Akte X* funktioniert vieles anders als in unserer Welt. Mit Sicherheit weicht die dargestellte Version des Tarot von einer der bekannten Formen ab. Selbst unter Berücksichtigung der interpretierbaren Natur dieser Kunst ergab die Tarot-Lesung mit den in dieser Episode gezeigten Karten wenig Sinn.

Die Karte ›Tod‹ wird im Fernsehen und in Filmen häufig so stümperhaft eingesetzt, daß das Publikum erstaunt wäre, ihre wahre Bedeutung – Veränderung und Transformation – zu erfahren. *Akte X* hat den Anspruch an sich selbst dadurch in die Höhe geschraubt, daß in früheren Staffeln die notwendige Recherche stattfand, so daß fehlerhafte Klischees, die einem gebildeten Publikum ein schmerzvolles Stöhnen entlockt hätten, vermieden werden konnten. Unglücklicherweise blieb es in diesem Fall aber nicht bei einer falsch eingesetzten Karte.

Der ›Eremit‹, allgemein mit der Notwendigkeit des Rückzugs und einer Neubesinnung auf das Leben assoziiert, paßt nicht zu der Interpretation des Kartenlegers, daß ›Der Page‹ (oder die ›Marionette‹, wie er sich selbst gerne nennt) jemanden suche – noch viel weniger läßt sich aus ihr eine Aussage darüber ableiten, ob der seltsame Kunde jemanden finden wird.

Der ›Magier‹, die zweite Karte der ›Marionette‹, erscheint noch unlogischer, weil sie alles repräsentiert,

Rätsel 5

Leichte Fragen: Notieren Sie sich 1 Punkt für jede richtige Antwort.

1. **Warum mag der Erstaunliche Yappi Mulder nicht?**
2. **Was gibt Mrs. Lowell dem Vertreter Clyde Bruckman statt ihres Mülls?**
3. **Clyde Bruckman beschreibt etwas als ›fetten, kleinen, weißen Nazi-Sturmtruppler‹. Was verbirgt sich nach Mulders Ansicht dahinter?**
4. **Welche Todesursache ergibt sich für Mulder aus Bruckmans Andeutung mit der Zunge in der Backe?**
5. **Mit welcher Waffe wird der Tarot-Kartenleser ermordet?**

Es wird schwieriger: Notieren Sie sich 2 Punkte für jede richtige Antwort.

6. **Wie lautet der Name der Handleserin?**
7. **Was ›gibt‹ Bruckman Scully?**
8. **Mit wem wird Madonna nach Einschätzung Yappis eine romantische Beziehung eingehen?**
9. **Welche Torte sieht Bruckman in Mulders Zukunft?**
10. **Wo wird die Leiche der Handleserin gefunden?**

Antworten

1. Er behauptet, Mulder strahle ›negative Energie‹ aus.
2. Ihr Feuerzeug
3. Ein Propantank
4. Autoerotische Erstickung
5. Einer Salatgabel

---

6. Madame Zelma
7. Einen Hund
8. Mit dem ›Superzeugen‹ Kato Kaelin
9. Eine Bananencremetorte
10. In Clyde Bruckmans Müllcontainer

Ihre Punktzahl:

was die ›Marionette‹ keinesfalls ist – ein Meister seiner selbst mit der Fähigkeit, Probleme auf gesunde Art zu lösen. Im Hinblick auf diese Bedeutung ist die Aussage des Wahrsagers, die ›Marionette‹ suche einen Mann mit besonderem Wissen (vermutlich Bruckman), vollkommen unsinnig. Die Jungsche Auslegung, daß der Fragesteller übersinnliche Fähigkeiten besitze, mag vom dichterischen Standpunkt aus ironisch wirken, ist aber kaum angebracht, da weder die ›Marionette‹ noch Bruckman diesen Anspruch erheben können.

Sollte es eine Karte geben, die mit der geringsten Wahrscheinlichkeit in einer Lesung für die ›Marionette‹ aufgetaucht wäre, so handelt es sich dabei um die ›Liebenden‹. Sie ist Sinnbild für Ausgeglichenheit und Anziehungskraft und kündigt eine zärtliche und vertrauensvolle Beziehung an. Damit kann diese Karte nicht in den Handlungsverlauf eingewoben werden.

EINBLICKE

Aleuromantik (die Mantik war ursprünglich die Kunst der religiösen Weissagung): Nach dem Aufstäuben von Mehl auf Öl oder Wasser deutet der Fragesteller die entstandenen Umrisse. Nimmt die Mixtur beispielsweise die Form eines Löwenkopfes an, ist ein Mensch von einem Geist besessen.

Kleromantik: Ausgedehntes Losverfahren. Die Assyrer würfelten bis zu 11 000mal, um ein Erbe zu verteilen, die Beteiligungen an den Einnahmen eines Tempels zu ermitteln oder Beamte zu wählen.

Lekanomantik: Wahrsagen mittels einer Schüssel oder eines Tellers, in die zunächst Wasser und anschließend Öl gegossen wird. Falls sich das Öl zweiteilt, wird der Fragesteller entweder in den Krieg ziehen oder einen Patienten verlieren. Ein kleiner Tropfen, der sich von einem größeren absondert, orakelt einen Sieg oder die Geburt eines Sohnes.

Libanomantik: Indem er Zedernholz in einer großen Pfanne verkohlen läßt und Form und Richtung des entstehenden Rauches beobachtet, geht ein Libanomane so verschiedene Themen wie die Verhandlung von Kapitalverbrechen und die Aufstellung des Speiseplans für den nächsten Tag an.

Lychnomantik: Die gedankliche Verbindung von Licht und Dunkel mit Gut und Böse sowie Wissen und Unwissenheit hat menschliche Gesellschaften seit jeher in einem Maße durchdrungen, daß es beinahe überrascht hätte, wenn keine allein auf Licht basierende Form der Zukunftsdeutung entstanden wäre. Im Gegensatz zu anderen Wahrsagemethoden, die auf der Beobachtung von Organen, Würfeln oder Rauch gründen, ist in der Lychnomantik der Fragesteller persönlich die Quelle der Voraussage. Nachdem man ihm für einen längeren Zeitraum jegliches Licht vorenthalten hat, wird der Wißbegierige mit verbundenen Augen in einen Raum mit gleißendem Licht geführt. Dann beschreibt der Fragesteller in allen Einzelheiten die vor seinen geschlossenen Augenlidern tanzenden Lichtmuster. Diese Methode liefert Antworten auf alle erdenklichen Fragen.

Nekromantik: Seltsamerweise überlebte von den vielen Formen der Wahrsagung, die in alten Zeiten praktiziert wurden, diejenige am längsten, die nur heimlich ausgeübt wurde und auf große Ablehnung stieß, weil sie sich mit der Konsultation der Toten beschäftigte. Eine babylonische Überlieferung erzählt die Geschichte der unglücklichen Aesirm und Faesher, die dabei ertappt wurden, daß sie den Geist ihres Vaters heraufbeschwören wollten. Allem Anschein nach hatte er die Nachlässigkeit begangen zu sterben, ohne zu hinterlassen, wie seine Ländereien aufzuteilen wären. Es ergab sich, daß die Tochter alles erbte, nachdem ihre Brüder in Öl gekocht worden waren.

Ornithomantik: Als vielleicht angenehmste Form der Weissagung erfordert die Beobachtung des Vogelflugs nichts weiter als einen Hügel, auf dem man angenehmen liegen kann – vorzugsweise mit einem großen würzigen Käse und gleichermaßen würzigem Wein ausgestattet. Ein über dem Kopf verharrender Sperlingsschwarm gibt eine neutrale Antwort auf die gestellte Frage, ein von rechts nach links fliegender Schwarm bedeutet eine positive Antwort, einer von links nach rechts verheißt Negatives.

Plastromantik: Wie die Skapulimantik ist auch die Plastromantik eine Variante der Anthropomantik. Panzer von See- und Landschildkröten, Krabben oder Mollusken werden direkt anhand ihrer Wirbel und Wülste gedeutet oder indirekt durch ›Lesen‹ der Risse und Sprünge, die sich bilden, wenn man sie verbrennt.

Skapulimantik: Das Deuten von Knochen gehörte wahrscheinlich ursprünglich zu den Ritualen der Anthropomantik, stellt aber lediglich einen weiteren zu untersuchenden Teilaspekt dar. Diese spezielle Form des Orakels wurde jedoch schnell zu einer eigenen Wahrsagepraxis, als man begann, merkwürdige Knochenstücke zu sammeln und diese wie Würfel zu werfen. In Nordamerika erhielt die Skapulimantik eine modifizierte Form: Nach dem Schlachten eines Tieres – ganz egal ob für allgemeine oder religiöse Zwecke – werden die Schulterblätter ins Feuer geworfen, bis sich darin Risse bilden, die der Fragesteller anschließend deutet.

Scully, ein ›Rotschopf‹, hat zur Auflösung der Verwirrung um die ›Marionette‹ zwar beigetragen – doch aus der Symbolik der ›Liebenden‹ hätte nichts darauf hinweisen können.

Über die plötzliche Aufnahme eines ›Pagen‹ in das Kartenspiel wollen wir gar nicht erst sprechen ... Oder

Haben Sie die Anspielung mit Clyde Bruckmans Pokerblatt bemerkt? Wie Wild Bill Hickok hatte er drei Asse und zwei Achten auf der Hand. Man nannte dieses Full House ›das Blatt des Toten‹, weil es in der Hand des toten Hickok gefunden worden war, der ein einziges Mal *nicht* mit dem Rücken zur Tür gesessen hatte – und prompt erschossen worden war.

über die Wahrscheinlichkeit, daß bei einer Lesung *ausschließlich* ›Große Arkanen‹ umgedreht werden...

Die Auswahl der anderen Opfer - Psalmisten, Medien und Tasseographen - hat den Vorteil, daß es keine Möglichkeit gibt, ihre Vorhersagen zu überprüfen!

Eine kurze Filmografie Clyde Bruckmans

Der echte Clyde Bruckman, den Autor Darin Morgan mit dieser Episode ehrte, schrieb für Größen des frühen Films, einschließlich Buster Keaton und W. C. Fields. Zu seinen größten Erfolgen zählen:

Moon Over Las Vegas (1944)
Half-Shot Shooters (1936)
The Man on the Flying Trapeze (1935)
Leave 'Em Laughing (1928)
Ein brutaler Hosenkauf (1927)
Sherlock Jr. (1924)

Erinnern Sie sich an das Wort ›Lolla-soundso‹, mit dessen Aussprache Clyde Bruckman so große Schwierigkeiten hatte? Gemeint ist *Lollapalooza*, ein altes Variétéprogramm, in dem die Truppe von Jim Rose auftrat. Darin Morgan schrieb sowohl ›Der Hellseher‹ als auch ›Der Zirkus‹, in denen Jim Roses fröhliches Ensemble zu sehen war.

FALL X-3.05

Codename: ›Die Liste‹

ZUSAMMENFASSUNG

›Neech‹ Manley versprach, fünf Männer zu töten – nach seinem eigenen Tod. Die Gefängnisleitung konnte den schwadronierenden ›Gefängnisphilosophen‹, der haßerfüllt Rache schwor, noch ignorieren, aber es erweist sich als schwieriger, den wachsenden Leichenberg zu übersehen ...

HINTERGRUND

Die Weisheit der Todgeweihten

Als er die Gelegenheit zu einigen letzten Worten erhielt, stellte Neech Manley beinahe einen neuen Rekord für die meisten Wörter pro Minute auf. Vielleicht würde er noch immer reden, hätte nicht der Henker schließlich den Schalter umgelegt. Ob aus morbider Neugier oder in der Hoffnung, Weisheiten zu gewinnen, die aus der unmittelbaren Nähe des Todes resultieren – Beobachter, Journalisten und Gefängnisangestellte haben immer wieder Gelegenheit gefunden, letzte Äußerungen rasch niederzukritzeln.

ZITAT

»Ich werde wiederkommen und mich für all die kleinen Tyrannisierungen und die Grausamkeit, die ich erlitten habe, rächen! Ich werde als Reinkarnation von Geist und Fleisch auferstehen! Denkt an meine Worte! Fünf Männer werden sterben.«

– Neech Manley

Kurz und bündig

Im Gegensatz zu Manley faßte sich die große Mehrheit der Verurteilten, die Gelegenheit zu letzten Worten erhielten, kurz.

»Bringen wir's hinter uns.«

Gary Gilmore
(hingerichtet durch Erschießung
am 17. Januar 1977)

»He, warum dauert das denn so lange?
Ist ja schlimmer als im Drive-in bei McDonald's.«

Paul Robberts
(hingerichtet auf dem elektrischen Stuhl
am 8. März 1982)

»Begnadigt mich oder bringt mich um.
Aber zögert es nicht hinaus.«

Jesse Bishop
(hingerichtet in der Gaskammer
am 22. Oktober 1979)

»Ich schätze, jetzt wird keiner mehr anrufen.«

Edward Earl Johnson
(hingerichtet in der Gaskammer am 20. Mai 1987)

»Ich bin unschuldig ... Nicht!«

›Stretch‹ Galway
(hingerichtet in der Gaskammer am 1. Juli 1990)

»Ihr wollt mich *wo* rasieren?!«

Robert Hurley
(hingerichtet auf dem elektrischen Stuhl
am 12. Oktober 1991)

»Faß den Schalter nicht an, Mann!
Faß den Sch...«

Walter Gibson
(hingerichtet auf dem elektrischen Stuhl am 12. Juni 1987)

»Es tut mir leid.«

Gerald Koss
(hingerichtet in der Gaskammer am 17. April 1986)

Joseph Patrick Finn, der in dieser Episode als Kaplan zu sehen ist, mag kein umwerfender Schauspieler sein – dafür arbeitet er aber als Produzent für die *Akte X.*

Die kürzeste ›Äußerung‹ stammt von James William Hamblen, der kein Wort sagte. Statt dessen lächelte er, zwinkerte den Beobachtern zu und streckte ihnen zum Abschluß die Zunge heraus. Dann wurde der Schalter umgelegt. Er starb am 21. September 1990 auf dem elektrischen Stuhl.

Leben nach dem Tod

Eine erstaunliche Anzahl zum Tode Verurteilter findet Zuflucht in irgendeiner Form von Religion. Wie Scully so treffend formulierte: »Reinkarnation ist in den Todeszellen schon immer sehr populär gewesen – aus auf der Hand liegenden Gründen.« Religiöse Überzeugungen, Verdammungen und Versuche zu erneutem Verhandeln haben alle ihren Weg in die Sammlungen der letzten Äußerungen gefunden.

»Ich vergebe euch allen,
denn ihr wißt nicht, was ihr tut.«

Samein Straub zu Beobachtern
(hingerichtet durch tödliche Injektion am 3. Mai 1993)

»Eine Wanze also – gar nicht mal schlecht.
Wie konnte mir das entgehen?«

Jerry Lloyd
(hingerichtet durch Erhängen am 19. Februar 1992)

»Das Telefon klingelt gleich.
Die Neuaufnahme meines Verfahrens ist durch.«

William Atwater
(hingerichtet durch tödliche Injektion am 22. April 1989)

»Vielleicht hätt' ich die Nonne doch nicht umbringen sollen, was?«

Paul tighe
(hingerichtet durch Erhängen am 2. März 1990)

»Das einzig Gute am Sterben ist, daß ich dich noch mal zu sehen kriege.«

Raymond M. Carver zu seiner Mutter
(hingerichtet durch Erhängen am 6. August 1990)

Gefängnispoeten

Einige Todeskandidaten erhoben, offensichtlich im Bewußtsein der mitschreibenden Bleistifte, einen künstlerischen Anspruch.

»Ob König oder Straßenfeger,
jeder tanzt mit dem Sensenträger.«

Robert Alton Harris
(hingerichtet in der Gaskammer am 21. April 1992)

»Veilchen sind blau, Rosen sind rot
so wie ich Bobby gekriegt hab', seid ihr auch tot!«

TOMMY LEE GUTHRIE
*(hingerichtet auf dem elektrischen Stuhl
am 11. Mai 1990)*

»Geh nicht sanft in diese gute Nacht!
Fluche, fluche, fluche gegen das nahende Dunkel!«

ENRICO NUEVO
*(hingerichtet in der Gaskammer
am 10. November 1987)*

ZU GUTER LETZT

Die längsten ›letzten Worte‹ wurden zweifellos von Hubert Muthison verzeichnet, der, bevor er im Januar 1984 auf dem elektrischen Stuhl hingerichtet wurde, drei Viertel der Offenbarung aus dem Neuen Testament Wort für Wort rezitierte. Wahrscheinlich hätte er es sogar vollständig aufgesagt, wenn nicht dem Henker während des Vortrags die Hand eingeschlafen wäre und er den Schalter unabsichtlich umgelegt hätte.

RÄTSEL 6

Leichte Fragen: Notieren Sie sich 1 Punkt für jede richtige Antwort.

1. **Wie lautet Neech Manleys offizieller Vorname?**
2. **Wie viele Personen stehen auf Neechs Liste?**
3. **Für welches Verbrechen wurde Neech Manley zum Tode verurteilt?**
4. **Wo findet die Häftlingskolonne den Kopf eines Aufsehers?**
5. **Was passiert mit dem Wagen des Gefängnisdirektors?**

Es wird schwieriger: Notieren Sie sich 2 Punkte für jede richtige Antwort.

6. **Wieviel Zeit hat Neech Manley vor seiner Hinrichtung im Gefängnis verbracht?**
7. **Wie lautet Neechs Sträflingsnummer?**
8. **Welches Insekt taucht in ›Die Liste‹ in der Nähe der Leichen auf?**
9. **Wo wird die Leiche des Henkers gefunden?**
10. **Wie wurde der Kopf des Aufsehers abgetrennt?**

Antworten

1. Napoleon
2. Fünf
3. Weil er das Fluchtfahrzeug bei einem Doppelmord fuhr.
4. In einem Farbeimer
5. Es fährt gegen einen Baum – mit dem Direktor am Steuer.

---

6. Elf Jahre und sechsundfünfzig Tage
7. 50416
8. Die Greenbottle-Fliege und deren Larven
9. Auf seinem Dachboden
10. Mit einem Kittmesser

Ihre Punktzahl:

An eigenen Worten dürften schwerlich die letzten Sätze von Calvin ›Coolio‹ Cooper zu übertreffen sein, der anschließend durch eine tödliche Injektion hingerichtet wurde.

> »Ich habe dem Priester, den ihr mir geschickt habt, gebeichtet. Jetzt werde ich für diejenigen beichten, die sich an *mir* versündigt haben! Ihr wißt, wer ihr seid. Ihr wißt, wovon ich spreche. Ich habe nichts allein getan …
>
> Der Rechtsanwalt erst, Mann o Mann, ich hätte besser daran getan, mich selbst zu verteidigen! Deine Zeit kommt noch, Mann, du wirst schon seh'n. Und wenn ich nicht selbst wiederkomme, um es dir heimzuzahlen, dann wird es irgendeinem armen Trottel gelingen, *trotz* deiner ›Hilfe‹ freizukommen, und dann steckst du in der Scheiße …«

Kommt Ihnen das bekannt vor? Wie steht's hiermit:

> »An einer Hand kann ich euch abzählen! Es wird vielleicht eine Weile dauern, aber ich *werde* wiederkommen, und dann werde ich keine Richter brauchen, keine Beweise und keine schmierigen Anwälte, die mir sagen, was euch gebührt!«

Calvin scheint mit seinem Versuch der Reinkarnation allerdings weniger Erfolg gehabt zu haben; keiner der Personen auf seiner individuellen Todesliste ist etwas zugestoßen.

Im Verlauf von drei Staffeln ist es den Autoren der *Akte X* gelungen, einige bemerkenswerte Monologe sowohl für die Hauptdarsteller als auch für Nebenfiguren zu schreiben. Die kurze Rede von Neech Manley ist jedoch in ihrer Darbietung an Eindringlichkeit kaum zu übertreffen.

Zurück zu den Todeszellen

Die Todesstrafe ist nicht nur eines der wenigen Themen, die die Karriere eines Politikers ruinieren oder retten können, sie ist auch einer der wenigen Bereiche, über die genaues Zahlenmaterial zur Verfügung steht. *Akte X* mußte harsche Kritik wegen des Mangels an weißen Häftlingen einstecken, denn es wurden schnell exakte Zahlen aus der Realität vorgelegt und mit dem TV-Szenario verglichen.

Von den 3009 Personen in Todeszellen im Frühjahr 1995 waren 48 Prozent (1443) - und damit die größte Gruppe - weiß. Im Gegensatz zu den ausschließlich negroiden Gefängnisinsassen in *Akte X* belegen nationale Statistiken, daß nur 40 Prozent (1204) aller Verurteilten schwarz sind. Die restlichen 12 Prozent setzen sich aus zweihundertzweiunddreißig Latinos, zweiundfünfzig nordamerikanischen Indianern, zweiundzwanzig Asiaten und dreißig Personen unbestimmter Abstammung zusammen.

Aber in den meisten anderen Bereichen stimmen die Zahlen von *Akte X* mit den jährlich von der Regierung herausgegebenen Daten überein. Bei durchschnittlich siebeneinhalb (!) Jahren Verweildauer in der Todeszelle hat die Mehrheit der Insassen genügend Zeit, über ihr Leben nachzudenken, sich philosophischen Themen zuzuwenden oder sogar eine eigene Religion zu gründen. Merkwürdigerweise ist die Exekution der seltenste Grund, aus dem Häftlinge den Todesblock verlassen. Seit 1973 wurden 1458 Verurteilungen in lebenslängliche Haftstrafen umgewandelt, neunzig Häftlinge starben aufgrund natürlicher Todesursachen oder durch Mitgefangene, zweiundsiebzig Urteile wurden aufgehoben, und zweiundvierzig zum Tode Verurteilte begingen Selbstmord. Lediglich 288 Männer und eine Frau wurden tatsächlich hingerichtet. Dabei scheint

Wie bei ›Unter Kontrolle‹, einer Episode der zweiten Staffel, führte auch bei ›Die Liste‹ Chris Carter selbst Regie. Im Gegensatz zu ›Unter Kontrolle‹ gehört diese Episode nicht zu den Top-Ten der X-Philes.

die schwarze Hautfarbe die Chancen eines in der Todeszelle Wartenden nicht zu beeinträchtigen. 55 Prozent der Exekutierten waren Weiße, 39 Prozent Schwarze.

Trotz des Makels, daß in *Akte X* kein repräsentativer Bevölkerungsquerschnitt vertreten war, hatte man mit Florida sicherlich den idealen Handlungsschauplatz für ›Die Liste‹ gewählt. Nur in Texas wurden mehr Gefangene hingerichtet.

Die wenigsten Menschen beschäftigen sich mit diesem Gedanken, doch Insassen von Todeszellen sind keine ›gewöhnlichen‹ Menschen. Zwar geben sie kaum mehr Denkanstöße auf die unmittelbaren physischen Folgen der Todesstrafe, aber ihre Betrachtungen sind erheblich intimer.

Als Bill Boggs, wegen sieben verübter Morde zum Tode auf dem elektrischen Stuhl verurteilt, erfuhr, daß sein Zellengenosse Jeffrey Crain vor ihm auf dieselbe Art sterben sollte, sah er darin die perfekte Gelegenheit, seine Neugierde zu befriedigen. Weil Crain drei Personen benennen durfte, die seiner Exekution beiwohnen sollten, er seine ›Gästeliste‹ aber noch nicht aufgestellt hatte, tauschte Boggs sechs Schachteln Zigaretten gegen das Privileg, durch das Glasfenster zu schauen.

Sieben Monate nach Crains Tod spiegelten Boggs' Tagebucheintragungen noch immer den tiefen Eindruck wider, den diese Erfahrung bei ihm hinterlassen hatte:

> »Nachdem du monatelang mit einem Mann in einem zweieinhalb mal drei Meter großen Käfig zusammengelebt hast, bist du davon überzeugt, jeden Geruch zu kennen, den er produzieren kann – aber du täuschst dich. Sogar durch das Glas konnte ich ihn riechen. Der Gestank blieb mir in

der Nase haften, auch wenn ich mich noch so sehr mit Seife schrubbte; er hatte sich in meinen Haaren festgesetzt. Manchmal könnte ich schwören, daß ich ihn noch immer rieche. Der Gefängnisdirektor muß unglaublich danach stinken.«

Zwar dürfte der Geruch nach verbrannter Haut und versengtem Haar, der Boggs verfolgte, eher psychologischer als physischer Natur gewesen sein, aber seine anderen Einträge zeugen davon, daß er genau aufgepaßt hatte. Auf mehr als fünfhundertsechzig Seiten beschreibt er in dreiunddreißig Einträgen die nüchterne Realität des Todes auf dem elektrischen Stuhl; die starren Augen eines Menschen, die das letzte fixieren, was sie zu Gesicht bekommen, während die Hitze sie zu einem milchigen Weiß kocht; das an den Schläfen des Zellengenossen brutzelnde Gel; das Geräusch von Crains krachenden Knochen, als sich sein von der hindurchrasenden Energie gestraffter Körper in den Fesseln aufbäumte. Am schrecklichsten war für Boggs die feste Überzeugung, daß Crain – obwohl der Stromstoß mit großer Wahrscheinlichkeit alle Meldungen an sein Gehirn durcheinanderwarf – lange genug lebte, um mitzubekommen, was mit ihm geschah. »Selbst als seine Augen bereits kochten, sah er mich noch wissend an.«

Boggs kam niemals dazu, diese Erfahrung persönlich zu erleben. Vor seiner Hinrichtung wurde der elektrische Stuhl durch die Todesspritze ersetzt. Als er erfuhr, daß der Stuhl aus dem Gefängnis geschafft und durch fahrbare Tragen und IV-Ständer ersetzt worden war, rollte er sich auf seiner Pritsche zusammen und weinte stundenlang wie ein Kind. Am nächsten Morgen erklärte er, daß er zu einem neugeborenen Christen geworden sei, und dankte Gott dafür, auch die Gebete ›seines unwürdigsten Kindes‹ erhört zu haben.

FALL X-3.06

Codename: ›Fett‹

ZUSAMMENFASSUNG

Ein Serienmörder mit ungewöhnlichen Vorlieben benutzt das Internet als Jagdrevier. Er erschwert Scullys und Mulders Ermittlungen zusätzlich, indem er die Identifizierung seiner Opfer fast unmöglich macht.

HINTERGRUND

Ungewöhnlicher Geschmack

Serienmörder – zumindest erfundene – sind weiterhin die Lieblingsschurken der Zuschauer; es erstaunt daher kaum, daß unsere beiden Agenten soviel Zeit damit verbringen, sie aufzuspüren. Bei der anhaltenden Popularität von Eugene Victor Tooms – als einziger Verbrecher innerhalb der nunmehr über siebzig Episoden zweimal aufgetreten – war es lediglich eine Frage der Planung, wann Mulder und Scully auf einen weiteren Serienkiller mit einer Vorliebe für Menschenfleisch treffen würden. In Anbetracht der vielen Methoden und Motive echter kannibalistischer Mörder verwundert es aber, daß die Autoren von *Akte X* noch etwas fanden, was diese verrückten Gourmets nicht schon ausprobiert hatten!

ZITAT
»Ja, Skorpione verdauen ihre Nahrung zunächst außerhalb des Körpers, indem sie auf ihre Beute erbrechen... Aber ich kenne nicht so viele Skorpione, die durchs Internet surfen.«
– Dana Scully

Wie der amerikanische König der Kannibalen, Jeffrey Dahmer, hielt offenbar auch 2SHY Menschen für einen wichtigen Bestandteil seiner Ernährung. Dahmer lockte seine Opfer aber wohl nicht in avantgardistische französische Restaurants. Nachdem er verhaftet worden war, entsetzte Dahmers Untergewicht die Gefängnisleitung so, daß sie seine tägliche Kalorienration sofort erhöhte. Es dauerte einige Zeit, bis man seine Lieblingsgerichte ermittelt hatte, da ein Blick in seinen Kühlschrank dazu keine Aufschlüsse geliefert hatte – bis auf ein paar Gewürze war er absolut leer gewesen. Dennoch könnte 2SHY in Dahmer eine Art Mentor gesehen haben. Wie 2SHY entledigte sich auch Dahmer der Leichen, indem er sie in einem Säurebad auflöste. 2SHY schaltete lediglich den Zwischenhändler aus, weil er auf seine eigene Säure zurückgriff.

Eine Außenaufnahme während der Dreharbeiten zu ›Fett‹

Hätte 2SHY den Russen Andrej Tschikatilow getroffen, würden die beiden jetzt möglicherweise gemeinsam einen ausgehöhlten Kürbis bewohnen. Wie Dahmer war auch Tschikatilow bis aufs Skelett abgemagert, als er am Ende überführt wurde. Zwar war Tschikatilows Speisekammer selten leer gewesen – wie auch, angesichts von über fünfzig zugegebenen Morden und beinahe einhundert weiteren, derer man ihn verdächtigte? –, aber ganz nach Art eines modernen Menschen stieß Fett ihn ab. Er hatte seine Opfer, zumeist Kinder, zerstückelt und dann zubereitet. Anschließend

I morti non sono più soli **heißt: »Die Toten sind nicht länger allein.«**

hatte er das Fett, auf das 2SHY so versessen war, abgeschöpft und an Bauern, die es unter ihr Viehfutter mischten, verkauft.

Wenn 2SHY im Hannover von 1924 gelebt hätte, wäre er möglicherweise einem Verkäufer begegnet, der genau das im Angebot führte, wonach er suchte. Außerdem hätte sich das Risiko, entdeckt zu werden, praktisch eliminieren lassen! Zu jener Zeit war das Liebespaar Fritz Haarmann und Hans Grans mit seiner Jagd auf kleine Jungen so erfolgreich, daß es einen einträglichen Nebenerwerb eröffnen konnte. Zusätzlich zu der erstaunlichen Sammlung von Kinderkleidung und Spielzeug, die das Paar verkaufte, belieferte es einen örtlichen Fleischer mit ›ungewöhnlich gewürztem‹ Rauchfleisch.

So abstoßend die Verbrechen von Haarmann und Grans auch anmuten – nicht einmal sie waren als Kannibalen besonders originell. Nur wenige Jahre zuvor hatte Georg Grossman in Düsseldorf die Geschäfte seiner eigenen Ladenkette mit den schrecklichen Überresten seiner Mahlzeiten beliefert. Die genaue Zahl seiner Opfer konnte nie ermittelt werden, doch auch während des Prozesses gelang es ihm nicht, Empfangsbestätigungen für die annähernd zwei Tonnen (!) ›Fleisch und Schweinswürste‹, die über die Ladentheken gewandert waren, vorzulegen. Möglicherweise wäre man ihm nie auf die Schliche gekommen, wenn nicht die Polizei auf einen anonymen Anruf hin drei säuberlich gehäutete und zerlegte Frauenleichen gefunden hätte, die noch im Abhängen begriffen waren, und ein viertes totes Mädchen, das kurze Zeit später dem gleichen Prozeß unterzogen werden sollte. Ausgesuchte Leckerbissen aller Opfer – einschließlich solcher von der vierten jungen Frau, die in der Nacht zuvor sein Bett geteilt hatte – wurden in Grossmans Eiskiste gefunden.

Vielleicht hätte sich 2SHY auch mit Henry Lee Lucas zusammentun sollen... Nachdem Otis Toole zum Part-

Timothy Carhart, der Darsteller des Serienmörders Virgil Incanto, scheint auf diese Rollen abonniert zu sein – in ›Thelma und Louise‹ versuchte er, Geena Davis zu vergewaltigen.

ner dieses Sadisten geworden war und einmal seine Vorliebe für menschliches Grillfleisch zum Ausdruck gebracht hatte, schätzte sich Lucas glücklich, Toole bei der Jagd helfen zu dürfen. Toole seinerseits war hocherfreut, als ihm Lucas seine extreme Abneigung gegen Grillsauce eingestand. Zwar töteten die beiden zusammen ungefähr zweihundert Frauen, doch Lucas' Interesse an toten Frauen war von erheblich fleischlicherer Natur – eine himmlische Partnerschaft.

Um ehrlich zu sein: Keine Fiktion kann den Einfallsreichtum physischer Verderbtheit von ›echten‹ Kannibalen erreichen – nicht einmal *Akte X*. Zum Glück geben sich diese vollendeten Geschichtenerzähler selten mit oberflächlichen Schockeffekten zufrieden. Statt dessen konzentrieren sie sich auf den psychologischen Horror, den sie mit so unheimlicher Authentizität schaffen, daß die Präsentation manchmal geradezu mühelos erscheint. In dieser Tradition erfanden sie einen Kannibalen, der sowohl Seelen als auch Fleisch vertilgt.

›Fett‹ hätte eine Rückreise an den Anfang der Serie werden können – nichts weiter als ein neuer medizinischer Mutant mit dem unstillbaren Hunger auf etwas Menschliches. Aber anders als die Folgen mit Tooms (›Das Nest‹ und ›Ein neues Nest‹) oder auch ›Drei‹, wo das Publikum Bekanntschaft mit einem blutdürstigen Trio machte, führt uns ›Fett‹ in die Tiefen menschlicher Bosheit. Welch seltsame, krankhafte Begierde es auch gewesen sein mag, die diesen Killer trieb – im Vergleich zu dem grausamen Spiel, das er sich für seine Opfer ausdachte, war sie nebensächlich.

Akte X geht online

In dieser Episode machte sich das Team von *Akte X* die Haltung der Massenmedien zum Thema ›gefährliches Internet‹ zu eigen. Viele X-Philes waren davon

RÄTSEL 7

Leichte Fragen: Notieren Sie sich 1 Punkt für jede richtige Antwort.

1. **Welchen Talisman trägt Lauren MacKalvey bei ihrem letzten Rendezvous?**
2. **Welchen Namen benutzt Ellen Kaminsky online?**
3. **In welchem Online-Forum treffen sich Lauren MacKalvey und Virgil Incanto?**
4. **Was soll Incanto nach dem Willen seiner Vermieterin lesen?**
5. **Wonach riecht Incanto, wie Jesse findet?**

Es wird schwieriger: Notieren Sie sich 2 Punkte für jede richtige Antwort.

6. **Einer der Namen, die Virgil Incanto online benutzt, lautet ›2SHY‹ (Originaltitel der Episode; dt. ›zu schüchtern‹). Welches ist der andere?**
7. **Was ›fehlt‹ den Überresten der Opfer?**
8. **In welchem Restaurant soll Ellen sich mit Incanto treffen?**
9. **Welche literarische Spezialität hat Incanto?**
10. **Welchen Talisman verwendet Ellen als Schlüsselanhänger?**

Antworten

1. Ein vierblättriges Kleeblatt
2. ›Huggs‹
3. In ›Big & Beautiful‹
4. Ihre Gedichte, *viele* ihrer Gedichte
5. Nach Spülmittel

6. ›Timid‹ (dt. ›schüchtern‹)
7. Fettgewebe
8. Im Les Trois Étoilles (dt. ›Die drei Sterne‹)
9. Die Übersetzung obskurer italienischer Gedichte
10. Eine Hasenpfote

Ihre Punktzahl:

mehr als ein wenig überrascht und erwarteten eine fesselnde, neue Variation eines abgedroschenen Themas. Statt dessen erhielten sie erneut Klischees vorgesetzt: Cybernauten als Beziehungskrüppel, das Internet als ›Treffpunkt für sexuell Abartige‹. Aber in Anbetracht des riesigen Anklangs, den diese Folge bei der Online-Gemeinde gefunden hat, sollte man den X-Philes dafür verzeihen, daß sie sich ein wenig mehr Tiefe von der Episode versprochen hatten.

Die Serie hat immerhin bewirkt, daß in weniger als drei Jahren über einhundert *Akte X*-Websites entstanden sind. Neben dem von Fox Television betriebenen offiziellen Forum (http://www.TheX-Files/com/) existieren Dutzende genauso interessanter, von Fans betriebenen Stätten. Homepages im World Wide Web umspannen den Globus mit *Akte-X*-Websites sowohl in englischer als auch in anderen Sprachen. Sie finden sich beispielsweise in

Norwegen (http://bundy.hibo.no/˜Larsen/x-files/x-files.html),
Italien (http://www.cs.unibo.it/˜cobianch/index.html),
Singapur (http://www.iscs.nus.sg/˜chenmin/xfiles/ xf.html),
Australien (http://www.cs.mu.ox.au/˜simc/xfiles.html),
Brasilien (http://www.iis.com.br/˜lpaulo/xfiles.html),
Irland (http://www.eeng.dcu.ie/˜stdcu/x-files/x-files.html) und in
Großbritannien (http://www.zynet.co.uk/simon/x-files/),

um nur einige Länder zu nennen.

Auch User mit primitiverem Internet-Zugang können Artikel, Bilder, Klangdateien und Filmsequenzen über das File Transfer Protocol (FTP) auf den Heimcomputer übertragen und anschließend dort ansehen bzw. abspielen. Probieren Sie es über ftp.u.washington.edu/public/roland/x-files oder ftp.cs.nmt.edu/xfiles.

Falls Ihnen die Diskussionen der X-Philes in Radio und Fernsehen nicht genügen, bestehen zahlreiche Möglichkeiten, um online Verbindung mit anderen

Fans aufzunehmen. Über Internet Relay Chat (IRC) erhalten Sie Zugriff auf E-Mail-Listen und Zugang zu Usenet-Diskussionsforen. Von spaßigen Fragen bis hin zu ernsthafter Kritik findet jeder X-Phile etwas für seinen persönlichen Geschmack. Auch die großen Online-Dienste (darunter CompuServe, America On-Line, Genie und Delphi) stellen ihren Kunden Foren und Unterhaltungsecken zur Verfügung. Letztgenanntes Netzwerk ist ein Tochterunternehmen der Twentieth Century Fox mit eigenen ›offiziellen‹ Diskussionsforen sowie einem ›exklusiven‹ Bestellservice für Produkte rund um *Akte X*.

Auch für Fans, die sich speziell für David Duchovny, Gillian Anderson, Mitch Pileggi oder andere Schauspieler interessieren, gibt es Homepages im WWW, FTPs und E-Mail-Listen, die einem Schauspieler oder der Figur, die sie/er darstellt, gewidmet sind.

E-MAIL-LISTEN ONLINE

Um eine E-Mail-Liste für Nordamerika zu erhalten, schreiben Sie an majordomo@chaos.taylored.com und geben ›subscribe X-FILES‹ als Nachricht ein.

Eine E-Mail-Liste für Großbritannien erhalten Sie unter listproc@uel.ac.uk – ebenfalls mit ›subscribe X-FILES‹ als Nachricht.

Eine E-Mail-Liste für Deutschland ist bei listserv@stargate.pfalz.de mit der Nachricht ›subscribe xf-de‹ erhältlich.

Usenet-Nachrichtengruppen

alt.tv.x-files	**Diskussionsforum für Nordamerika**
alt.tv.x-files.creative	**Fanliteratur basierend auf *Akte X***
uk.media.tv.sf.x-files	**Diskussionsforum für Großbritannien**
aus.tv.x-files	**Diskussionsforum für Australien**
alt.binaries.x-files	**Bilder, Klangdateien, Filme, Bildschirmschoner**

Die Autoren hielten auch jetzt daran fest, wie in den vergangenen Episoden alle möglichen Anspielungen einzubringen. Dazu gehören auch die Namen der Figuren, beispielsweise Virgil Incanto ...

Der Name Incanto – mit einer offensichtlich poetischen Anspielung – hat seinen Ursprung in den englischen Wörtern *enchantment* (dt. ›Verzauberung‹), *fascination* (›Faszination‹) und *incantation* (›Beschwörung‹). Im Licht der Fähigkeit des Trägers dieses Namens, stets die richtigen Worte zu finden, erscheint die Wahl des Namens nur logisch.

Auch der Vorname Virgil weckt Assoziationen an die Dichtung. Virgil war ein berühmter römischer Poet und ist in *Die göttliche Komödie* (die außerdem in *cantos,* also in Gesängen geschrieben ist) der Führer durch Dantes Version der Hölle – ein Ort, an den auch Virgil Incanto seine unglücklichen Opfer nur allzugern führen möchte.

Fehlerhinweis!

Zugegeben, man muß ein wenig danach suchen – aber Castigliones *Il Libro del Cortegiano* (*Das Buch des Höflings*) ist kein Gedichtband. Die Sammlung von Essays in Dialogform ist in Wahrheit eine Verhaltensanleitung aus der Renaissance, eine Art Knigge für das Verhalten am Hof. Zwar wird in einem Abschnitt erläutert, wie Gedichte für die momentan Angebetete zu schreiben seien, aber es werden keine Beispiele aufgeführt.

La Vita Nuova (*Das neue Leben*) wurde übrigens auch nicht von einer Person namens Ginicelli geschrieben, sondern von Dante Alighieri. Im Gegensatz zu *Il Libro del Cortegiano*, das im 16. Jahrhundert entstand, wurde *La Vita Nuova* im 13. Jahrhundert verfaßt – ein ziemlich großer zeitlicher Abstand, sogar für die italienische Renaissance. Keiner der beiden Texte ist in besonderer Weise obskur.

In dieser Episode wird nicht zum erstenmal das Thema Chauvinismus unter Gesetzeshütern aufgeworfen. In ›Das Experiment‹ weist Scully ihren Partner darauf hin, daß es für eine Frau noch immer schwierig sei, die Karriereleiter des FBI zu erklimmen. Obwohl im echten FBI auch Frauen arbeiten, stellen sie tatsächlich nur 1 359 der über zehntausend Beschäftigten (siehe Tabellen 1, 2 und 3).

Statistik der Beschäftigten

Tabelle 1 **Beschäftigte Special Agents am 1. 11. 1995**

	Zahl der Männer	Prozent am Gesamt	Zahl der Frauen	Prozent am Gesamt	Gesamt	Prozent am Gesamt
Indianer	42	0,4	6	0,1	48	0,5
Asiaten	163	1,6	16	0,2	179	1,8
Schwarze	466	4,6	93	0,9	559	5,5
Hispanier	596	5,9	66	0,6	662	6,5
Weiße	7532	74,1	1178	11,6	8710	85,7
Gesamt	8799	86,6%	1359	13,4%	10158	100%
Alle Minderheiten	1267	12,5%	181	1,8%	1448	14,3%

Tabelle 2 **Beschäftigtes Hilfspersonal am 1. 11. 1995**

	Zahl der Männer	Prozent am Gesamt	Zahl der Frauen	Prozent am Gesamt	Gesamt	Prozent am Gesamt
Indianer	17	0,1	36	0,3	53	0,4
Asiaten	98	0,7	126	0,9	224	1,6
Schwarze	643	4,7	3112	22,7	3755	27,4
Hispanier	159	1,2	411	3,0	570	4,2
Weiße	3097	22,6	6012	43,8	9109	66,4
Gesamt	4014	29,3%	9697	70,7%	13711	100%
Alle Minderheiten	917	6,7%	3685	26,9%	4602	36,6%

Tabelle 3 **Behinderte FBI-Beschäftigte am 1. 11. 1995**

	Im Feld	FBI-Hauptquartier	Gesamt
	406	410	816

FALL X-3.07

Codename: ›Der zweite Körper‹

ZUSAMMENFASSUNG

Ein Soldat hat sich bereits umgebracht, ein anderer ist verzweifelt bemüht, dessen Tat nachzuahmen – da trifft Mulder ein. Er ist davon überzeugt, daß ein ›Phantomsoldat‹ am Werk sein muß.

Scullys traditionellere Theorien führen sie schnell zum Komplizen des Mörders, aber sie scheinen zu versagen, als sich der vermutliche Mörder als vierfach Amputierter erweist.

HINTERGRUND

Vom Körper oder von allen guten Geistern verlassen?

Akte X verfügt neben überzeugenden Schauspielern, einer perfekten Gestaltung von Licht und Ton sowie hervorragender Kameraaufnahmen über einige der besten Fernsehdrehbuchautoren unserer Tage.

ZITAT

»Ich kann nicht verstehen, warum ein Mann, der seinen Selbstmord so vorsätzlich und methodisch angeht, die einzige Tür, die in den Raum führt, unverschlossen läßt. Andererseits verstehe ich offensichtlich wenig von Armeevorschriften.«

– Fox Mulder

Manche Serien geben sich mit der neuesten ›Krankheit der Woche‹ zufrieden, aber *Akte X* widmet sich den Möglichkeiten der Zukunft. Niemals kann eine einfache, lineare Handlung – auch wenn sie mit hüpfenden üppigen Blondinen durchsetzt ist – den Anforderungen von X-Philes gerecht werden, die verzwickte, zufällige Wendungen und dunkle Verschwörungen erwarten. Also verließ sich *Akte X* nicht wie eine Reihe anderer derzeit laufender Serien auf kurzfristige Schockeffekte, sondern verhalf der TV-Erzählkunst auf eine höhere Ebene. Bestes Beispiel: die eindringliche Darstellung des bedauernswerten Elder Cares und der Not der Kriegsveteranen, die schockieren, als würde man mit einem außerirdischen Wesen oder einem Monster konfrontiert.

Der treue Zuschauer kann sich der internen Konsistenz von *Akte X* nicht erwehren. Ob innerhalb einer einzelnen Folge oder als Teil der gesamten Staffel – die vielen Handlungslinien fügen sich nahtlos zu einer wunderbaren Illusion der Realität zusammen.

Jede Einzelheiten zählt – so wird in zahlreichen Episoden derselbe Schauspielers als Foyerposten eingesetzt. Dazu zählen auch die Anspielungen auf die Realität, die regelmäßig in Handlungen, Dialoge und Szenen eingeflochten werden. Hinweise auf den Prozeß gegen O. J. Simpson oder auf Bart Simpson verankern jede Folge fest in der Wirklichkeit – ganz unabhängig davon, daß sie in einer anderen Welt spielt. *Alles* ist bei *Akte X* von Bedeutung, und ›Der zweite Körper‹ bildet da keine Ausnahme. Irgendwie fügen sich GIs, die kirliansche Fotografie, außerkörperliche Erfahrung, Selbstmord, Phantomschmerzen, die verschworene Gemeinschaft des Militärs und ein wenig astrale Projektion zu einem schaurigen, atmosphärisch dichten Thriller.

Von der ersten Szene an gelang es *Akte X* in ›Der zweite Körper‹, einen schockierenden Eindruck von dem quälenden, häufig allzu gegenwärtigen Leben kriegsversehrter Veteranen zu vermitteln. Charaktere, Situationen und Schlüsselbeziehungen wurden mit ra-

FEHLERHINWEIS!

Entweder flunkert Scully bezüglich ihrer Herkunft als ›Navy-Kind‹, oder das Team der *Akte X* hat die Tatsache übersehen, daß ein Lieutenant Colonel in der Army mit ›Colonel‹ oder ›Sir‹, aber niemals mit ›Lieutenant Colonel‹, angesprochen wird.

FEHLERHINWEIS!

Rappo ist kein wahrscheinlicher Anwärter für eine Beerdigung auf dem prestigeträchtigen Friedhof von Arlington, und außerdem hätte er dort kaum Platz gefunden. Die Kapazität dieser letzten Ruhestätte ist so gut wie erschöpft.

schen, kräftigen Pinselstrichen gezeichnet. Dann, nachdem das tägliche Leid eines solchen Lebens gezeigt worden war, gelang es schnell, das Publikum von der Existenz einer so haßerfüllten und rachedurstigen Person wie Rappo zu überzeugen. Der Schritt von dort zu einem Wahnsinnigen, der die Fähigkeit besitzt, seine Opfer über astrale Ebenen aufzusuchen, war nur klein. Wenige Tupfer von der Palette des Paranormalen genügten, um uns von Mitleid in blankes Entsetzen zu stürzen.

Nachdem Kinoerfolge wie *Ghost – Nachricht für Sam* die Grenzen zwischen verschieden Genres bedeutungslos haben werden lassen, können mittlerweile sogar ›Uneingeweihte‹ und standhaft Ungläubige die gemeinsamen Elemente solcher Bereiche wie Todeserlebnisse, astrale Projektion und außerkörperliche Träume erkennen. Alle beginnen mit einem traumähnlichen Zustand, an den sich das Gefühl der Loslösung von der physischen Welt anschließt. Dann folgen ein kurzer Eindruck des Schwebens, noch kürzere Blicke auf den zurückgelassenen Körper, und schließlich fliegt der Geist durch eine Ebene, auf der Zeit und Raum wenig oder gar keine Bedeutung mehr haben. *Akte X* machte allerdings ein noch subtileres Detail, nämlich die *idealisierte* Form des Astralkörpers, zum zentralen Bestandteil der Handlung und zum thematischen Schlüssel zu allen anderen Elementen.

Forscher gelangten erstmals zu der Ansicht, der Mensch – oder buchstäblich alles – verfüge über einen ›unsichtbaren Körper‹, als sie Experimente mit unvollständigen Blättern durchführten. Obwohl sich nur wenige konventionellere Wissenschaftler mit der Erklärung des Mechanismus zufrieden gaben, glich der elektromagnetische Abdruck eines ganzen Blattes, als Röntgenbild aufgenommen, dem Umriß, den jedes unvollständige Blatt projizierte. Fehlende Hand- oder

Zehenglieder erzeugten den gleichen gespenstischen Schimmer wie die *vorhandenen* Glieder. Medial veranlagte Personen behaupten längst, jeden Menschen umgebe eine Aura – und nun schien das tatsächlich quantifizierbar zu sein! Frühe Beobachtungen des Kirlianeffektes – benannt nach den sowjetischen Wissenschaftlern, die zuerst über das Phänomen berichteten – schienen diese Annahme zu bestätigen. Blätter, die von ihren Mutterpflanzen entfernt und dem Verfahren über einen bestimmten Zeitraum ausgesetzt worden waren, zeigten einen allmählichen, aber deutlichen Rückgang an elektromagnetischer ›Energie‹. Steine, Münzen und Knöpfe behielten dagegen ein gleichmäßiges, weniger energetisches Muster.

Es dauerte nicht lange, bis man diese Regenbogenbilder mit allen möglichen Bereichen in Verbindung brachte, angefangen von medialer Heilung über außerkörperliche Erfahrungen bis hin zu Phantomschmerzen und dem *Chi* östlicher Philosophien. Zum Beweis dafür, daß sich die Aura eines Menschen eindeutig von der einer Münze oder einer Blattes unterscheide, entwickelten Menschen mit medialer Fähigkeit Methoden, mit denen sie ihre eigenen elektromagnetischen Felder beeinflussen konnten. Die Farben auf den Filmen variierten von Blautönen bis Dunkelrot, wenn die Medien sich ›im Ruhezustand‹ befanden, und sie veränderten sich in Orangetöne bis hin zu leuchtendem Grün und grellem Rot, wenn sie ihre Fähigkeiten einsetzten. Auch Versuchspersonen, die zuvor keine medialen Eigenschaften an sich selbst festgestellt hatten, konnten mittels Techniken des Biofeedbacks trainieren, die Muster auf dem Film zu beeinflussen. Als die Ergebnisse eindeutig als ›wiederholbar‹ feststanden, erhob sich natürlich sofort die Frage nach einer praktischen Anwendbarkeit, und die Wissenschaftler wurden gebeten, einen Einsatzbereich für ihre Entdeckung zu finden.

RÄTSEL 8

Leichte Fragen: Notieren Sie sich 1 Punkt für jede richtige Antwort.

1. **Welchen seltsamen Gegenstand trägt Mulder auf der Basis mit sich herum?**
2. **Wie stirbt Captain Draper, die Adjutantin des Generals?**
3. **Was wird aus General Callahans Zuhause gestohlen?**
4. **Welche Spielzeuge sind die Leidenschaft von Trevor Callahan?**
5. **Welche Insektenart sucht die Wohnung von Quinton ›Roach‹ Freely heim?**

Es wird schwieriger: Notieren Sie sich 2 Punkte für jede richtige Antwort.

6. **Lieutenant Colonel Stans ist nicht der einzige, der bei seinen Selbstmordversuchen sehr viel Einfallsreichtum an den Tag legt. Wie begeht Sergeant Kevin Aikland Selbstmord?**
7. **Wo stirbt Trevor Callahan?**
8. **Worin besteht Rappos ›physische Herausforderung‹?**
9. **Welchem mysteriösen Tod erliegt Roach Freely?**
10. **Wie entziffert Mulder die Nachricht auf dem Anrufbeantworter des Generals?**

ANTWORTEN

1. Einen Film für zahnärztliche Röntgenaufnahmen
2. Sie wird ertränkt.
3. Post
4. Spielzeugsoldaten
5. Ameisen

---

6. Er stürzt sich in eine Holzhackmaschine.
7. In seinem Sandkasten
8. Er ist vierfach amputiert.
9. Er stirbt in einer Einzelzelle an Erstickung, nachdem ihm ein Bettlaken in den Mund gestopft wurde.
10. Er vermutet Rückwärtsverschlüsselung und spielt das Band folglich rückwärts ab.

Ihre Punktzahl:

Patienten, deren Wahrnehmung der unsichtbaren Teile ihres Körpers beeinflußt werden könnte, versprach die Technik Erleichterung von Phantomschmerzen. Zwar wurde nicht allen Patienten dadurch geholfen, daß sie lernten, ihre nur psychisch vorhandenen Gliedmaßen nicht mehr anzustoßen, aber bei einer bemerkenswerten Anzahl funktionierte der Trick. Da Akupunktur und Akupressur längst selbst viele westliche Mediziner faszinierte, wurde die Kombination aus Biofeedback und Kirlian allgemein mit weniger Skepsis aufgenommen, als es sonst vielleicht der Fall gewesen wäre. So fand die Behandlungsmethode den Weg in die Massenmedien und in weitverbreitete medizinische Fachzeitschriften. Ihre Nähe zur Selbsthypnose sorgte jedoch dafür, daß sie mit dem Stigma der ›alternativen‹ Medizin behaftet blieb. Während Lamazes Techniken später allgemein anerkannte Praxis wurden und die positive Vorstellungskraft in Bereiche wie Psychologie und Sportmedizin Eingang fand, erlahmte das Interesse an der Kirlian-Arbeit, bis New-Age-Alternativen erneut populär wurden. Daß Mulder in *Akte X* mit einem Film für zahnärztliche Röntgenaufnahmen herumläuft, spiegelt einen moderneren, um einiges erstaunlicheren Einsatzbereich wider, den manche für Kirlian-Bilder gefunden haben – die Jagd auf Geister.

Die Installation eines lebenden, agierenden Geistes brachte für die X-Philes eine überraschende Wendung, die nicht nur auf die alte Vorstellung von Aura zurückging, sondern einen entfernten Verwandten aus der Parapsychologie auf den Plan rief: die außerkörperliche Erfahrung. Die meisten von uns ziehen es vor zu glauben, daß wir mehr als eine Ansammlung von Zellen sind und daß ein Teil von uns den physischen Tod überlebt. Wenige können sich jedoch einen Zweck vorstellen, den diese ›Seele‹ bis zum Zeitpunkt des Todes erfüllt. Hier setzt die astrale Projektion ein. Indem die häufig zufällige außerkörperliche Erfahrung durch die Kombination mit einer Art bewußter Selbsthypnose auf eine höhere Ebene gehoben wird, erhält der Praktizierende angeblich die Möglichkeit, nicht nur frei herumzuschweben und in seinen Träumen einen astralen Spaziergang zu erleben, sondern auch sein astrales Selbst *willentlich* an bestimmte Orte und sogar in andere Zeiten zu versetzen.

1975 begann man mit einer Testreihe in und um San Francisco. Mehrere Dutzend Frauen und Männer, alle mit jeweils einer Landkarte in einem versiegelten Umschlag unter dem Kopfkissen, durften friedlich einschlafen. Am Morgen surrten Kassettenrecorder, die aufnahmen, was die Testpersonen, soweit sie sich erinnern konnten, ›gesehen‹ hatten. Die Techniker verglichen die Angaben mit den Landkarten in den Umschlägen. Probanden mit offensichtlich ›fehlender Übereinstimmung‹ erhielten ein Frühstück und wurden nach Hause geschickt. Für jene, deren Beschreibungen annähernd auf die unbekannten Orte unter ihren Kopfkissen zutrafen, begann eine Woche voller neuer, unorthodoxer Erfahrungen.

Die Probanden wurden an ein EEG angeschlossen, damit sie ge-

Haben Sie sich gewundert, wie Ian Tracey, der Darsteller des Leonard ›Rappo‹ Trimble, zu einem derart überzeugenden, vierfach Amputierten werden konnte? Toby Lindala schuf prothetische Stümpfe, einschließlich des ›blutenden‹ linken Armes, die Tracey anlegte, während seine echten Gliedmaßen geschickt in Matratzen und Rollstühlen versteckt wurden.

Um die Illusion einer zweiten ›Person‹ im Swimmingpool zu kreieren, wurde Nancy Sorel, die Captain Janet Draper spielte, rückwärts durch das Wasser gezogen. Das Gurtwerk, an dem sie hing, ließ sich später digital löschen. Die verschiedenen, schattenartigen Figuren, die aus Sandkästen, Rauch und Swimmingpool sprangen, wurden rückwärts aufgenommen. Es handelte sich um Modelle, die jeweils passend ›bemalt‹ waren.

weckt werden konnten, sobald ihr Traumzustand endete und bevor sie die Träume wieder vergessen konnten. Sieben Frauen und vier Männer lieferten zehn oder mehr eindeutige und markante Ortsangaben aus ihren Träumen. Die Übereinstimmungen mit den unter ihnen liegenden Orten waren frappierend. Den elf Testpersonen wurden drei Tage gewährt, um zu ihren normalen Schlafgewohnheiten zurückzufinden, dann verglich man eine Fotoserie von den realen Schauplätzen mit Angaben, die sie über ihre Träume gemacht hatten. Von den sieben Orten, die jedem Teilnehmer unter das Kopfkissen gelegt worden waren – insgesamt also siebenundsiebzig – waren nur drei *nicht* erkannt worden. Bis zu diesem Punkt gingen sowohl die Teilnehmer als auch die Wissenschaftler davon aus, daß ein unbewußter, genauer gesagt *unterbewußter* Prozeß für die Ergebnisse verantwortlich wäre. Man nahm an, auf einen unwiderlegbaren ›telepathischen Einfluß‹ gestoßen zu sein. Weil die Aufgabenstellung der Tests immer die Formulierung »bei einem gegebenen, unbekannten Ziel« enthalten hatte, kam bald auch die Frage auf, was geschähe, wenn man von diesen elf Personen verlangte, ein *bekanntes* Ziel zu beschreiben.

Wie Rappo, der seine Informationen – zugegeben – auf etwas spektakulärere Art erhält, wurde jede der elf Testpersonen mit einem festgelegten gedanklichen Ziel zu Bett geschickt. An diesen Zielen begannen elf freiwillige Helfer mit elf ungewöhnlichen Aktivitäten. In kunterbunter Kleidung tanzten und jonglierten sie vier Stunden lang und spielten dabei eine Reihe verschiedener Musikinstrumente – sämtlich Aktivitäten, die selbst einem Träumenden ungewöhnlich erscheinen mußten. Am nächsten Morgen waren neun der elf Testpersonen in der Lage, Fotos ihrer Freiwilligen zu identifizieren. Sieben Personen beschrieben die ausgeübte Aktivität (bis hin zu dem Einradfahrer, der stürzte und sich den Ellbogen stieß), und ein Kandidat konnte nicht nur den für ihn bestimmten Helfer und dessen Aktivität nennen, sondern auch die von zwei weiteren Testpersonen.

Der nächste Schritt lag auf der Hand. Es sollte eine Situation geschaffen werden, mit der sich bestimmen ließe, ob die erfolgreichen Testpersonen zu mehr als passiven Beobachtern werden könnten. Wäre es einer astralen Projektion möglich, Einfluß auf die physische Welt zu nehmen? Die Antwort der Forschergruppe aus San Francisco, die vier verschiedene Testszenarien aufstellte: nein.

Für die fiktiven Personen in *Akte X* bestand darin kein Problem. Aufgrund einer sorgfältigen Verflechtung von Wahrscheinlichem mit Möglichem und Unmöglichem durfte das Publikum in dieser Episode für siebenundvierzig spannende Minuten die Realität außer acht lassen und auf eine gruselige Reise gehen.

FALL X-3.08

Codename: ›Parallele‹

ZUSAMMENFASSUNG

Mulders Theorien und die Indizien der Spurensicherung widersprechen sich. Er hat sich nicht nur gegen seine Partnerin und die örtliche Polizei durchzusetzen, sondern auch gegen die Frau, die er beschützen will. Um eine andere junge Frau zu retten, muß er Scully dazu bringen, an etwas zu glauben, das unfaßbar erscheint. Im Gegensatz dazu muß ein früheres Opfer zunächst den Glauben an sich selbst zurückgewinnen.

HINTERGRUND

Eine besondere Form der Empathie

»Ich weiß nicht, wie ich es erklären soll. Ich denke, daß Amys Entführung durch Wade bei Lucy eine physische Reaktion ausgelöst hat – eine Art empathischer Übertragung.« (Mulder)

Zum Glück für Ermittler ist es bisher niemandem gelungen, anderes Blut zu bluten als das eigene – auch wenn manche Leute sich wünschten, es wäre anders. Dagegen ist empathische Übertragung in einer Vielzahl von Formen von Zeugen berichtet worden und eindeutig belegt.

ZITAT
»Ich habe wahrscheinlich so gut wie alles ein- oder zweimal ausprobiert. Es war immer nur vorübergehend.« – LUCY HOUSEHOLDER

1984 ereignete sich der aufsehenerregende Fall der Zwillingsschwestern Carol und Karen Dubrosky aus Montreal. Nachdem sie unliebsame Bekanntschaft mit einer Friteuse gemacht hatte, wurde Carol um 17 Uhr 21 mit Verbrennungen zweiten Grades, die den größten Teil ihres linken Unterarmes und der Hand betrafen, in die Notaufnahme des örtlichen Krankenhauses eingeliefert. Während Carol behandelt wurde, hinterließ *Karens* schockierter Ehemann eine Nachricht auf dem Anrufbeantworter seiner Schwägerin Carol: »Ich bin mit Karen im Krankenhaus. Bis jetzt weiß niemand, was ihr fehlt...« Das Einlieferungsprotokoll *dieses* Krankenhauses bezeugte, daß Karen um 17 Uhr 27 mit ›spontan auftretenden‹ Verbrennungen und mehreren ›offenen und nässenden Blasen‹ entlang ihres ›linken Unterarmes und der Hand‹ aufgenommen worden war. Obwohl Karens ›Verletzungen‹ innerhalb von Stunden wieder vollständig abklangen, hinterließ die Diagnose der Ärzte, daß Karen eine extreme Reaktion auf ein Kontaktallergen gezeigt habe, bei den Medizinern selbst ein Gefühl der Unzufriedenheit. Gab es etwas in ihrem Haus, das sie nicht schon etliche Male berührt hatte? Nein.

Weniger dramatisch, aber ebenfalls aufschlußreich stellt sich das Kriegserlebnis des Obergefreiten Randell Foster dar. Seine Mutter, die ihm in Gedanken immer nahe war, legte am 14. Januar 1943 eine Pause in ihrer Hausarbeit ein, um in ihr Tagebuch zu schreiben: »Den ganzen Morgen plagt mich dieses Kältegefühl. Meine Hände und Füße sind so kalt, daß ich die Finger und Zehen kaum noch spüre.« Weiter unten in dem Eintrag beschreibt sie einen ›Traum‹, den sie in der Nacht zuvor gehabt hatte. »Ich lag unter dem Eis und konnte nach oben hindurchsehen. Darauf befanden sich Soldaten. Ich war sicher, daß ich ertrinken würde.«

Ein paar Wochen später wurde Mrs. Foster vom Kriegsministerium darüber informiert, daß ihr Sohn am 26. Februar heimkomme. Randell Foster war am 13. Januar 1943 beim Überqueren eines zugefrorenen

Rätsel 9

Leichte Fragen: Notieren Sie sich 1 Punkt für jede richtige Antwort.

1. **Was versucht der Fahrer des Abschleppwagens für Wade zu reparieren?**
2. **Wo hält Wade seine Opfer gefangen?**
3. **Welcher verwirrende Beweis wird auf Lucy Householders Kleidung gefunden?**
4. **Wie lautet die Ursache von Lucy Householders Tod?**
5. **Unter welchem merkwürdigen Zustand leidet Lucy Householder bei ihrem Eintreffen im Krankenhaus?**

Es wird schwieriger: Notieren Sie sich 2 Punkte für jede richtige Antwort.

6. **Welche Schule besucht Amy Jacobs?**
7. **Wie lautet der Name des Fotogeschäfts, für das Wade arbeitet?**
8. **Wo wohnt Lucy Householder?**
9. **Wo wird Lucy Householder nach ihrer Entführung gefunden?**
10. **Wie lautet der Name von Amy Jacobs' Mutter?**

Antworten

1. Einen Plattfuß (eine geplatzte Reifenseitenwand)
2. In einem Keller
3. Das Blut von Amy Jacobs
4. Tod durch Ertrinken – auf dem Rücksitz eines Polizeiwagens!
5. *Glossolalie,* unzusammenhängendes Sprechen

---

6. Die Valley Woods High School in Seattle, Washington
7. Larken Photography
8. Bright Angel Halfway House
9. In Easton
10. Myra Jacobs

Ihre Punktzahl:

Jewel Staite und David Duchovny

Flusses unter das Eis gespült worden; nach seiner Rettung hatte man ihm aufgrund von Erfrierungen vier Zehen amputieren müssen. Für den weiteren Militärdienst war er nicht mehr tauglich.

Solche Zwischenfälle finden wir bei Verwandten relativ oft. Weniger häufig sind Erlebnisse wie die der erfundenen Amy und Lucy, die sich offenbar vollkommen fremd waren. Weil es verständlicherweise schwierig ist, von einer *gemeinsamen* Erfahrung zu berichten, wenn sich die beteiligten Personen nicht kennen, gibt es solche Dokumente kaum. Dennoch hängen Fälle von Empathie offenbar nicht von einer Blutsverwandtschaft ab.

Der Wirtschaftsprüfer Kelly White und die Büroangestellte Hannah Lowell arbeiteten jahrelang für dasselbe Unternehmen, nahmen ihr Mittagessen am gleichen Tisch ein und joggten zweimal wöchentlich zusammen. Außer Freundschaft verband die beiden nichts – bis zum 2. Oktober 1994. An diesem Tag ließ

Hannah den üblichen Dauerlauf am Samstag nachmittag ausfallen, um an einer Hochzeitsfeier teilzunehmen. Um 15 Uhr 47 wurde Kelly während seines Dauerlaufes von einem Fahrzeug zehn Meter weit den Straßenrand entlanggeschleudert; der Fahrer flüchtete. Die plötzlich vor Schmerz aufstöhnende Hannah mußte, noch bevor die Zeremonie um 16 Uhr begann, aus der Kirche geführt werden. Sie bestand darauf, daß jemand die Polizei verständigen solle, denn sie sei sicher, daß Kelly etwas zugestoßen sei.

Der Unfall war von einem Passanten beobachtet worden. Unmittelbar nach dessen Augenzeugenbericht ging auch der Anruf von Hannahs Begleitern bei der Detroiter Polizei ein. Als Hannah wenige Minuten nach dem Krankenwagen, der ihren übel zugerichteten Sportsfreund einlieferte, im Hospital eintraf, fehlte ihr nichts mehr.

Ein gewisser Peter St. Jean hatte Gregory Barstowe vor dem Ereignis, das er als ›Tagtraum‹ beschrieb, nie getroffen. Am Schreibtisch in seinem Arbeitszimmer in Hampton Court sitzend, hörte St. Jean, wie jemand schrie: »Greg! Paß auf!« Schockiert nahm er wahr, wie im selben Augenblick das Glasfenster hinter seinem Stuhl zersplitterte. In der Annahme, der Warnschrei habe jemandem draußen auf der Straße gegolten und die Fensterscheibe sei von einem Ball zerschmettert worden, warf sich Peter St. Jean unter den Tisch, um den herabstürzenden Scherben zu entgehen. Als er sich, am Boden kauernd, einer oberflächlichen Selbstuntersuchung unterzog, ›sah‹ er einen langen, tiefen Schnitt, der von seinem kleinen Finger bis an den Ellbogen reichte. Draußen ›hörte‹ er noch immer eine Person, die schrie: »Greg! Greg!«

Vorsichtig die Glasscherben vermeidend, kroch St. Jean unter seinem Schreibtisch hervor und trat ans Fenster. Er erwartete, vor dem Haus jemanden zu

AUF EINZELHEITEN KOMMT'S AN!

Haben Sie den musikalischen Zusatz am Ende dieser Episode bemerkt? Für gewöhnlich nennt man diese aufsteigende Tonfolge Kyrie; sie ist häufiger Bestandteil von Totenmessen. Kyrie Eleison, Christus eleison: Herr, erbarme Dich, Christus, erbarme Dich.

sehen, der verletzt war. Im nächsten Augenblick prallte er gegen die unversehrte Fensterscheibe.

In eigenen Worten beschrieb er das Ereignis später wie folgt: »Ich sah aus dem Fenster und erkannte, daß die Scheibe tatsächlich nicht zerbrochen war. Trotzdem ›sah‹ ich das Blut, das meinen Arm hinunterlief, und das Glitzern von zerbrochenem Glas überall um mich herum. Es war, als lägen zwei durchsichtige Bilder übereinander. Draußen, unter dem Fenster, ›sah‹ ich eine Frau, die einen tiefen Schnitt in Gregs Oberschenkel zusammendrückte. Sie weinte und rief um Hilfe. Dann war alles weg. Nichts! Sie verschwanden einfach.«

Als er sich umdrehte, erschien ihm der Raum wieder ganz normal. Es gab keine klaffende Wunde an seinem Arm und keine Glasscherben auf dem Boden. Aber seine Frau starrte ihn an, als wäre er von einem Moment auf den anderen verrückt geworden.

Es dauerte fast eine Stunde, bis er sich wieder halbwegs gefaßt hatte und erklären konnte, warum er auf allen vieren auf der Erde herumgekrochen war. Das Erlebnis hatte eine derartig Intensität gehabt, daß Peter St. Jean davon überzeugt war, einen psychotischen Anfall erlitten zu haben. Nachdem seine Frau die Geschichte gehört hatte, war sie sich dessen jedoch nicht mehr so sicher. Zwar glaubte sie nicht an paranormale Dinge, aber sie erinnerte sich an eine Fernsehdokumentation, in der versucht worden war, dem Paranormalen den Nimbus zu nehmen. Die Ähnlichkeit von Peters Erzählung mit den darin geschilderten Phänomenen verwirrte sie.

In der Befürchtung, im soeben neu erworbenen Haus könnte es spuken, rief sie eine Freundin in der Redaktion einer Lokalzeitung an und fragte sie, ob die in der Vergangenheit von etwas ähnlichem gehört habe. Die Reporterin konnte sich an keinen derartigen Fall erinnern; aber noch während sie das Archiv durchforstete, rief ein anderer Mitarbeiter in der Redaktion an und gab einen Beitrag für die Klatschseite durch. Ein gewisser Gregory Barstowe hatte mit knapper Not einen chirurgischen Eingriff überlebt, der sein Bein gerettet hatte, welches durch die herunterfallenden Glasscherben eines zerbrochenen Fensters beinahe abgetrennt worden wäre. In dem Artikel hieß es weiter: »Hätte nicht Mr. Barstowes Begleiterin so beherzt eingegriffen und die Wunde einschließlich der verletzten Arterie abgedrückt, wäre nach Aussage der Ärzte das Leben oder zumindest das Bein des Mannes nicht mehr zu retten gewesen.«

Am nächsten Tag fuhren St. Jean und seine Frau zu dem besagten Krankenhaus. Dort hatte St. Jean keine Mühe, Gregory Barstowe auf der allgemeinen Station zu identifizieren. Er erkannte auch sofort dessen ›Begleiterin‹, als diese ein öffentliches Telefon in der Halle benutzte. Jill Parker trug einen Mullverband, der vom Ellbogen bis zum Handgelenk reichte. Die herabstürzenden Glasscherben hatten ihr den Arm aufgeschlitzt.

Von gewöhnlicher Telepathie unterscheiden sich diese Berichte durch ihre Unmittelbarkeit. Hannah schwor, daß sie hinten auf ihrer Zunge Blut ›geschmeckt‹ habe. Alle hier genannten Personen fühlten einen Teil der Schmerzen der jeweils anderen beteiligten Person. Sie waren mit all ihren Sinnen in die Erfahrung eingebunden. Für kurze Momente waren sie keine bloßen Beobachter, sondern nahmen an den Geschehnissen teil. Randell Fosters Mutter *sah* ihren Sohn nicht ins Wasser fallen; aber sie *teilte* sein Entsetzen und seinen Blickwinkel von unterhalb des Eises.

Offensichtlich sind solche merkwürdigen Ereignisse mit den uns derzeit bekannten physikalischen Gesetzen nicht zu erklären. Allein der zeitliche Ablauf und die räumliche Entfernung lassen diese Geschichten fantastisch anmuten. Dennoch wurden die Zeitabläufe

---

Einige Zuschauer werden sich bei dieser Folge an die Umstände erinnern, unter denen Polly Klaas in Nordkalifornien entführt wurde. Wie die erfundene Amy wurde auch Polly gewaltsam aus ihrem Zimmer geholt, während ihre Schwester dabei zusehen mußte. Der Täter, Richard Davis, beförderte sein Opfer im Kofferraum seines Wagens, genau wie der fiktive Carl Wade. Wie Wade erhielt auch Davis unerwartete Gesellschaft. Wade traf auf den eifrigen, hilfsbereiten Fahrer eines Abschleppunternehmens; Davis wurde wegen eines Verkehrsdeliktes von der Polizei angehalten. Tragischerweise überlebte Polly Klaas im Gegensatz zu Amy ihre Entführung nicht.

OUBLIETTEN

Der amerikanische Originaltitel dieser Episode lautet ›Oubliette‹. Oublietten sind Verliese alter Burgen, in denen die zu lebenslänglichem Kerker Verurteilten darbten.

in allen Fällen von unabhängigen Beobachtern bestätigt. Kaum einer der Beteiligten hatte vorher jemals Interesse am Übernatürlichem bekundet. Die meisten empfanden die Erfahrung als schockierend. Alle waren froh, ein solches Erlebnis nur ein einziges Mal gehabt zu haben, und niemand wollte je wieder etwas in dieser Art ›sehen‹, ›hören‹ oder ›fühlen‹.

In der Tat scheint die empathische Übertragung ein im Leben einmaliges Ereignis zu sein. Unter den vielen Berichten finden sich nur wenige Wiederholungsfälle wie bei Lucy und Amy in ›Parallele‹.

Die Zwillinge Peter und Paul Harvey stellen ein nahezu einzigartiges Beispiel für eine Häufung seltsamer gemeinsamer Erlebnisse dar. Seit ihrem dritten Lebensjahr berichteten sie über Vorkommnisse wie die folgenden: Peter trat im Hof in einen Nagel, Paul schrie in der Küche auf und griff sich an den Fuß; Paul brach sich beim Schulsport den Arm, Peter hielt sich den Arm und erbrach im Englischunterricht. Bienenstiche, Mumps, Pauls erster Kater – es scheint, als hätten sie keine Geheimnisse voreinander haben können. Obwohl die verwirrenden und beunruhigenden Ereignisse mit zunehmendem Alter nachließen, schreibt Pauls Ehefrau der merkwürdigen Beziehung eine nicht allzu lange zurückliegende Aktion zu, die ihrem Mann das Leben rettete. Während eines Familiengrillfestes schnappte Peter, der in der Küche war und noch nichts gegessen hatte, plötzlich heftig nach Luft und lief bläulich an. Janet Harvey blickte sich um und lief, da sie ihren Gatten nicht entdecken konnte, in den Garten hinaus. Sie fand Paul würgend in einem Gartenstuhl. Er hatte den Grill kontrolliert und dabei den Rest eines Hamburgers verzehrt. Unglücklicherweise war ihm ein Stück Brot in die falsche Kehle gerutscht.

Keiner der beiden Harvey-Zwillinge ist als Individuum in irgendeiner Weise außergewöhnlich. In Psi-Tests erzielten sie keine hohen Resultate; der Würfeltisch war zu ihnen genauso grausam wie zu jedem anderen. Zahlreiche Versuche, diese ungewöhnliche Form der Kommunikation bewußt zu wiederholen, sind nicht gelungen.

Kleiner Rechenfehler: Lucy wurde mit acht Jahren entführt und taucht mit dreißig Jahren wieder auf – Mulder behauptet aber, sie wäre nur 15 Jahre verschwunden gewesen…

FALL X-3.09

Codename: ›Die Autopsie‹

ZUSAMMENFASSUNG

Mulders beinahe spielerische Untersuchung eines Videobandes über die angebliche Autopsie eines außerirdischen Wesens nimmt tödlich ernste Formen an, als der Hersteller des Videos ermordet und eine alte japanische Verschwörung entdeckt wird. Scully überprüft die Mitglieder der MUFON-Gruppe des Toten und wundert sich darüber, daß einige weibliche Entführte sie erkennen.

HINTERGRUND

Ein guter Kauf für nur 29,95 Dollar (zzgl. Versandkosten)

Irgendwann mußte es dazu kommen.

Niemand konnte erwarten, daß die ausgeflippten Macher von *Akte X* der Versuchung lange widerstehen würden, die das Videoband über die ›Roswell-Autopsie‹ für sie darstellen mußte. Insbesondere nicht, nachdem Fox das Material zweimal ausgestrahlt hatte. Ihre Reaktion war ähnlich vorprogrammiert, wie wenn man Eugene Tooms einen Teller mit frischer Leber vorgesetzt hätte.

Also entstand die erste Folge eines ausgefeilten Zweiteilers, der komischer ist als die lustigsten Teile seiner Inspirationsquelle und dennoch gespenstischer, als bluttriefende Bilder jemals sein können.

ZITAT

»Die Japaner halten ihre Fähigkeiten zur Spionage streng geheim, und mit den Informationen ihrer Geheimdienste gehen sie äußerst vorsichtig um.«

– Frohike, Lone Gunman

Im Gegensatz zu *Akte X*, die keinen anderen Anspruch erhebt, als eine erfundene Fernsehserie zu sein, behaupten viele, das Roswell-Autopsievideo sei *echt*. Dies brachte eine Reihe überzeugter Anhänger und verbissener Gegner dieser These auf den Plan. Selbstverständlich entspann sich die Kontroverse, schon lange bevor Fox die Aufnahmen ausstrahlte. Die ›Reportage‹ war bereits in einem halben Dutzend europäischer Länder gesendet worden, und Fotos aus dem Band zirkulierten über UFO-Zeitschriften und das Internet. Obwohl die Aufnahmen angeblich etwa fünf-

zig Jahre alt sind, wurden sie erst kürzlich in den Vereinigten Staaten zur ›allgemeinen Untersuchung‹ freigegeben. Allein diese Tatsache löste heftige Diskussionen aus.

Wenn der Film tatsächlich die definitive Antwort auf die ›außerirdische Frage‹ liefert, warum wurde er dann vermarktet, statt für wissenschaftliche Zwecke freigegeben zu werden? Im Gegensatz zu Mulders erfundenem Video, das nur 29,95 Dollar kostet (also etwa fünfundvierzig Mark), wurden Kopien der Roswell-Aufnahmen zum stattlichen Preis von fünfunddreißig Pfund Sterling gehandelt (gut einhundert Mark).

RÄTSEL 10

Leichte Fragen: Notieren Sie sich 1 Punkt für jede richtige Antwort.

1. **Wieviel bezahlt Mulder für das Video über die Autopsie des Außerirdischen?**
2. **Wie lautet der Name des Heimversandes, das den Videofilm vertreibt?**
3. **Welches neue ›Accessoire‹ trägt Mulder in dieser Episode?**
4. **Welche Entschuldigung bringt Mulder für seine Anwesenheit in Allentown vor?**
5. **Was verliert Mulder, als er auf den Zug aufspringt?**

Es wird schwieriger: Notieren Sie sich 2 Punkte für jede richtige Antwort.

6. **In dieser Episode sind zwei Nummern von Eisenbahnwaggons zu sehen. Nennen Sie zumindest eine davon!**
7. **Was erweist sich mitten in der Nacht in Allentown, Pennsylvania, als schwer auffindbar?**
8. **Wie lautet der Name des Schiffs auf den ›Satellitenfotos‹?**
9. **Was haben Scully und die Frauen der MUFON-Ortsgruppe von Allentown gemeinsam?**
10. **Wer rät Scully, Mulder davon abzuhalten, den Zug zu besteigen?**

ANTWORTEN

1. 29,95 Dollar zzgl. Versandkosten
2. Rat Tail Productions
3. Ein Wadenhalfter
4. Videopiraterie
5. Sein Funktelefon

---

6. 82594 und 82517
7. Ein Übersetzer für Japanisch
8. Talapus (Sie haben doch den Seitenstreifen gelesen, nicht wahr?)
9. Unter anderem kleine Flaschen und Halsimplantate
10. Mr. X

Ihre Punktzahl:

Fragwürdig bleiben auch die Motive des Besitzers und späteren Vertreibers des Bandes. Aus bisher unerfindlichen Gründen weigert sich der Mann, der das Ereignis 1947 angeblich festhielt, seine Identität zu lüften. Ohne dessen Zeugenaussage ist das Video zwar eine interessante Kuriosität, aber kaum ein Beweis. Nur er könnte über eidesstattliche Erklärungen das Alter des Films bestätigen, Angaben über den Aufnahmeort und die Namen seiner Auftraggeber machen und ein paar Erläuterungen zu den allzu passend plazierten Unterbrechungen auf dem Band abgeben.

Falls der Film vom Verteidigungsministerium in Auftrag gegeben wurde, warum hat man das Material nicht dort behalten? Falls der Kameramann tatsächlich eines der erstaunlichsten Ereignisse der modernen Geschichte festgehalten hat, warum hat er nicht darauf bestanden, daß der Film schon früher veröffentlicht wird? Noch mehr Verwunderung löste die Frage aus, wie dieser sensationelle ›Beweis‹ fünfzig Jahre lang offenbar unbemerkt *auf einem Dachboden* schlummern konnte.

Könnte man es einem ernsthaften Erforscher des Unbekannten übelnehmen, daß er ein oder zwei Verdachtsmomente gegen ein Videoband hegt, welches erst wieder zum Vorschein kam, als sein gegenwärtiger Besitzer nach – man stelle sich das vor! – verschollenen Berichten über Elvis Presley suchte? Ray Santilli, der die Bänder in Großbritannien vertreibt, hält nichtsdestotrotz an der Behauptung fest, die Aufnahmen seien echt; er kann sieht absolut keinen Widerspruch darin, heute Disney-Ware und morgen Roswell-Videos zu verkaufen.

Geht man gutwillig davon aus, daß der Film keine Fälschung ist, ergibt sich tatsächlich eine überaus sensationelle Story: In den späten vierziger Jahren wird ein Army-Fotograf nach Fort Worth, Texas, gebracht und in einen winzigen, so gut wie kahlen Untersuchungsraum gebeten. Anschließend erhält er den Befehl, die Autopsie eines außerirdischen Wesens für die Nachwelt festzuhalten. Ein geheimer Auftrag, der für beinahe fünfzig Jahre geheim bleiben soll...

Ob sich dieser Mann wohl gewundert hat, als er plötzlich einer Reihe von Ärzten in Schutzanzügen gegenüberstand? Hat er selbst nach einem solchen Anzug gefragt? Oder kam er einfach seinem Befehl nach und spulte in aller Ruhe sein Band ab, während vor ihm ein Außerirdischer aufgeschlitzt wurde? Hat er sich vielleicht darüber gewundert, daß in dem Raum niemand eine Uniform trug? Wer mögen die Zivilisten, die leider nie lange genug im Bild sind, als daß man sie identifizieren könnte, gewesen sein? Wurde der Kameramann angewiesen, was und wen er abzulichten hatte, oder sehen wir das Ergebnis seiner eigenen Kinematografie? So viele Fragen – noch bevor jemand überhaupt einen Blick auf den ›Außerirdischen‹ geworfen hat!

Als der Film erstmals ausgestrahlt wurde, unterzog man jedes einzelne Bild der genauesten Untersuchung seit dem Attentat auf John F. Kennedy in Dallas. Waren Telefonschnüre in den vierziger Jahren glatt oder spiralförmig? Hektische Anrufe bei arglosen Telefonsammlern brachten sowohl Modelle mit glatten als auch solche mit spiralförmigen Schnüren zum Vorschein. Sämtliche Zeitungsarchive in der Gegend von Fort Worth wurden von neugierigen Detektiven aufgesucht, die sich in Artikel aus der damaligen Zeit vertieften und nach Bildern von Telefonen, Radios und medizinischem Gerät fahndeten. Örtliche Telefondienste und Militärhistoriker wurden ebenfalls ausgedehnten Befragungen unterzogen. Ein älterer Arzt fand sich plötzlich im ungewohnten Rampenlicht wieder, als er gebeten wurde, die Authentizität des Verfahrens und der verwendeten Geräte zu beurteilen.

NISEI

Der Originaltitel dieser Episode lautet ›Nisei‹. Das war eine während des Zweiten Weltkriegs verbreitete Bezeichnung für Amerikaner japanischer Abstammung, genauer gesagt für in Nordamerika geborene Kinder japanischer Eltern.

Sollten Sie jemals zusammen mit Außerirdischen in einem Quarantänewagen eingesperrt sein und eine sanft glimmende Tastatur bemerken, denken Sie an 1111471 und an 101331.

Am Ende aller Bemühungen, den Bericht anhand von Details als Fälschung zu entlarven, blieben die Skeptiker ziemlich konfus zurück. Falls die im Film gezeigte Situation gestellt worden war, hatten die Autoren ähnlich gute Arbeit geleistet wie die auf diesem Gebiet erfahrenen Mitglieder des *Akte-X*-Teams. Sie müßten sich vor keinen anderen Filmemachern, die auf zeitgeschichtliche Authentizität Wert legen, verstecken.

Als sich schließlich das Augenmerk von der prosaischen Welt der Telefonsammler und pensionierten Ärzte auf die High-Tech-Welt moderner Spezialeffekte richtete, nahm eine ganze Reihe von Hollywood-Firmen den Film unter die Lupe. Dabei konzentrierte man sich auf den Leichnam selbst. »Es ist sehr gut gemacht. Wenn es ein Amateur war, hat er seine Berufung verfehlt«, lautete der abschließende Kommentar eines Spezialeffekteprofis. »Es ist *wirklich* gut gemacht.«

In der Tat wirkt der Körper selbst so verblüffend echt, daß er zu heftigsten Meinungsverschiedenheiten zwischen Anhängern und Skeptikern geführt hat. Zahlreiche winzige Details summieren sich für viele trotzdem zu dem Urteil ›Fälschung‹. Körperfett und Gewebe zum Beispiel ›hängen‹ nicht richtig: Sie sollten in Richtung Tisch hängen, nicht in Richtung der Füße des Körpers. Leichen, zumindest menschliche Leichen, bluten nach dem Tod nicht mehr stark genug, um soviel ›Blut‹ aus einem postmortalen Einschnitt quellen zu lassen, wie in dem Film gezeigt. Obwohl der ›Arzt‹ den Mund des Wesens untersucht, unternimmt er keinen Versuch, die Lippen zur Seite zu schieben oder den Kiefer nach unten zu klappen – beides gewöhnlich Bestandteil einer Autopsie. Der Mediziner scheint allgemein jeglichem Beugen, Bewegen oder Öffnen von Körperteilen abgeneigt zu sein – vielleicht weil Puppen oft echt wirken, bis sie bewegt werden? Ein weiteres Indiz dafür, daß der Tote eventuell ein wenig *zu* tot sein gewesen könnte, ist der Kopf, der in die Höhe schnellt, als das Gehirn in eine Schale entfernt wird.

Trotz allem finden sich einige Details, die auch Experten für Spezialeffekte gern derart gut zustande brächten. Die sechsgliedrigen Hände und Füße (eigentlich ein dominantes Merkmal genetischer Veränderung beim Menschen) erscheinen wundervoll proportioniert. Selbst die ›überzähligen‹ Finger und Zehen erwecken nicht den Eindruck, als wären sie hinzugefügt worden, sondern wirken täuschend echt. Kleinigkeiten wie die hauchdünne Membran, die das Gehirn umgibt, verleihen der ›Dokumentation‹ phasenweise tatsächlich einen Anflug von Realitätsnähe.

Aber die meisten Zuschauer – sogar den erfundenen Zuschauer Mulder – stört die überaus stimmige Kameraführung. Nicht nur wünscht man sich angesichts des auf- und abhüpfenden Bildes, daß der Kameramann an ein Stativ gedacht hätte – auch einige Schlüsselszenen wirken hoffnungslos gestellt. Warum verharrt die Kamera auf dem Einschnitt, der schließlich anfängt zu bluten, wenn der Kameramann davon vorher nichts wußte? Warum folgt er nicht wie vorher dem Skalpell? Und warum zeigt uns der Fotograf trotz seiner offensichtlichen Fähigkeit, aus jedem gewünschten Winkel filmen zu können, nie mehr als zwei Wände des Raumes? Vielleicht weil es wie bei allen kleinen, offenen Drehorten nur zwei Wände gibt?

Die drängendste Frage ist selbstverständlich: Was hatte dieses Material für einen Sinn, wenn die Army es verstecken ließ, nachdem es aufgenommen worden war?

Zwar können auch die Ufologen keine Antworten auf die Ungereimtheiten des Films geben, doch sie sammeln trotzdem Pluspunkte für ihre Theorie über außerirdische Besucher.

Eine der beliebtesten Verschwörungstheorien geht

Zwar sprang David Duchovny nicht selbst von der Brücke auf das Dach des Zuges, aber er lief wirklich auf den sich bewegenden Wagen hin und her, um die Aufnahmen so realistisch wie möglich erscheinen zu lassen. Zu seiner Sicherheit war ein dünnes Seil um seinen Knöchel geschlungen und an der Seite des Waggons befestigt worden.

davon aus, daß ›sie‹ Notfallpläne für sämtliche Situationen entwickelt haben, durch die die Wahrheit ans Licht gelangen könnte. Weil alles einem Zweck dient, läßt sich sogar die Existenz einer Fälschung in ein größeres Szenario einordnen. Anhängern der Verschwörungstheorie fallen dabei sofort zwei Möglichkeiten ein:

1. *Die Strategie der Abstumpfung.* Durch die gezielte Veröffentlichung von gefälschten Filmen schwächt die Regierung (oder Schattenregierung, wenn man dieser Theorie anhängt) das öffentliche Interesse an ihren außerirdischen Partnern im Laufe der Zeit ab – und muß deren Existenz somit nicht zugeben.
2. *Die Strategie der Unglaubwürdigkeit.* Wodurch ließe sich der Einfluß eines ›echten‹ Filmes, der versehentlich nach draußen gelangte, besser abschwächen als durch den willkürlich vermittelten Eindruck, daß sämtliche solcher Filme nichts weiter als gut gemachte Fälschungen sind? Wenn – wie der Deep Throat von *Akte X* einmal sagte – der beste Ort, eine Lüge zu verstecken, zwischen zwei Wahrheiten liegt, dann gilt im Gegenzug: Zwei Lügen bilden ein exzellentes Versteck für die Wahrheit.

Eine letzte, interessante Parallele zwischen der von Fox ausgestrahlten Autopsiedokumentation und der beim gleichen Sender laufenden erfundenen *Akte X* zeigte eine in UFO-Kreisen verbreitete Publikation, *The Desert Rat*, auf. Laut Herausgeber Campell und seiner Quellen wies das ›außerirdische Wesen‹ der Autopsie auf dem Oberarm ähnliche Narben einer Pockenimpfung auf wie die ›Außerirdischen‹ im Eisenbahnwaggon des Reservates. Sollte Ihnen das bislang bei keiner Ausstrahlung der Autopsie aufgefallen sein, müssen Sie deswegen nicht verzweifeln: Bestellen Sie sich doch einfach das Video!

FEHLERHINWEIS!

Geschichtskenner lachten nach der Ausstrahlung von ›Die Autopsie‹ tagelang über die ›Satellitenfotos‹ der *Talapus.* Niemand erwartet, daß jedes Requisitenteil neu angefertigt wird, aber ein so berühmtes Foto wie das am 21. Mai 1941 von der *Bismarck* aufgenommene zu verwenden, es in zwei Teile zu schneiden und dann einem so gut informierten Publikum wie den X-Philes unterzujubeln ... Kein guter Handgriff. Wahre X-Philes stürzen sich nach der Ausstrahlung jeder Episode in die Aufzeichnungen aus ihrem Geschichtsunterricht. Kenner des Zweiten Weltkriegs erkannten in der Wasserstraße den Grimstad Fjord (nicht den Panamakanal) und wußten, daß die Bilder in Wahrheit von Royal-Air-Force-Piloten aus Spitfires heraus aufgenommen worden waren, nicht von der deutschen, japanischen oder amerikanischen Satellitenaufklärung.

FALL X-3.10

Codename: ›Der Zug‹

ZUSAMMENFASSUNG

Mulder ignoriert Scullys Warnungen und geht an Bord eines Zuges, der in seinem Quarantänewaggon einen ungewöhnlichen Passagier transportiert. Kurz darauf stellt er fest, daß er in eine Falle geraten ist. Scully nimmt die Untersuchung auf und erkennt schnell, daß ihre Beteiligung auf ihre eigene Entführung – und darüber hinaus – zurückgeht.

HINTERGRUND

Einheit 731: der Schrecken zu Hause

Wie kaum einer anderen zeitgenössischen Fernsehsendung gelingt es *Akte X* immer wieder, moderne Horrorelemente raffiniert zu verfeinern und das Publikum mit bizarren Szenarien zu fesseln. Aber auch die wildesten Straßenfeger können die Realität, von der sie inspiriert wurden, kaum überbieten.

ZITAT

»Die Welt wird nicht länger von dem Land mit den tapfersten Soldaten beherrscht, sondern von dem mit den besten Wissenschaftlern. Unglücklicherweise hat Ishimaru mit seiner geheimen Arbeit begonnen, ohne diejenigen daran teilhaben zu lassen, die sehr viel riskieren mußten, um ihm Asyl zu verschaffen.«

– DER ÄLTERE, Mitglied des Konsortiums

Mulders kurze Beschreibung der medizinischen Einheit 731 der japanischen Armee (der Originaltitel der Episode lautet ›731‹) kratzt allenfalls die Oberfläche der Leiden der mandschurischen Bevölkerung unter Dr. Ishii Shiro an. Der Doktor und seine Landsleute töteten Tausende durch Vivisektionen und Frostexperimente, durch bewußte Infizierung mit Krankheiten und chirurgische Eingriffe zu Übungszwecken. Dennoch werden ihre Verbrechen wie von einer fauligen Glasur von einer noch unmenschlicheren und grausameren Scheußlichkeit überlagert: Die *amerikanische* Regierung setzte die Experimente fort. Die beiden Länder hätten sich damals nicht in unterschiedlicheren politischen oder strategischen Positionen befinden können, obwohl der Krieg oft genug als Ausrede für die widerwärtigsten Akte aller Art hatte herhalten müssen und später auch dazu benutzt wurde, Amerikas starkes Interesse an japanischen Entwicklungen auf den Gebieten der chemischen und biologischen Technologie zu erklären.

Zwar sind jene Taten, die die Einheit 731 berüchtigt werden ließen, unmöglich zu verzeihen, doch der auf dem Militär Japans lastende Druck, sich Vorteile verschaffen zu müssen, ist nachzuvollziehen. Trotz einer langen Tradition der Kriegführung war das Land immer rohstoffarm. Im Gegensatz zu den Vereinigten Staaten, die zu jener Zeit in einer einzigen Fabrik mehr Stahl produzierten als Japan im ganzen Land, hatte die Nation nur sehr beschränkte strategische Optionen. Massenvernichtungswaffen wie die, die später auf Nagasaki und Hiroshima abgeworfen wurden, befanden sich noch für lange Zeit außerhalb der japanischen Reichweite. Es herrschte eine derart desaströse Knappheit an Rohstoffen sogar für einfachstes Kriegsgerät, daß ein einfacher Dosenöffner für japanische Infanteristen zum wertvollen Besitz wurde. Als daher die medizinischen Abteilungen der japanischen Armee im Bewußtsein der Unzulänglichkeiten auf anderen Gebieten vorschlugen, Methoden der biologischen und chemischen Kriegführung zu entwickeln – Methoden, für

Leichte Fragen: Notieren Sie sich 1 Punkt für jede richtige Antwort.

1. **Auf welche archaische Krankheit stößt Scully in Perkey, West Virginia?**
2. **Wodurch wurde die Botschaft THE TRUTH IS OUT THERE (dt. ›Die Wahrheit ist irgendwo da draußen‹) aus dem Vorspann in dieser Folge ersetzt?**
3. **Wo wird Ishimaru (Dr. Zama) umgebracht?**
4. **Der Quarantänewaggon besitzt spezielle Schlösser. Welche beiden Dinge sind notwendig, um eine Tür zu öffnen?**
5. **Warum kann Mulder Wagen 82517 nicht aus freien Stücken verlassen?**

die Japan reichlich fähiges Personal zur Verfügung stand –, schien man endlich einen Weg zu eigenen Massenvernichtungswaffen gefunden zu haben.

Zwischen den beiden Weltkriegen hatte ein Wissenschaftler namens Ishii Shiro die zukünftigen Nöte seines Landes vorausgesehen und war nicht untätig geblieben. Nicht nur, daß er promovierte, die Tochter des Universitätspräsidenten heiratete und auf Kosten der Armee zahlreiche biologische Laboratorien in Europa besuchte – er schuf sich auch einen Namen als Erfinder, da er während einer Meningitisepidemie – deren Zufälligkeit bis heute nicht erwiesen ist – einen sehr effektiven Wasserfilter bastelte.

Als Japan 1931 die Mandschurei besetzte, befand sich Ishii Shiro in einer ausgezeichneten Ausgangsposition, um die Leitung einer neuen Abteilung für bakteriologische Forschung am Armeeschulungszentrum zu übernehmen. Weil schnell klar wurde, daß der Krieg mit China Hunderte, wenn nicht gar Tausende von Möglichkeiten bieten würde, Experimente an *Menschen* durchzuführen, gediehen die Pläne für die Mandschurei rasch.

Als Operationsbasis wurde Harbin ausgewählt; ab 1938 gehörte ein ausgedehntes Forschungsgelände bei Pingfan dazu. Bereits im August 1932 gründete Ishii Shiro mit nahezu unbegrenztem Budget die ›Abteilung für Seuchenschutz und Wasserreinigung der Kwantung-Armee‹. Dieser Zungenbrecher wurde erst 1941 öffentlich als Einheit 731 bekannt, als über die Schwesteroperation ›Abteilung zum Schutz vor Tierseuchen der Kwantung-Armee‹ (die die Bezeichnung Einheit 100 trug) ebenfalls unrühmliche Gerüchte nach außen drangen. Ishii Shiro, der den Rang eines Oberst innehatte und über ungefähr dreitausend japanische Staatsbürger und ein unerschöpfliches Reservoir an chinesischen Arbeitskräften und ›Subordinierten‹ verfügte, lebte seine Allmacht willkürlich aus. In seiner Ärzteschule unterrichtete er Hunderte von Doktoren.

Einer dieser Ärzte, Yuasa Ken, spricht offen über die Aktivitäten der Einheit. »Ich fragte den Doktor, der im Begriff war, eine Lendenanästhesie vorzunehmen, ob er die Einstichstelle nicht desinfizieren wolle. ›Wovon reden Sie? Wir töten ihn sowieso‹, antwortete er.« Später verzichtete man sogar auf eine Betäubung...

Zahllose Mandschuren, die mit Wasser besprengt worden waren, flehten um Gnade, während sie nackt

durch die eiskalte Nachtluft des Lagers taumelten. Die wenigsten überlebten bis zum Morgen. Diejenigen, denen es gelang, wurden häufig bei lebendigem Leib gehäutet, weil Wissenschaftler der Einheit 731 ›repräsentative Hautmuster‹ von den Personen entnahmen, die sich als kälteresistent erwiesen hatten.

Yuasa Kens Erklärung dafür, daß Hunderte von Menschen geopfert worden waren: »Es gab nicht genügend Chirurgen. Auch Augenärzte oder Kinderärzte mußten

RÄTSEL 11

Es wird schwieriger: Notieren Sie sich 2 Punkte für jede richtige Antwort.

6. **Welche Sprache hat Mulder auf der High School gelernt?**
7. **Mit welchem Code gelangt der Attentäter in den Quarantänewaggon?**
8. **Mulder glaubt, daß er bei den Docks ein UFO gesehen hat. Was hat er nach Scullys Meinung gesehen?**
9. **Wie lautet der Code, mit dem der Quarantänewaggon verlassen werden kann?**
10. **Wer hat Dr. Zamas Notebook?**

ANTWORTEN

1. Lepra (nach dem Entdecker des Erregers auch Hansensche Krankheit genannt)
2. APOLOGY IS POLICY (dt. ›Entschuldigung ist Politik‹)
3. In einem Waschraum an Bord des Zuges
4. Eine Codekarte und eine Codeziffer
5. An Bord befindet sich eine Bombe.

---

6. Französisch
7. 1111471
8. Die Überreste eines russischen U-Boots
9. 101331
10. Der Kettenraucher und ein Japanischübersetzer

Ihre Punktzahl:	

operieren. Also übten sie ... Die Soldaten konnten leichter zum Kämpfen gebracht werden, wenn sie wußten, daß ein Arzt in der Nähe war, der sich um sie kümmern konnte, falls sie verletzt wurden.« Natürlich kamen Yuasa Ken und seine Ärztekollegen nie auf den Gedanken, ihre Übungen an japanischen Mitbürgern vorzunehmen.

Weil Ärzte nach ihrer Fähigkeit im Umgang mit Waffen ausgewählt wurden und Krankenschwestern des japanischen Roten Kreuzes halfen, Zivilisten zu zerstückeln, überrascht auch der gefühllose Umgang mit Toten und Sterbenden nicht sonderlich. »Wir dachten, daß wir ihn, weil er noch atmete, nicht in die Grube werfen könnten, also injizierte der Direktor mit einer langen Kanüle Luft in sein Herz. Ein anderer Arzt – er lebt heute noch – und ich mußten ihn dann mit einem Draht würgen. Aber er starb noch immer nicht. Schließlich sagte ein älterer Unteroffizier: ›Doktor, er wird sterben, wenn Sie ihm eine Betäubungsspritze geben.‹ Anschließend warfen wir ihn in das Loch.«

Der Terror erscheint in einem bezeichnenden Licht, wenn man weiß, daß sich die Mitglieder der Einheit 731 auch an der Zivilbevölkerung skrupellos vergingen, und sei es nur, indem sie Angst und Schrecken verbreiteten. Die Einheit zeigte sich flexibel genug, um sowohl einzelne Morde als auch Massentötungen durchzuführen. Als hätte die Geschichte die These nicht bereits zur Genüge belegt, setzte sie Hunderte mit Seuchen infizierter Ratten in der näheren Umgebung aus. Man wollte sehen, ob sie ebenso effektiv den Tod brachten wie aus Flugzeugen abgeworfene Bomben. Sie taten es. In einem Dorf mit zweiundvierzig Familien starben dreiundvierzig Personen. Der Rest zerstreute sich in dem verzweifelten Versuch, die Ausbreitung der Krankheit zu stoppen und zu überleben. Ein Mann erinnerte sich später: »Ich sehe die Situation, in der meine Schwester starb, vor mir, als wäre es gestern gewesen. Sie war ganz allein in einer kleinen Hütte zurückgeblieben. Niemand kümmerte sich um sie. Als ich erfuhr, daß sie tot war, ging ich hin, um nachzusehen. Ihr Hals war angeschwollen. Sie war mit weit aufgerissenen Augen gestorben.« Wasserversorgung und Nahrungsmittellager wurden mit Cholera, Milzbrand und einer Reihe anderer Krankheiten verseucht. Einmal verteilte man während eines Festes mit Cholera versetzte Bonbons an Kinder.

Für all jene, die einen Videorecorder und Grundkenntnisse in Japanisch besitzen, enthalten die Aufzeichnungen des Doktors einige interessante Einzelheiten: ›sechs Monate‹, ›Endlösung‹, ›außerirdisches Wesen‹ und ›geheime Experimente‹ ...

Fünfzig Jahre später warten die Opfer der Einheit 731, unter ihnen Koreaner, Mandschuren, Mongolen, Russen und amerikanische Kriegsgefangene, noch immer auf eine Entschuldigung für die erlittene Not, auf ein Eingeständnis der ihnen zugefügten Qualen – und auf Gerechtigkeit. Während die Nürnberger Prozesse mit der Verurteilung deutscher Kriegsverbrecher zu Ende gingen, wurden die asiatischen Zwischenfälle emsig unter den Teppich gekehrt. Auf ähnliche Weise, wie die Operation Paper Clip (in ›Verschwörung des Schweigens‹) dazu gedient hatte, deutsche Kriegsgeheimnisse vor den Japanern in Sicherheit zu bringen, arrangierten sich die Amerikaner jetzt mit den Frauen und Männern der Einheit 731, um der Gefahr eines eskalierenden Kalten Krieges zu begegnen.

Eine Zeitlang behaupteten verschiedene Quellen, man habe von den Grausamkeiten nichts gewußt. Aber eine genauere Untersuchung widerlegt solche Entschuldigungen rasch. 1949 fand im sowjetischen Khabarowsk der Prozeß gegen die einzigen jemals für Kriegsverbrechen verurteilten japanischen Wissenschaftler statt. Die Ergebnisse der Verhandlungen wurden in einer jedermann zugänglichen Publikation veröffentlicht, nämlich der Schrift *Prozeß gegen frühere Angehörige der japanischen Streitkräfte, die der Herstellung und des Einsatzes bakteriologischer Waffen beschuldigt wurden* (Haus für fremdsprachliche Publikationen, Moskau, 1950).

Aber bereits bevor diese Offiziere gefunden worden waren, hatte China nicht weniger als *siebenunddreißigmal* bei verschiedenen Gelegenheiten um internationale Unterstützung ersucht. Man hatte auf Massenvernichtungen durch biologische und chemische Waffen hingewiesen und auf die Ermordung sowohl von Zivilisten als auch von Kriegsgefangenen in den sogenannten ›medizinischen Einrichtungen‹ der Japaner.

In der Ausgabe des *Rocky Mountain Medical Journal* vom August 1942 erschien ein Artikel mit der Überschrift »Japaner setzen Chinesen als ›Versuchskaninchen‹ in Tests zur bakteriologischen Kriegführung ein«.

1942 protestierten auch die Vereinigten Staaten gegen den Einsatz bakteriologischer Bomben durch Japan über Changde – unter jenem Präsidenten, nämlich Franklin D. Roosevelt, der nur Wochen zuvor amerikanische Einrichtungen autorisiert hatte, mit der Forschung zur biologischen Kriegführung zu beginnen. Es verwundert daher nicht, daß die Proteste der Regierung nur sporadisch und sehr dezent wiederholt wurden.

Ignoranz ist heute nicht leichter zu ertragen als vor fünfzig Jahren. Während Dutzende von Deutschen zum Tode oder zu langen Haftstrafen verurteilt wurden, bestrafte man nach 1960 keinen einzigen japanischen Wissenschaftler. Nach entsprechenden Vereinbarungen mit der Regierung wurden auch nie Aufzeichnungen amerikanischer Ermittler veröffentlicht. Ishii Shiro kehrte wie die meisten Ärzte der Einheit 731 in ein angenehmes Privatleben zurück, wurde Inhaber einer blühenden Praxis und arbeitete nebenher in einflußreicher Position an einer bedeutenden Universität.

Stephen McHattie, der in dieser Episode den Killer spielt, tauchte bereits als Verbrecherkönig Gabriel in der TV-Schmachtserie ›Die Schöne und das Biest‹ auf.

Die in *Akte X* aufgestellte Behauptung, daß jene Wissenschaftler freien Zugang in die Vereinigten Staaten und zu dortigen Universitäten und Laboratorien erhalten hätten, entspricht in vollem Umfang der Wahrheit. Aus Angst vor Enthüllungen in Japan emigrierten viele Ärzte der Einheit 731 in die USA. Dort erhielten sie, ohne daß unangenehme Fragen über ihre Vergangenheit gestellt worden wären, Anstellungen in Krankenhäusern und an Lehreinrichtungen.

Wenn man um ihre absolut uneingeschränkte Bewegungsfreiheit und die amerikanische Vorliebe für ausländisches Know-how und Wissenschaftler weiß, überrascht es nicht, daß *Akte X* die Geschichte der Einheit 731 auf so einfache Weise in eine Erzählung, die in Amerika spielt, einbauen konnte. Es ist nur allzu wahrscheinlich, daß jene Experimente in irgendeiner Form innerhalb der amerikanischen Grenzen fortgeführt wurden. Schon zur Zeit des Koreakrieges beschuldigten sowohl die chinesische als auch die koreanische Regierung das amerikanische Militär, bakteriologische Waffen einzusetzen. Während des Golfkrieges wurden amerikanische Soldaten gegen Krankheitserreger geimpft, die angeblich in den Labors der Vereinigten Staaten ausgestorben sein sollten, seitdem man dort die Experimente mit bakteriologischen Waffen eingestellt hatte. Zwischen diesen beiden Kriegen hatten die Vereinigten Staaten die eigenen Bürger munter radioaktivem Plutonium ausgesetzt...

Wie Japan unterzeichneten auch die USA das Genfer Abkommen zum Verzicht auf den Einsatz aller chemischen und bakteriologischen Waffen sehr spät. Amerika benötigte fünfzig Jahre, um seine Unterschrift auf die gestrichelte Linie zu setzen.

»Es ist grauenerregend und abscheulich, einen Menschen umzubringen. Aber noch schlimmer ist es zu vergessen, daß man es getan hat. Das ist das Schrecklichste, was man sich vorstellen kann (Yuasa Ken).« Im

Das Motto der Folge lautet »Apology is Policy«, was soviel bedeutet wie »Wir haben für alles eine Erklärung«...

Jahre 1996 bereitet es uns einige Schwierigkeiten zu entscheiden, wer etwas vergessen hat.

Über die Verbindung von historischen Tatsachen mit dem Roswell-Absturz gelang es *Akte X*, zwei Ereignisse zusammenzuführen, die offenbar in die gleiche Zeit gefallen waren. Außerdem erhalten wir Antworten auf die Frage »Was wäre, wenn?«, die wir oder andere möglicherweise gestellt hätten, wenn die Geschehnisse um die Einheit 731, einschließlich der amerikanischen Beteiligung daran, bereits damals veröffentlicht worden wären.

Betreff: X-Akten.
Nur eine weitere Organisation mit drei Buchstaben?

FBI und CIA waren bereits in die laufenden Geschichten und in die Verschwörung einbezogen, also konnte es nur eine Frage der Zeit sein, bis *Akte X* auch auf die dritte Organisation im Dreieck der Geheimdienste stoßen würde: auf die *National Security Agency.* Vielleicht blieb die NSA so lange unbemerkt, weil sie in einem weit abgelegenen Ort residiert. Im Gegensatz zu CIA und FBI, die ihre Hauptquartiere in Washington aufgeschlagen haben, sitzt die NSA in einer durchschnittlichen Gemeinde im ländlichen Maryland. Aber sie unterscheidet sich von den anderen durch mehr als nur die schöne Umgebung.

Hoovers Politik mag manchmal unergründlich gewesen sein, aber er wußte, daß er seinen Agenten einen guten Ruf verschaffen mußte – eine der effektivsten Waffen. Die Öffentlichkeitsarbeit war und bleibt ein wichtiger Bestandteil der FBI-Tätigkeit. Während Neuerungen auf den Gebieten der Technik und Spurensicherung vernünftigerweise nicht an die große Glocke gehängt wurden, lancierte man Nachrichten über jede einzelne Festnahme in sorgfältig formulierten Pressemitteilungen. Die CIA verfolgte eine ähnliche Strategie. Dagegen verzeichnete die NSA ihre größten Erfolge, als niemand etwas davon ahnte.

So läuft es nun einmal, wenn die Arbeit darin besteht, die Kommunikationseinrichtungen der Nation zu verteidigen und gleichzeitig Informationen fremder Geheimdienste in Erfahrung zu bringen. Die NSA und der ihr angegliederte *Central Security Service* (CSS) sind keine Verkehrsschutzbehörden. Sie stellen hochspezialisierte Techniker und Sicherheitsanlagen für andere Regierungsorganisationen und gelegentlich auch für zivile Einrichtungen zur Verfügung. Direkt dem Verteidigungsminister unterstellt, ist die NSA die einzige der drei Organisationen, die offiziell dem Pentagon angegliedert ist. Ebenfalls als einzige übt sie eine Aufsicht über die Geheimdienstabteilungen sämtlicher militärischer Einrichtungen aus. Dort, wo FBI und CIA sich vorsichtig bewegen müssen, gilt die NSA als angestammte Beobachterin.

Ihre grundlegende Aufgabe ist zweigeteilt: Erstens stellt sie sämtliches Personal und Gerät zur Verfügung, das für die Sicherheit von geheimen und offenen Informationen erforderlich ist. Zweitens überwacht, organisiert und sammelt sie fremde Signale. Beide Ziele dienen der Versorgung amerikanischer Behörden mit aktuellen und zuverlässigen Geheimdienstinformationen. Folglich ist ein großer Teil der NSA-Angestellten mit Kryptologie in sämtlichen Ausprägungen beschäftigt. Es überrascht auch nicht, daß NSA-Personal eng mit den Geheimdienstabteilungen von Verteidigungsministerium, Justizministerium (einschließlich FBI), Finanzministerium, Energieministerium und Außenministerium sowie mit der CIA zusammenarbeitet.

Von allen Behörden, die der Halseisen schleppende Attentäter aus *Akte X* als seine hätte ausgeben können, ist die NSA am unwahrscheinlichsten. Die wenigsten ihrer Agenten passen in das Bild normaler Feldagenten, denn die meisten sind Experten auf dem Gebiet der Ver- und Entschlüsselung. Neben Technikern, die Daten aufspüren wie das K-9-Drogen-Corps arbeiten in der NSA Linguisten, Übersetzer, Kommunikationswissenschaftler und Datenverarbeitungsfachleute. Ihre Agenten, die zum ersten Großrechner, zum ersten Festkörpercomputer, zur Entwicklung von Bandkassetten und zur Halbleitertechnologie beigetragen haben, treten in aller Regel nicht als Mörder von alternden Wissenschaftlern in Badezimmern auf – und über andere Fähigkeiten scheint der Attentäter aus *Akte X* nicht zu verfügen.

Die NSA-Beamten lassen sich auch höchst selten von moderner Technologie verblüffen. Die ständige berufliche Weiterentwicklung erlangte innerhalb von NSA/CSS derart große Bedeutung, daß eine eigene Abteilung, die *National Cryptologic School*, eingerichtet wurde, um dem wachsenden Bedarf nach interner Fortbildung gerecht zu werden. Als Indiz für den hohen Standard der Schule mag gelten, daß viele Abteilungen des Verteidigungsministeriums ihre Beschäftigten auf freiwilliger Basis an den NSA-Ausbildungsprogrammen teilnehmen lassen. Diese enge Beziehung zu den Streitkräften unterscheidet die NSA ebenfalls von ihren Geheimdienstvettern in Washington. Die NSA ist die einzige Behörde, die sowohl ziviles als auch militärisches Personal in ihren Reihen hat.

Vielleicht beeinflußt die Entfernung von Washington auch das Erscheinungsbild nach außen, denn die NSA wirkt wie eine eigenständige Gemeinschaft, als wäre sie eine eigene kleine Stadt. Einige Informationen:

- Die NSA ist der größte Arbeitgeber in Anne Arundel County und einer der größten im Bundesstaat Maryland.
- Sie besitzt eine eigene Abteilung für Umweltschutz und ist eine der wenigen Bundesbehörden, die freiwillig sämtliche nationalen, bundesstaatlichen und örtlichen Umweltschutzbestimmungen über die erforderlichen Normen hinaus einhalten.
- Im vergangenen Jahr wurden im Rahmen des Recyclingprogramms der NSA mehr als zweihundertfünfzig Tonnen Zeitungspapier, anderes Papier, Aluminium und Karton eingesammelt.
- Die NSA ist ein engagiertes Mitglied der *Association for Commuter Transportation* (ATC), eines nationalen Verkehrsverbandes für Berufspendler in den öffentlichen und privaten Sektoren.
- Seit vierundzwanzig Jahren sponsert die NSA ein Blutspenderprogramm. Mehr als zweihundert Mitarbeiter krempeln in regelmäßigen Abständen die Ärmel auf und spenden durchschnittlich über eintausendneunhundert Einheiten.
- Die NSA fördert nicht nur die alle zwei Jahre stattfindende Suche nach Knochenmarkspendern. Unter ihren Mitarbeitern befinden sich auch beinahe zweitausend registrierte freiwillige Knochenmarkspender, von denen viele stolz darauf sind, daß sie bereits gespendet haben.
- Im Bewußtsein um die Problematik, neue Technologien für Behinderte nutzbar zu machen, hat die NSA ein *Center for Computer Assistive Technology* (dt. Zentrum für computerunterstützte Technologie) eröffnet. Dort wird ein Beitrag geleistet, um bestehende Lücken auf diesem Gebiet zu schließen.
- Die NSA wurde vom Bundesstaat Maryland offiziell für den freiwilligen gemeinnützigen Einsatz ihrer Mitarbeiter gewürdigt. Jedes Jahr leisten ihre Angestellten Tausende von kostenfreien Stunden an örtlichen Schulen ab, dozieren, bilden aus und helfen auf unterschiedlichste Art und Weise.

Eine solche Organisation verbirgt kaum einen Agenten mit einer Vorliebe für Klaviersaiten.

Möglicherweise war der Gemeinschaftssinn auch die treibende Kraft hinter der jüngsten Initiative der NSA: die Eröffnung des *National Cryptologic Museum* (dt. Nationales Museum für Kryptologie). Nach jahrelangem Warten auf die Freigabe ihrer Exponate hat die NSA endlich die Gelegenheit erhalten, in der Öffentlichkeit zu glänzen. In einer eindrucksvollen Geschichte der Kryptologie stellt das Museum unter anderem Gerätschaften, Mitarbeiterbiografien und Muster der Codes, die Amerikaner und ihre Feinde gleichermaßen verblüfft haben, aus.

Eines der Ausstellungsstücke ist ein absolutes Muß für X-Philes, denen die Bemerkung des Kettenrauchers gefiel, man habe sich von einer Handvoll Navajo mit gutem Gedächtnis schlagen lassen: Der im Ersten Weltkrieg von den Codesprechern geleistete Beitrag ist in bemerkenswerter Ausführlichkeit dokumentiert. Er informiert auch über die Beteiligung der Choctaw, Komantschen, Kiowa, Winnebago, Hopi, Cherokee, Seminolen und Navajo. Auch die Weiterentwicklung durch die Armee vor 1941 und die ausschließlich auf der Navajo-Sprache beruhende Version, die sich dann als so zuverlässig erwiesen hatte, sind ausgestellt.

Es verwundert nicht, daß das Bild einer Organisation, die in *Akte X* sowohl einen Albert Hosteen als auch einen hinterhältigen Attentäter beheimateten soll, ein wenig verzerrt wirkt. Sofern die NSA in der Geheimhaltung nicht noch besser ist, als allgemein vermutet wird, ist sie die Behörde, deren Agenten am seltensten in Zwischenfälle verwickelt sind.

Die NSA

Sind Sie auf der Suche nach einer Karriere im Geheimdienst, die *keine* Unannehmlichkeiten mit Kevlar-Westen und herumschwirrenden Kugeln beinhaltet? Sind Sie eher der Typ Lone Gunman als ein mutiger Agent wie Mulder und Scully? Dann könnte die NSA der richtige Ort für Sie sein.

Die NSA besetzt nicht nur regelmäßig Vollzeitpositionen in verschiedenen Bereichen, sondern bietet auch Praktika und Teilzeitarbeit für Studenten. Solche Stationen wirken in jedem Lebenslauf beeindruckend!

Vollzeitarbeitsplätze werden in den Bereichen Mathematik, Computer- und Elektro-/Elektroniktechnik, Informatik sowie einer Reihe von Sprachprogrammen besetzt (asiatische Sprachen, Sprachen des Mittleren Ostens und slawische Sprachen mit Ausnahme von Russisch). Stellen in den Bereichen Büroorganisation, Computerhandhabung sowie Rechnungs- und Buchführungswesen werden von der NSA sowohl als Vollzeitposten als auch als Nachmittagsstellen im Rahmen des Arbeits- und Lernprogramms für High-School-Schüler besetzt.

Vollzeitposten bei der NSA

Zusätzlich zu den Hilfs- und Bürokräften, die jedes Jahr eingestellt werden, besteht ständiger Bedarf an Spezialisten folgender Bereiche:

Mathematiker. Mathematiker sämtlicher Spezialgebiete werden innerhalb der NSA als Kryptografen, Kryptoanalysten, Ingenieure, Datenverkehrsanalysten und Computersicherheitsexperten eingesetzt.

Computer- und Elektro-/Elektronikingenieure. Ingenieure beschäftigen sich mit Entwurf, Entwicklung, Erprobung und Bewertung von Systemen zur elektronischen Kommunikation und Signalverarbeitung, ferner mit Mustererkennung und Signalanalyse sowie mit dem Entwurf von Spezialcomputern, Antennen und Radarsystemen. Außerdem bearbeiten sie das komplexe Aufgabenfeld der Sicherheit landesweiter Informationssysteme und Netzwerke. Dieser Bereich umfaßt zum Beispiel die Entwicklung von Strategien gegen den möglichen Verlust oder die Verfälschung von Informationen durch Netzwerkpiraterie. Die multidisziplinären Aufgaben erstrecken sich unter anderem auf die rasch wachsenden Technologiefelder Optik, Laser, Akustik und Mikroprozessoren.

Informatiker. Die Informatiker der NSA arbeiten in einem der größten und modernsten Computer- und Datenverarbeitungszentren der Welt. Positionen werden in so verschiedenen Aufgabenbereichen wie Datenbankverwaltung und künstliche Intelligenz besetzt.

Sprachspezialisten. Sprachspezialisten arbeiten innerhalb der NSA an Übersetzungen, Transkriptionen, Dokumentationen und Analysen.

Reale Problemstellungen ermöglichen ihnen die tägliche Weiterentwicklung ihrer Sprachfertigkeiten.

Beschäftigungsmöglichkeiten auf College-Ebene

Die NSA rekrutiert ihre Mitarbeiter nicht nur aus den besten etablierten Fachleuten des Landes, sondern unterstützt auch vielversprechende Studenten durch verschiedene Lern- und Arbeitsprogramme.

Kooperatives Ausbildungsprogramm (Co-op). Im kooperativen Ausbildungsprogramm können Studenten während einer Serie von aufeinander aufbauenden Arbeitsphasen ihr ›Bücherwissen‹ an realen Problemen erproben. Die Bandbreite der Aufgabenfelder ermöglicht es den Studenten, die sich oft noch nicht für einen bestimmten Karrierezweig entschieden haben, Erfahrungen auf unterschiedlichen Gebieten zu sammeln.

Sommerprogramm. Für College-Studenten, die nicht an einem Co-op-Programm teilnehmen, besteht die Möglichkeit, die interessante Arbeitsumgebung der NSA im Rahmen eines Sommerprogramms kennenzulernen. Das Programm steht Studenten, die ihr erstes Jahr am College abgeschlossen haben, für einen ganzen Sommer offen.

Direktoren-Sommerprogramm. Das Direktoren-Sommerprogramm ist ein zwölfwöchiger Sommerworkshop für College-Studenten der Mathematik, die durch hervorragende Leistungen auf sich aufmerksam gemacht haben. Die Teilnehmer arbeiten mit Mathematikern der NSA zusammen an besonderen kryptomathematischen Problemstellungen. Das Programm ist zugangsbeschränkt und richtet sich vornehmlich an Studenten zwischen Grund- und Hauptstudium. Andere Studenten mit herausragenden Leistungen können sich jedoch ebenfalls bewerben.

Das Undergraduate-Trainingsprogramm. Dieses Programm bietet einigen ausgewählten High-School-Absolventen eine hervorragende Gelegenheit. Es richtet sich in erster Linie an Schüler, die einer ethnischen Minderheit angehören. Im Rahmen des UTP besuchen die Teilnehmer nach dem High-School-Abschluß ein College, um einen Abschluß in Informatik, Elektro- oder Computeringenieurwesen, Mathematik oder

Fremdsprachen (je nach Sprachenbedarf der NSA) abzulegen. Die Studenten sind von College-Gebühren befreit und beziehen ein ganzjähriges Gehalt. Sie arbeiten während der Sommerferien und werden nach ihrem Abschluß von der NSA garantiert in ein Vollzeitarbeitsverhältnis übernommen. Die Teilnehmer verpflichten sich, nach ihrem College-Abschluß zumindest für die eineinhalbfache Dauer ihrer Studienzeit bei der NSA zu arbeiten. Dieses Programm ist zugangsbeschränkt.

Programme auf High-School-Ebene

Die NSA fördert zwei Programme für High-School-Schüler:

Arbeits- und Lernprogramm für High-School-Schüler. High-School-Schüler können bei der NSA eine Teilzeitanstellung erhalten. Sie arbeiten während ihres letzten Schuljahres zwischen sechzehn und fünfundzwanzig Wochenstunden und erhalten viele der Vergünstigungen ihrer College- und Vollzeitkollegen. Das Programm vermittelt den Teilnehmern praktische Erfahrungen auf den Gebieten Büroorganisation, Computerhandhabung sowie Rechnungs- und Buchführungswesen.

Begabtenförderungsprogramm. Dieses Sommerprogramm (zweiunddreißig Wochenstunden) ermöglicht außergewöhnlich talentierten Studenten der unteren und oberen Jahrgänge eine Zusammenarbeit mit den Besten der NSA in den Bereichen Mathematik, Informatik und Ingenieurwesen. Die Tutoren übernehmen die Verantwortung dafür, daß die Schüler ihre technischen Fähigkeiten weitestmöglich entwickeln.

Wie in den meisten staatlichen Beschäftigungsverhältnissen sind auch die Vergünstigungen durch die NSA äußerst großzügig bemessen. Sie erstrekken sich auf alle Programme, einschließlich jener für Teilzeitkräfte und Schüler. Die Gehälter liegen ähnlich wie die in der privaten Wirtschaft oder sogar höher. Viele der Positionen auf College-Ebene beinhalten die Befreiung von Studiengebühren, Reisekostenerstattung und eine ständige berufliche Fortbildung. Nicht zu verachten ist schließlich auch das hübsche Abzeichen.

FALL X-3.11

Codename: ›Offenbarung‹

ZUSAMMEN-FASSUNG

Scully glaubt, die an Stigmata erinnernden Verletzungen eines kleinen Jungen aus Ohio könnten übernatürlichen Ursprungs sein, aber diesmal ist Mulder skeptisch. Dafür sind beide in einem anderen Punkt derselben Meinung: Der Junge hat die Liste der Opfer eines Serienmörders, der abnormalen religiösen Überzeugungen anhängt, zusammengestellt.

HINTERGRUND

Zwischen Tatsache und Glaube

Der unselige Reverend Findley erklärte: »Wunder sind wunderbar aus sich selbst heraus. Sie bedürfen weder einer verstandesmäßigen Erklärung noch einer Rechtfertigung.« Damit stieß er bei seinen überzeugten Anhängern auf offene Ohren. Der Mehrheit fällt dagegen ein derart bedingungsloser Glaube – sei es an die Wissenschaft oder in einem höheren Zusammenhang – schwer. Sobald wir mit etwas Unerklärlichem wie den Stigmata oder sogar mit der noch schwerer faßbaren Frage nach der Heiligkeit konfrontiert werden,

ZITAT

»Entweder ist er ein psychotischer religiöser Fanatiker, der ganz versessen darauf ist, seine Irrungen der Welt mitzuteilen, oder ein weniger problematischer Psychopath, der einfach einen mörderischen Haß auf die Kirche hat. Vielleicht ist er auch nur ein enttäuschter Ministrant.«

– Fox Mulder

schaltet sich unsere angeborene Neugier ein und fragt nach dem Wie und dem Warum.

Wären Male wie die Stigmata nur in religiösen Geschichten vorgekommen oder hätten sich ebensowenig quantifizieren lassen wie ein Gebet, dann wären sie wahrscheinlich für immer ein streng spirituelles Thema geblieben. Tatsächlich betrachteten die ersten weltlichen Untersuchungen des Phänomens auch nicht die Stigmata als solche, sondern konzentrierten sich auf eine Reihe von Vorfällen, bei denen Menschen von Persönlichkeitsstörungen betroffen waren.

Nach einer hypnotischen Rückführung in ihr früheres Leben wies Ann Dowling deutliche Blutergüsse auf, als sie wieder in den Wachzustand zurückkehrte. Diese Blutergüsse standen mit dem gewaltsamen Tod ihres ›früheren Ichs‹ Sarah Williams in Zusammenhang. Die renommierteste medizinische Fachzeitschrift Großbritanniens, *The Lancet*, berichtete von einem Armeeoffizier, der geträumt hatte, er wäre gefesselt worden, und mit tiefen blutigen Striemen an beiden Armen erwachte.

Der Verdacht, daß sich die Betroffenen die Verletzungen selbst zugefügt hatten, wurde in Tests, deren Methoden sowohl Mulders als auch Scullys Erwartungen voll entsprochen hätten, widerlegt.

Ein anderer, von den Medien ausführlich dokumentierter Fall betraf ein berühmtes Opfer der multiplen Persönlichkeitsstörung. Chris Sizemore (die Eve in *Die drei Gesichter der Eve*) konnte sich in normalem geistigem Zustand zwar schemenhaft an ein traumatisches Erlebnis aus ihrer Kindheit erinnern. Als sie geistig in jene Zeit zurückversetzt war, erlebte sie den Tag, an dem ihr Kleid Feuer gefangen und sie sich Brandwunden zugezogen hatte, deren Narben annähernd vierzig Jahre lang sichtbar blieben, in allen Einzelheiten nach. Die erwachsene Chris wälzte sich

RÄTSEL 12

Leichte Fragen: Notieren Sie sich 1 Punkt für jede richtige Antwort.

1. **Was ist an Reverend Findleys ›Sakristei‹ ungewöhnlich?**
2. **Wie beschreibt Mulder den Entführer von Kevin, Owen Jarvis?**
3. **Was findet Scully zwischen den Brandmalen an Owens Hals?**
4. **Welcher kaum wahrnehmbare Geruch geht nach Scullys Meinung von Owen Jarvis' Leichnam aus?**
5. **Was stellt Simon Gates mit dem Türgriff an Kevin Kreiders Haus an?**

Es wird schwieriger: Notieren Sie sich 2 Punkte für jede richtige Antwort.

6. **Wo predigt Reverend Findley?**
7. **An welcher ungewöhnlichen Krankheit leidet Gates nach Mulders Meinung?**
8. **Wie gelangt Simon Gates in das Badezimmer des Motels?**
9. **Wo befinden sich Kevins Verletzungen?**
10. **Wohin wird Scully durch Mr. Kreidlers rätselhaften ›Kreislauf‹-Kommentar geführt?**

ANTWORTEN

1. Der Schminktisch und die Lichter
2. Als Homer Simpsons bösen Zwillingsbruder
3. Fingerabdrücke
4. Der Duft von Blumen
5. Er bringt ihn durch seine Berührung zum Schmelzen.

---

6. In der First Church of Redemption in Waynesburg, Pennsylvania
7. Am Jerusalem-Syndrom
8. Er biegt die außen am Fenster angebrachten Gitterstäbe auseinander.
9. An seinen Händen und an der Seite
10. Zu Simon Gates Recyclingeinrichtung, der *21st Century Recycling Plant* (dt. ›Recyclingfabrik des 21. Jahrhunderts‹)

Ihre Punktzahl:

auf dem Boden, versuchte, die unsichtbaren Flammen zu ersticken, und schrie nach ihrer Mutter. Ihrer tatsächlichen Umgebung war sie sich in dieser Situation nicht mehr bewußt. Angehörige stellten anschließend entsetzt fest, daß sich die Haut rund um die ursprünglichen Brandwunden herum dunkelrot verfärbt hatte. Die alten Narben warfen Blasen und entzündeten sich. Kalte Tücher, die man auf die ›Wunden‹ legte, begannen zu dampfen.

Die Angst und die Qual, die Chris und die anderen empfanden, waren zweifellos echt. Die einzige Verbindung zwischen ihnen besteht darin, daß sie sich gelegentlich von ihrem ›normalen‹ Bewußtseinszustand entfernten. Teilweise aufgrund der Erfahrungen mit Eve begannen Psychologen andere Personen mit multiplen Persönlichkeitsstörungen zu untersuchen. Nur wenige Fälle erwiesen sich als so spektakulär wie der von Chris, aber Dutzende zeigten ähnliche physiologische Eigentümlichkeiten. Clair Beauville zum Beispiel entwickelte eine chronische Schuppenflechte. Kaum eine Stunde nach deren Auftreten trug ihr anderes Ich, Candy Belle, nach wie vor eine makellos rosafarbene Haut zur Schau. Robert Connerys Allergie gegen Hundehaare war medizinisch belegt, aber jedes seiner dreizehn alter Egos hätte problemlos beim örtlichen Tierarzt arbeiten können.

Verlauf und Ausprägung des Phänomens der Stigmatisation wurden bereits ausführlich dokumentiert. Kein Forscher, der diese Bezeichnung verdienen will, kann ihre lange Tradition ignorieren. Worin auch immer sie ihren Ursprung hat – die Stigmatisation ist ein offensichtlich unerklärliches physiologisches Phänomen. Gebet und Meditation wurden unter Laborbedingungen als veränderte Bewußtseinszustände nachgewiesen. Bedenkt man, daß Stigmatisierte oft ›mit einer anderen Stimme‹ sprechen und sich an religiöse Erfahrungen häufig Amnesie und Selbstanrede in der dritten Person anschließen, erkennt man die Parallelen zwischen Stigmatisation und multipler Persönlichkeitsstörung deutlich.

Der übersinnliche Charakter, den einige große Religionen der Stigmatisation zuschreiben, hätte dieses Phänomen womöglich auch weiterhin der wissenschaftlichen Erforschung entzogen, wäre es nicht zu einem bedeutsamen Ereignis gekommen. Eine an multipler Persönlichkeit leidende Frau hielt sich über Ostern im Haus ihres behandelnden Arztes, Dr. Lechler, auf. Die Frau, die wir zur Wahrung ihrer Anonymität Anna nennen wollen, hatte zusätzlich zu den üblichen Symptomen der multiplen Persönlichkeitsstö-

rung (MPS) eine ausgeprägte Neigung zur Hypochondrie. Immer wenn sie sich mit einer belastenden Situation konfrontiert sah – zum Beispiel einem Besuch bei ihrer Familie oder einer Entscheidung über ihre weitere Behandlung –, entwickelte sie Krankheitssym-

ST. IGNATIUS

Auch eine gewissenhafte Suche nach einem Hinweis auf St. Ignatius in der Bibel wird sehr wahrscheinlich ergebnislos bleiben. Von den beiden Heiligen dieses Namens in der Neuzeit fand der eine Zugang zur Religion, nachdem ihn eine Kanonenkugel getroffen hatte, der andere war der Nachfolger von Petrus als Oberhaupt der römisch-katholischen Kirche. Keinem von beiden wird die Fähigkeit zugeschrieben, an zwei Orten gleichzeitig sein zu können.

SCHUTZENGEL

***Akte X* könnte dafür verantwortlich sein, daß Owen wieder zu einem beliebten Vornamen wird. Das liegt an den ›Schutzengeln‹ in *Akte X,* die in irgendeiner Form Owen hießen. Ein Owen hatte über Kevin zu wachen; die Krankenschwester Owens kümmerte sich wundervoll um ihren Schützling Scully.**

ptome. Einmal hustete sie sogar plötzlich Blut, als hätte sie sich mit TBC infiziert. Nachdem Anna einer österlichen Lesung über die Kreuzigung beigewohnt hatte, war Dr. Lechler verständlicherweise beunruhigt.

Nicht zu Unrecht.

Binnen weniger Stunden klagte sie über Schmerzen in Händen und Füßen.

Da die Patientin ihre Zustimmung zu einer Hypnosetherapie gegeben und sich bereits vielen Sitzungen zur Diagnose und Behandlung ihrer Krankheit unterzogen hatte, entschied Dr. Lechler, etwas Neues auszuprobieren, um den Grad ihrer Beeinflußbarkeit herauszufinden. Statt zu versuchen, Annas ›Anfall‹ durch hypnotische Suggestion Herr zu werden, riet er ihr, weiterhin an die Lesung zu denken und sich dabei auf eine vertraute Person zu konzentrieren – den heiligen Franziskus, den vielleicht berühmtesten Stigmatisierten. Als er sie am nächsten Morgen wiedersah, setzte er sie sofort unter Hypnose und forderte sie auf, von ihren Gedanken zu berichten. Auf ihren Hand- und Fußrücken, in den Handflächen und an den Fußsohlen waren offene Wunden aufgetreten.

Vielleicht weil er Gewissensbisse verspürte, erklärte Dr. Lechler Anna zunächst, wie schwierig es sei, der Stigmatisation den ihr zukommenden Stellenwert innerhalb der Forschung zu verschaffen. Dann legte er ihr ausführlich dar, was seiner Meinung nach in dem noch unerforschten Bereich ihrer Gedankenwelt vor sich ging. Erwiesenermaßen war Anna, obwohl sie unter multipler Persönlichkeitsstörung, Hypochondrie und depressiven Anfällen litt, eine willensstarke Frau. Sie ertrug nicht nur die einschneidende Veränderung, die ihre Behandlung seit jenem Tag erfahren hatte, sondern ermutigte Dr. Lechler auch, alle notwendigen Schritte zu unternehmen, um diese mysteriösen Ereignisse in einen mit traditionellen Mitteln besser kontrollierbaren Rahmen zu bringen.

Sozusagen auf Stichwort von Dr. Lechler bluteten Annas Hände und Füße während der nächsten Monate mehrmals; blutige Tränen rannen über ihre Wangen, an ihrem Kopf erschienen Verletzungen von einer eingebildeten ›Dornenkrone‹, und ihre Schultern schmerzten von dem imaginären Kreuz, das sie schleppte. Angesichts der Tatsache, daß ihr diese ›Wunden‹ psychosomatischen Ursprungs heftige Schmerzen bereiteten, leuchtet Annas Wunsch, ihre Situation zu begreifen, ein. Ihr Interesse daran ließ sich mit dem von Dr. Lechler auf eine Stufe stellen und räumte den Verdacht auf absichtliche Selbstverstümmelung aus.

Versuchsreihen mit unzähligen Freiwilligen über einen Zeitraum von zehn Jahren haben zweifelsfrei bewiesen, daß Stigmatisation tatsächlich stattgefunden hat. Im Gegensatz zu Reverend Findley aus *Akte X* mit seinen IV-Beuteln und -Sonden hatte jedoch keiner der untersuchten Stigmatisierten etwas gegen eine Beobachtung einzuwenden. Niemand zeigte das geringste Interesse daran, irgendwelche Symptome zu simulieren oder im Blickpunkt der Öffentlichkeit zu stehen – das absolute Gegenteil war der Fall.

Die große Mehrheit der Wissenschaftler gehört irgendeiner Religion an. Die erwähnten Untersuchungen konnten auch den Glauben des katholischen Dr. Lechler – oder den Annas – in keinster Weise unterhöhlen.

Unbestreitbar ist, daß Stigmata in Zusammenhang mit anderen Syndromen entstehen, aber der *Mechanismus*, der das spontane Auftreten offener Wunden bewirkt und sie in einem Bruchteil der medizinisch erforderlichen Zeit wieder verheilen läßt, ist noch nicht ausreichend erforscht. Der Ausspruch »Art, heilt Euch selbst« erhält im Licht dieser Erkenntnisse eine veränderte Bedeutung.

STIGMATISIERTE

Von den dreihundertdreißig Personen, die als Stigmatisierte überliefert sind, wurden sechzig – die auch noch mit anderen mystischen Ereignissen in Zusammenhang stehen – von der römisch-katholischen Kirche heilig- oder seliggesprochen.

FEHLERHINWEIS!

Das Thermometer, das Kevin Kreidler so beiläufig in den Mund geschoben wurde, hatte ein deutlich sichtbares, leuchtendrotes Ende. Dadurch war es als Thermometer für *rektale* Temperaturmessung ausgewiesen, was aber weder die Lernschwester noch Dr. Scully zu bemerken schienen.

Nur in einzelnen Fällen kann der Glaube an eine die Materie beherrschende Psyche als Erklärung für die zahlreichen Fälle von Stigmatisation herangezogen werden. Der unbestechliche Charakter Heiliger, der Duft nach Blumen, den man ihren Aufenthaltsorten zuordnet, die Heilungen an Orten, die mit ihnen in einer bestimmten Verbindung stehen, und andere Zeichen der Gnade können nicht lediglich den Hirngespinsten von Menschen zugeschrieben werden, die längst tot sind. Da wir offenbar alle so empfänglich für Vermutungen sind, daß wir die Vorfälle mit unserer eigenen Vorstellungskraft am Leben erhalten, ist die Frage nach der Realität eines Wunders möglicherweise irrelevant, wird der Glaube zu einer eigenständigen Kraft.

FALL X-3.12

Codename: ›Krieg der Koprophagen‹

ZUSAMMENFASSUNG

Um den Unannehmlichkeiten zu entfliehen, die die Desinfektion seiner Wohnung mit sich bringt, begibt sich Mulder zu seinem alten Lieblingsort in Vineyard. Scullys freie Stunden werden wiederholt von den Nachforschungen ihres Partners über ›Killerschaben‹ unterbrochen. Als sich die Todesfälle häufen, regt sich sogar in Scully der Verdacht, daß auf der Insel etwas nicht stimmen könnte.

HINTERGRUND

Es gibt nichts Schöneres als eine kleine Massenhysterie ...

... um eine Gemeinschaft zu gemeinsamem Handeln zu bringen. Ob deren Mitglieder dann beschließen, auf der Straße zu tanzen, sich imaginäre Wunden aufzukratzen

ZITAT

»Scully, wenn es eine außerirdische Zivilisation gibt, die technologisch so weit fortgeschritten ist, daß sie künstlich-intelligente Raumschiffe bauen kann, die in die entferntesten Winkel des Alls vorstoßen, warum sollten sie dann nicht fähig sein, die Gewinnung von Methangas aus Dung zu perfektionieren? Auf einem von Dung produzierenden Lebewesen wimmelnden Planeten könnten sie sich damit eine ergiebige und nie versiegende Energiequelle erschließen.«

– Fox Mulder

Eine der bekanntesten Massenhysterien löste Orson Welles' Hörspielklassiker Krieg der Welten aus. In ›Krieg der Koprophagen‹ (dt. ›Krieg der Kotfresser‹) erwies das X-Team Welles Anerkennung, denn die Ereignisse finden in Miller's Grove statt, und das befindet sich sozusagen auf der anderen Straßenseite von Grover's Mill, wo Welles' Erzählung spielt.

oder unschuldige kleine Küchenschaben zu massakrieren – wie es die Bewohner von Grover's Mill taten – scheint nicht von Bedeutung zu sein, solange es nur *en masse* geschieht.

Seit Jahrhunderten haben sich die Menschen zusammengerottet, um Unerklärliches zu tun. Einer der ersten dokumentierten Vorfälle ereignete sich im 13. Jahrhundert in dem kleinen italienischen Dorf Thepilia. In der Meinung, von Scharen umherwandernder Taranteln gebissen worden zu sein, strömten die Dorfbewohner auf die Straßen, schrien, schüttelten sich heftig und *tanzten* in etlichen Fällen wie wild herum. Jeder zehnte Betroffene wurde von Krämpfen geschüttelt; kaum jemand blieb frei von Symptomen. Merkwürdigerweise kam niemals eine Spinne zum Vorschein.

Die Bevölkerung von Thepilia, die zu jener Zeit aus wenig mehr als tausend Menschen bestand, unternahm weiterhin Reisen, trieb Handel und knüpfte Kontakte mit anderen Orten. Es dauerte nicht lange, bis sich die ›Zustände‹ auf angrenzende Gemeinden übertragen hatten. In Gegenden, in denen man noch nie eine Tarantel gesehen hatte, wurde diese *Tanzwut* als ›Veitstanz‹ bekannt. Die Raserei, das Herumspringen, die krampfhaften Zuckungen und natürlich das Tanzen hielten unvermindert an. Gegen Ende des Jahrhunderts gab es in Europa kein einziges Land, in dem nicht Fälle von Veitstanz zu beobachten gewesen wären, aber die Verbindung zur Tarantel war praktisch in Vergessenheit geraten.

Im Jahre 1634 ereignete sich in Indien ein besonders spektakulärer Fall von Massenwahn. Der brutale Mord an der betagten Großmutter Idhiri Anwarahadrani, begangen von einer Gruppe junger Männer, hatte in der örtlichen Gemeinschaft bereits für erhebliche Unruhe gesorgt. Die Tatsache, daß das Verbrechen an einem heiligen Ort, in einem der Tempel, geschehen war, ließ das Ereignis noch schrecklicher erscheinen. Während des Begräbnisses fiel zu allem Unglück auch noch Idhiris Enkelsohn in Ohnmacht und kam erst nach drei Tagen wieder zu Bewußtsein. Nachdem er erwacht war, verkündete er eine Vision, die er angeblich während seines Komas gehabt hatte: Seine Großmutter wolle an der ganzen Stadt Rache üben, weil ihre Mörder, Söhne einer Familie aus der obersten Kaste, nicht bestraft worden seien. Die Bevölkerung der Stadt wurde daraufhin von einer kollektiven Angstwelle überrollt.

Zuerst bemerkten es Freunde von Idhiri Anwarahadranis Familie, anschließend ihre Hausangestellten, dann Nachbarn; zuletzt behauptete beinahe das ganze Dorf, Idhiris Rufe gehört zu haben – wenn ihr Tod nicht gesühnt werde, würden alle mit Blindheit geschlagen werden! Sogar völlig gesunde Erwachsene, die von außerhalb in das Dorf kamen, schlossen sich der Behauptung an, nachdem sie im Tempel gewesen waren. Es überrascht kaum, daß die Jugendlichen, die in den Mord verwickelt gewesen waren, tot aufgefunden wurden und daß die Heimsuchung der Stadt kurz danach aufhörte.

Um Zugang zu den Mechanismen zu erhalten, durch die Gruppenwahn *vermutlich* ausgelöst wird, müssen wir bei der Manipulierbarkeit des Individuums ansetzen. Es ist nachvollziehbar, daß bestimmte Gruppen wie geistig schwache, ungebildete oder auch leichtgläubige Menschen in einer extremen Situation von der Gemeinschaft mitgerissen werden können. Das erklärt aber auch nicht ansatzweise, weshalb ganze Ortschaften, die ja ein breites Spektrum von Persönlichkeiten umfassen, in ihrer Gesamtheit betroffen sein können.

Eine im Jahre 1992 abgeschlossene Studie belegt relativ überzeugend, daß praktisch jeder dazu gebracht werden kann, konträr zu seinen eigentlichen Überzeu-

Rätsel 13

Leichte Fragen: Notieren Sie sich 1 Punkt für jede richtige Antwort.

1. **Für welche Firma arbeitet der Kammerjäger?**
2. **Warum ist Mulder in Massachusetts?**
3. **Auf welchen Film nehmen die Personen in dieser Episode häufig Bezug?**
4. **Welches Shampoo bevorzugt Scully für ihren Hund?**
5. **Was ist an dem Insektenskelett, das Mulder findet, ungewöhnlich?**

Es wird schwieriger: Notieren Sie sich 2 Punkte für jede richtige Antwort.

6. **Welche Todesursache vermutet Scully bei dem Arzt, der im Badezimmer gefunden wird?**
7. **Wie heißt Dr. Berenbaum mit Vornamen?**
8. **Was verbrennen die Jungen in ihrem selbstgebastelten ›Labor‹?**
9. **Was ist an dem Insekt, das Mulder als Muster besorgt hat, seltsam, abgesehen davon, daß es ›wie ein Schmetterling aufgespießt‹ ist?**
10. **Wie lautet der Slogan der Firma Dr. Eckerle's Company, Alt-Fuels Inc.?**

Antworten

1. Für die Firma Kammerjäger Dr. Bugger
2. Er will einige Lichterscheinungen am Himmel erforschen, um der Desinfektion seiner Wohnung zu entfliehen.
3. *Planet der Affen*
4. *Die, Flea, Die!* (dt. Stirb, Floh, stirb!)
5. Es scheint aus Metall zu sein.

---

6. Gehirnaneurysma, hervorgerufen durch zu große Anstrengung
7. Bambi
8. Dung. Sie wollen über den Rauch Methan gewinnen.
9. Es ist mechanisch.
10. »Abfall sollte nicht verschwendet werden.«

Ihre Punktzahl:

gungen zu handeln. Dazu bedarf es keiner Form von Gehirnwäsche im herkömmlichen Sinne (also durch chemische Mittel, Entzug von Sinneswahrnehmungen oder körperliche Mißhandlung).

Während eines Experimentes, bei dem vorgegeben wurde, es solle die Wirkung verschiedener Analgetika (schmerzstillende Mittel) getestet werden, befanden sich vierzehn Testpersonen in einem Raum. Sie erhielten Schaltknöpfe, mit denen sie, wie sie glaubten, elektrische Stromstöße an vierzehn Freiwillige, die sich auf der anderen Seite des Raumes befanden, absenden konnten. In Wirklichkeit waren die Knöpfe Attrappen und die vierzehn ›Freiwilligen‹ Schauspieler aus einer örtlichen Theatergruppe. Von Zeit zu Zeit schlenderten vier ›Ärzte‹ zwischen den Reihen hindurch, prüften scheinbar die Verfassung der Probanden und versicherten den Testpersonen, daß alles in Ordnung sei. Auf

---

»WAS IST – FRÜHSTÜCK BEI TIFFANY?«

Haben Sie bemerkt, was Scully in dieser Episode liest? Frühstück bei Tiffany, einen Roman, den David Duchovny nicht so schnell vergessen wird. Seine Teilnahme an einer Prominentenrunde der Sendung ›Jeopardy‹, in der er gegen Stephen King und Lynn Redgrave antreten mußte, begann für ihn zunächst sehr vielversprechend. Klar in Führung liegend, legte er ein Allgemeinwissen an den Tag, das in diesem Umfang bei Schauspielern, deren Karriere oft wenig Zeit für andere Interessen läßt, eher selten anzutreffen ist. Das Themengebiet der Finalrunde von ›Jeopardy‹ schien Duchovny, der einen Magister in englischer Literatur hat, wie auf den Leib geschnitten, und alles deutete auf einen haushohen Sieg hin. Welcher Anglistikabsolvent – der noch dazu aus New York stammte – würde bei den Begriffen ›Capote‹ und ›berühmtes Hotelrestaurant‹ nicht sofort auf Frühstück bei Tiffany kommen? Doch David Duchovny hatte offenbar einen Blackout. Seine Spielpartner liefen ihm in letzter Sekunde den Rang ab.

Anweisung der ›Ärzte‹ wurden die Testpersonen dazu gebracht, Stromstöße in einer Stärke auszuteilen, welche die ihnen zuvor als ungefährlich beschriebenen Höchstgrenzen weit überschritt – obwohl eine Schauspielerin sehr überzeugend einen Herzanfall simulierte.

Nur ein einziger aus der Gruppe der Testpersonen, die sich aus sieben Ärzten, zwei Krankenschwestern, zwei Feuerwehrmännern und drei Geistlichen zusammensetzte, weigerte sich, die Testreihe bis zum Ende durchzuführen.

In Auswertungsgesprächen nach Abschluß der Tests wurden die Teilnehmer einzeln gefragt, weshalb sie bereit gewesen waren, ihren Mitmenschen etwas anzutun, das diesen doch offensichtlich erhebliche Schmerzen zugefügt habe. Dabei ergaben sich eine Reihe übereinstimmender Antworten. Als erstes gaben die Testpersonen an, sie hätten uneingeschränktes Vertrauen in die berufliche Kompetenz der ›Ärzte‹ gehabt, die den Test durchgeführt und überwacht hatten. Zweitens glaubten alle, im Dienst eines ›höheren Zieles‹ gehandelt zu haben. In diesem Glauben waren sie dadurch bestärkt worden, daß ihre ›Tester-Kollegen‹ im öffentlichen Dienst der Gemeinde standen und dort angesehene Positionen bekleideten. Drittens fühlten sich die Testpersonen einem starken Druck ausgesetzt, das ihnen auferlegte Problem lösen zu müssen. Erst der an vierter Stelle genannte Grund dürfte der triftigste gewesen sein: Keiner der Freiwilligen habe den Versuch unternommen, sich aus seiner mißlichen Lage zu befreien. Letzteres sowie der Einfluß der falschen Ärzte hatte die Testpersonen zusätzlich in ihrem Glauben an die Dringlichkeit des Experimentes bestärkt. Die Beobachtungen legen den Gedanken nahe, daß selbst vernünftige Menschen wider besseres Wissen handeln, wenn ein gemeinschaftliches Interesse im Spiel ist.

Die Bewohner der Gegend um Vancouver herum haben wahrscheinlich geschmunzelt, als sie auf der Rückseite des Rollstuhls den Schriftzug G. F. Strong lasen. G. F. Strong ist ein Rehabilitationszentrum in Vancouver.

Allerdings ist dieses gemeinschaftliche Interesse nicht immer klar ersichtlich.

Zwei Wochen nach Beginn des Krieges am Persischen Golf litten sechzehn Schüler und fünf ihrer Lehrer an völlig unerklärlichen Symptomen, darunter sogar erhöhten Kohlendioxydwerte im Blut. Die Symptome verschwanden wieder, als die Schule beschloß, den Krieg erst nach seinem Ende in der Unterrichtsstunde Aktuelles Zeitgeschehen zu behandeln.

Weil in vielen Fällen von Massenhysterie auch Elemente von Hypochondrie eine Rolle spielen, untersuchen Psychologen heutzutage verstärkt die Frage, ob gehäufte Fälle universaler Allergien und das verbreitete Syndrom chronischer Müdigkeit zum Teil auf die Schnellebigkeit unserer modernen Welt und auf Zukunftsängste zurückzuführen sind.

Der bekannteste Fall der letzten Zeit ereignete sich in Berry im Bundesstaat Alabama. Die etwa vierhundert Kinder dieser Gegend besuchten – wie sollte es anders sein? – die Elementary School in Berry, eine ganz und gar gewöhnliche Schule, an der es bis 1973 nicht die geringste Unregelmäßigkeit gegeben hatte.

Am 11. Mai jenes Jahres aber änderte sich das schlagartig. Drei Lehrer und siebzig Schüler wurden in das Fayette-County-Krankenhaus eingeliefert, zwanzig von ihnen bewußtlos. Zwischen Ohnmacht und Erbrechen schrien die anderen und zerkratzten sich die Haut. Noch vor Ende des Tages sollten weitere beängstigende Symptome auftreten, darunter Taubheit und Lähmungen. Zu dem Zeitpunkt, als die ersten entsetzten Eltern in der Klinik eintrafen, bluteten einige Kinder aus einer Vielzahl von offenen Kratzwunden stark. Weil zunächst keine Ursache festgestellt werden konnte, unterzogen die örtlichen Behörden sämtliche Bereiche einer intensiven Untersuchung. Man zog verschiedene Ursachen in Erwägung, unter anderem den

Kontakt mit Giftstoffen, eine neue, mysteriöse Form der Legionärskrankheit, Insektenschwärme und Verstrahlung.

Als sich der Zustand der Kinder zu stabilisieren schien und keine neuen Symptome mehr auftraten, begannen Psychologen mit einer Befragung. Eine bizarre kleine Geschichte kam schließlich ans Licht: Alles hatte mit einem Mädchen begonnen, das nicht hatte stillsitzen können ...

Wie aus einer Zusammenfassung der Berichte hervorgeht, war die Schülerin der fünften Klasse wieder in die Schule gekommen, nachdem sie sich von einem Hautausschlag erholt hatte. Der von der Krankheit zurückgebliebene Juckreiz veranlaßte sie aber, sich gelegentlich zu kratzen. Dadurch ging das Jucken in ein Brennen über, und sie kratzte sich noch mehr. Schließlich störten die Verrenkungen, die sie vollführte, den Unterricht, und die Lehrerin forderte sie auf, sich nach draußen in die Aula zu begeben. In der anschließenden Pause scharten sich ihre Freundinnen um sie, und nach kurzer Zeit waren alle damit beschäftigt, sich wie wild zu kratzen. Da sämtliche Versuche, die Ursache des unbändigen Juckreizes abzuwaschen, erfolglos blieben und einige der Mädchen in Panik gerieten, versammelten sich zahlreiche neugierige Kinder im Waschraum. Alle wollten die Ursache für die Aufregung erfahren. Zur Mittagszeit saßen bereits in jedem Klassenzimmer einige Kinder, die sich heftig kratzten. Versuche, den Juckreiz durch Abreiben mit Alkohol zu lindern, reizten die geschundene Haut noch mehr, und bevor irgend jemand realisierte, was tatsächlich vor sich ging, hatte es die Schule mit Dutzenden von schreienden Kindern zu tun. Da ging den Verantwortlichen allmählich auf, daß sie Zeugen einer Massenhysterie waren.

Schritt für Schritt sondierten Mediziner mögliche

FEHLERHINWEIS!

Thomas Crapper hat die Toilettenspülung nicht ›erfunden‹. Bereits die Römer besaßen vor gut zweitausend Jahren Toiletten mit Wasserspülung. Crapper hat es uns allerdings ermöglicht, zu Bett zu gehen, ohne die ganze Nacht Wasserrauschen hören zu müssen. Er erfand jenes Teil, das den Wasserstrom nach dem Spülvorgang wieder stoppt. Wenn Sie alles über diese Erfindung erfahren wollen, schlagen Sie nach in Flushed with Pride: The Story of Thomas Crapper von Wallace Reyburn.

Gründe für die ›Epidemie‹. Die Vorfälle hatten vor dem Mittagessen begonnen – das bedeutete, daß eine giftige Substanz in der Verpflegung ausgeschlossen werden konnte; Wasser kam als Ursache ebenfalls nicht in Frage, denn nicht alle Kinder, bei denen Symptome aufgetreten waren, hatten den Versuch unternommen, sich an den Brunnen der Schule oder im Waschraum zu reinigen. Abgesehen von einigen Schülern, die erhöhte Temperatur hatten, war kein Fieber aufgetreten, und Blutuntersuchungen hatten keinerlei Abnormitäten ergeben – dadurch konnte eine Infektion durch Bakterien oder Viren ebenfalls mit hoher Wahrscheinlichkeit ausgeschlossen werden. Die Tatsache, daß sich einige der Schüler überraschend schnell erholten, brachte die Ärzte letztendlich zu der Überzeugung, daß die Erkrankung auf keiner biologischen Ursache beruhte.

Was blieb also übrig?

Allergien? Siebzig Schüler und sechs Lehrer, die zur gleichen Zeit von der gleichen Allergie befallen worden waren, hätten an sich schon ein medizinisches Wunder dargestellt. Aber darüber hinaus ergab die Untersuchung der Kratzspuren, daß nur bestimmte Körperstellen von dem Juckreiz betroffen waren. Bei einer Allergie, die keine Kontaktallergie ist, kommt dies in der Regel nicht vor.

Giftige Substanzen? Raumluft, Wasser, Schmutzpartikel, Staub, im Gebäude verwendete Baustoffe, Bodenbelag – alles, was nur im geringsten Gift hätte enthalten können, wurde Untersuchung ins Labor geschickt.

Ergebnislos.

Die Untersuchung der Vorfälle an der Schule in Berry ist heute noch nicht abgeschlossen, aber niemand erwartet ernsthaft, daß ein einzelner Auslösefaktor – sei es eine Tarantel oder eine Küchenschabe – gefunden wird.

Die erstaunliche Küchenschabe

Zwar mag die Küchenschabe kein Musterexemplar für außerirdische Wesen sein, aber sie ist ein ausgesprochen bizarres Geschöpf. Einige Beispiele:

- Wie drückt eine Küchenschabe ihr Mißfallen aus? Genau wie der Mensch: Sie besitzt Speicheldrüsen und spuckt, wenn sie gereizt wird! Tatsächlich nimmt sie auch, wie Dr. Bambi uns erzählt hat, ein Bad, wenn sie von einem Menschen angefaßt worden ist.
- Küchenschaben haben achtzehn Knie.
- Sie können eine ganze Woche ohne Wasser und einen Monat ohne Nahrung überleben.
- Die größte Schabe der Welt ist in Südamerika beheimatet. Sie kann eine Länge von über fünfzehn Zentimetern und eine Flügelspannweite von mehr als dreißig Zentimetern erreichen.
- Möchten Sie eine Küchenschabe aus der Fassung bringen? Strahlen Sie sie mit rotem Licht an; in rotem Licht sieht sie nichts.
- Eine Schabe kann vierzig Minuten lang den Atem anhalten.
- Die durchschnittliche amerikanische Küchenschabe legt in einer Stunde knapp fünf Kilometer zurück.
- Haben Sie jemals eine weiße Küchenschabe gesehen, ähnlich der in der letzten Szene von ›Krieg der Koprophragen‹? Sie hatte sich gerade gehäutet.

Dr. Buggers Vertreter verwechselte in den Schulungsunterlagen den Abschnitt über die geologischen Zeitalter. Küchenschaben sind über zweihundertachtzig Millionen Jahre alt und damit in der Ära des Karbon anzusiedeln.

Nachdem man das Hundeshampoo ›Die, Flea, Die!‹ und das Insektenspray ›Die, Bug, Die!‹ gesehen hat, muß man sich fragen, ob Darin Morgan von dem abscheulichen Horrorfilm ›Die, Monster, Die!‹ beeinflußt wurde.

- Das Schiff *H.M.S. Bounty* war ein Luxushotel für Schaben. Kapitän Bligh mußte es mit kochendem Wasser desinfizieren.
- Küchenschaben galten in Europa als Glücksbringer und waren ein weitverbreitetes Geschenk bei Hauseinweihungsfeiern.
- Wie Scully sagte: Es gibt Menschen, die eine Allergie gegen Küchenschaben entwickeln. Zwar besteht auch die Möglichkeit eines anaphylaktischen Schocks, aber üblichere Symptome sind Hautreizungen und Atembeschwerden.
- Das Herz einer Küchenschabe besteht lediglich aus einer Röhre mit Ventilen zu beiden Seiten; darüber wird das Blut vor- und zurückgepumpt. Trotzdem wird auf dem Totenschein einer Schabe als Todesursache niemals Herzversagen stehen – der Herzschlag kann monatelang aussetzen, ohne daß die Schabe dadurch beeinträchtigt wird.
- Eine Küchenschabe kann eine ganze Woche ohne Kopf weiterleben. Sie stirbt schließlich nur, weil sie ohne Maul kein Wasser aufnehmen kann.

FALL X-3.13

Codename: ›Energie‹

ZUSAMMENFASSUNG

Bei der Untersuchung eines Satanskultes müssen sich Mulder und Scully nicht mit den üblichen gehörnten Ungeheuern, Pentagrammen und mitternächtlichen Schwarzen Messen herumschlagen. Statt dessen stoßen sie auf einen quälenden Geruch, verrückte Fernsehgeräte, ›todsichere‹ Federmechanismen an Garagentoren – und auf zwei junge Mädchen, die am treffendsten mit dem Begriff ›kosmisch‹ zu beschreiben sind.

HINTERGRUND

Wenn nichts mehr hilft: Satanskult und Kindesmißbrauch

Der Prozeß gegen McMartin dauerte sieben Jahre und verwurzelte die Verbindung Satanskult, Kindertagesstätten und Kindesmißbrauch in den Köpfen der Amerikaner. Ganz eindeutig nahm er auch Einfluß auf Carter und sein Autorenteam. Der Fall wird in der ›Energie‹-Episode nicht nur als Beispiel für eine Hexen-

> **ZITAT**
> »Ich nehme nicht an, daß in letzter Zeit Berichte über gestohlene kleine Kinder aufgetaucht sind? Oder über Massengräber, die irgendwo in der Stadt entdeckt wurden? Wahrscheinlich haben Sie auch keinen Altar oder einen anderen handfesten Beweis für eine Schwarze Messe gefunden.«
> – DANA SCULLY

jagd-Mentalität erwähnt, sondern ihm entstammt auch die Charakterisierung ›Spiele nackter Filmstars‹, die von einem Zeugen benutzt wurde.

Der McMartin-Prozeß führte unter anderem zu einer ungewöhnlichen Form von Nachahmungskriminalität. Statt Krimineller, die den Modus operandi von Berufskollegen übernahmen, wurden plötzlich ganze Gemeinden, Staatsanwälte und Gesetzeshüter selbst zu Verbrechern. Kindesmißbrauch im Rahmen von Satansritualen, vor dem Fall McMartin so gut wie unbekannt, wurde in dem Moment zu einem ›Syndrom‹, als sich die Medien auf dieses seltsame Vergehen stürzten und bekannte Psychologen eine erste Liste von Anzeichen und Symptomen dieses neuesten Frevels zusammenstellten.

Das öffentliche Interesse am Fall McMartin und an anderen Satansritual-Prozessen hatte eine umfassende Untersuchung von Ritualmorden zur Folge. Beamte, die bemüht waren, gegen Fälle von Kindesmißbrauch (und sogar Tiermißbrauch) vorzugehen, erhielten wichtiges Anschauungsmaterial. Zwar trat nicht unbedingt »das wilde Ungeheuer, das eine Schwarze Messe zelebriert, Blut trinkt und ein kleines Kind oder eine blonde Jungfrau opfert«, zutage, das Scully im Fall De Boom voraussagte, aber es gab andere Gemeinsamkeiten in diesen Fällen von paranoidem Massenwahn. Elemente davon wurden nahtlos in die reichlich von schwarzem Humor durchsetzte Episode ›Energie‹ eingearbeitet.

Nahezu zwingend steht der Beschuldigte in enger Verbindung zu den jüngsten Mitgliedern der Gesellschaft. In ›Energie‹ sieht sich der unglückselige Dr. Godfrey, ein ehedem angesehener Kinderarzt, einer aufgebrachten Menschenmenge auf seiner Eingangstreppe gegenüber. Im Fall McMartin waren Lehrer und Tagesstättenbetreuer der privaten McMartin-Vorschule, die sowohl bei den Schülern als auch bei der Konkurrenz als hervorragende Einrichtung galt, das Ziel der Angriffe. Noch vor Abschluß des McMartin-Prozesses wurden Beschäftigte an einundzwanzig anderen Institutionen für Kinder im Vorschulalter ebenfalls mit Vorwürfen überhäuft. Hinzu gesellten sich Hausangestellte, Pflegeeltern, Bürgermeister, Großeltern, Lehrer an öffentlichen Schulen, Polizisten und Nachbarn. Wie Dr. Godfrey waren auch diese Beschuldigten seit langer Zeit an ihren jeweiligen Heimatorten ansässig, und kaum jemand von ihnen war in der Vergangenheit straffällig geworden. Erst recht konnte niemandem eine frühere Verbindung zu Fällen von Pädophilie oder Satanskult nachgesagt werden.

Obwohl *Akte X* dafür bekannt ist, die Realität zu verdrehen, und das Publikum dabei häufig das Fürchten lehrt, hätten die Autoren Schwierigkeiten gehabt, die tatsächlichen Vorwürfe aus der ›Ära der satanischen Tagesstätten‹ an Schrecklichkeit zu überbieten. Was mit dem Fall McMartin begann, ist heute noch längst nicht abgeschlossen, aber wenn wir uns an die während des Prozesses von Belastungszeugen vorgebrachten Aussagen halten, ergibt sich folgendes Bild: In schwarzen Roben wandelnde Mitarbeiter der McMartin-Tagesstätte zündeten inmitten ihres Pentagrammdekors rote oder schwarze Kerzen an, um anschließend unter anderem ein Pferd *mit bloßen Händen* zu töten. In anderen Situationen verschleppten sie Kinder in Autowaschanlagen, um sie dort in schamloser Weise zu belästigen, oder sie brachten sie in ›unterirdische Tunnel‹, wo sie an satanischen Ritualen teilnehmen mußten. Die Knochen kleiner Tiere, die während dieser Rituale geopfert wurden, füllten angeblich eine Grube, die an Tiefe die Körpergröße der Kinder übertraf. Sollten alle Kinder, die angeblich an den ›Spielen der nackten Filmstars‹ teilnehmen mußten, die sexuellen Handlungen durchgeführt haben, die in Zeugenaussagen und

Leichte Fragen: Notieren Sie sich 1 Punkt für jede richtige Antwort.

1. **Wie beschreibt sich Comity in New Hampshire selbst?**
2. **Was fängt bei Booms Begräbnis Feuer?**
3. **Wen wird Brenda laut dem Orakel des Ouija-Brettes heiraten?**
4. **Welches makabre ›Geschenk‹ findet Detective Angela White auf ihrer Türschwelle?**
5. **Welcher ungewöhnliche Gegenstand landet in Scotts Brust?**

Es wird schwieriger: Notieren Sie sich 2 Punkte für jede richtige Antwort.

6. **Welche High-School besuchen die Kinder?**
7. **Was wollen Mulder und Detective White an den verbrannten Stellen auf Jay De Booms Brust erkennen?**
8. **Wer erteilt gegen Bezahlung astrologischen Rat?**
9. **Was ist in der Aktentasche des Kinderarztes ›begraben‹?**
10. **Nennen Sie das Geburtsdatum von Margi und Terri.**

ANTWORTEN

1. Als ›Stadt der vollkommenen Harmonie‹
2. Sein Sarg
3. Satan
4. Eine Schachtel mit welken Blumen und dem Halsband ihrer Katze
5. Eine Feder aus dem Öffnungsmechanismus eines Garagentores

---

6. Grover Cleveland Alexander
7. Ein gehörntes Ungeheuer
8. Zirinca
9. Die sterblichen Überreste von Mr. Tippy, einem vierzehnjährigen Tibetischen Tempelhund
10. 12. Januar 1979

Ihre Punktzahl:

Anklageschriften aufgeführt wurden, dann müßte die Masse des Filmmaterials eine weitere solche Grube füllen. Einige Kinder beschuldigten sogar Lehrer, die die Arbeit an der Schule erst aufgenommen hatten, *nachdem* die Kinder an eine öffentliche Schule gewechselt waren!

Man fragt sich, wann die fleißigen Angestellten die Zeit fanden, Erdnußbutter-Sandwiches herzurichten oder all die kleinen Kunstwerke und Basteleien zu produzieren, mit denen den Eltern mögliche ›Unregelmäßigkeiten‹ im Spielprogramm ihrer Kinder verschleiert wurden ...

Ungeachtet der offensichtlichen Absurdität der Vorwürfe, gingen Eltern und Strafverfolgung kein Risiko ein. Die Voruntersuchung stellt jene im Fall O. J. Simpson in den Schatten: *Achtzehn Monate* Prozeßvorbereitung benötigten Ermittler und Anwälte, um schließlich festzustellen, daß sie nicht genügend stichhaltige Beweise hatten, um auch nur fünf der Vorschullehrer anklagen zu können. Weder fand man die Grube mit den Tierknochen – Massengräber sind offenbar trotz ihrer Ausmaße besonders schwer zu entdecken –, noch die beschriebenen Tunnel, Roben, Kerzen oder ›Geheimkammern‹. Es überrascht nicht, daß Ermittler, die an anderen Fällen arbeiteten, keine Altarüberreste auf Waldlichtungen oder zerstückelte, ermordete Kinder fanden.

Am auffälligsten war jedoch die Tatsache, daß die Kinder *keinerlei* körperliche Beeinträchtigungen aufwiesen. Einige der beschriebenen Sexualakte konnten unmöglich ausgeführt worden sein, ohne daß den Kindern dabei ernsthafte körperliche Schäden zugefügt worden wären. Im Fall McMartin und auch in anderen erwiesen sich die befragten Kinder als völlig gesund. Es wurden weder Traumata festgestellt, noch fanden sich Indizien für sexuellen Mißbrauch.

Auch die ›Beweise‹, die gegen Peggy Boccie und ihren Sohn Ray, den angeblichen Pferdemörder, vorgebracht wurden, klangen wenig überzeugend. Die Befragung von Ray Boccie, die in den achtziger Jahren unseren Jahrhunderts stattfand, erinnerte an die Hexenprozesse aus den achtziger Jahren des 17. Jahrhunderts. Man wollte wissen, ob er jemals voreheliche Beziehungen gehabt habe. Seine Abneigung dagegen, im heißen Kalifornien Unterwäsche zu tragen, machte die Staatsanwaltschaft zum belastenden Indiz. Daß er den *Playboy* abonniert hatte, kam etwa vierzigmal zur Sprache – obwohl die Zeitschrift legal millionenfach im Umlauf ist und ihre Beliebtheit auch damals bereits als belegt gegolten haben dürfte. Aber den eindeutigsten Beweis für Rays kriminelle Energie sah man in seinem Interesse für die in den achtziger Jahren so populäre ›Macht der Pyramiden‹ ...

Alle Anklagen gegen frühere Angestellte der McMartin-Vorschule wurden schließlich fallengelassen. Rund fünfzehn Millionen Dollar hat der sieben Jahre dauernde Prozeß den Steuerzahler gekostet. Das Unternehmen der McMartins und ihr guter Ruf waren ruiniert, und einige der Angestellten hatten ihr gesamtes Vermögen für Anwaltshonorare ausgegeben. Ein Ehepaar verlor seine Kinder an das Jugendamt und verbrachte zwei Jahre damit, sich das Sorgerecht zurückzuholen. Zu allem Überfluß waren offenbar auch noch etliche Kinder zur ›Aufarbeitung ihrer Erinnerungen‹ gezwungen worden. Sie hatten sich stundenlangen Befragungen und sogenannten ›Therapien‹ unterziehen müssen, die mit Fug und Recht als psychische und physische Folter bezeichnet werden können.

Angesichts der Absurdität der Vorwürfe – von der Entführung an Bord eines Raumschiffes bis zur Brandmarkung wurde alles mögliche behauptet – muß man sich fragen, wie diese belastenden Aussagen anfangs

Glauben finden konnten. Ray Boccie hätte sicher kein Pferd in die Vorschule mitbringen können, ohne damit einiges Aufsehen zu erregen. Wie konnten dann erst Berichte, er hätte das Pferd mit bloßen Händen getötet – was ja an sich schon eine Aufgabe für einen Herkules wäre – für bare Münze genommen werden?

Nach Aussagen von Soziologen und Beamten des FBI, die mit entsprechenden Untersuchungen befaßt waren, boten die achtziger und neunziger Jahre unseres Jahrhunderts einen ausgesprochen fruchtbaren Nährboden für Ängste und Wahnvorstellungen – insbesondere dann, wenn Kinder und Praktiken des New Age betroffen waren.

In den frühen Achtzigern stieg die Scheidungsrate auf mehr als das Doppelte an. Die Ehe schien mit einem Mal Schnee von gestern zu sein, und die freie Liebe galt wieder als das Lebensgefühl schlechthin. Kinder – und auch deren Eltern – fanden sich damit in einer völlig neuen, beängstigenden Situation wieder. Nachgewiesene und vermutete Fälle von böswilligem Verlassen, Kämpfen um das Sorgerecht, Entführungen und leider auch von sexuellem Mißbrauch häuften sich und führten bald zu ernsten sozialen Mißständen. Die Kinderbetreuung außerhalb der Familie war neu und brachte den Eltern schwere Schuldgefühle.

Etwa zur selben Zeit wurden Ratgeber, Therapeuten und andere, die schnelle Hilfe versprachen, zu Medienstars. Dabei schien es von untergeordneter Bedeutung zu sein, ob der Befragte einen akademischen Titel führte, die unausgegorenen Theorien seines jüngsten Buches darlegte oder lediglich Vorschläge für eine neue ›therapeutische‹ Übung vorstellte. Einer dieser sogenannten Experten, Dr. Harvey Klaus, hatte seinen Doktortitel innerhalb von sechs Wochen über eine zwischenzeitlich aufgelöste Sekte erhalten und während dieser ›Promotion‹ als Tellerwäscher in einer Caféteria gejobbt. Es gelang ihm, mit seinem Nebenberuf als Sachverständiger beim FBI für Fragen zum Thema Teufelsanbetung in nicht weniger als dreiundvierzig Fernsehinterviews zu erscheinen.

Zufall? In dieser Folge taucht ein Arzt namens R. W. Godfrey auf – eine Anspielung auf den *Akte-X*-Coproducer R. W. Goodwin?

In Wahrheit hatte das FBI nie von diesem Dr. Klaus gehört. Es gab keinen Beweis dafür, daß er jemals als Ratgeber in irgendeiner Angelegenheit konsultiert worden war. Unglücklicherweise stellten nicht alle Unternehmen so hohe Ansprüche wie das FBI, so daß bald unqualifizierte Therapeuten in ganzen Horden über die Vereinigten Staaten herfielen. Die Vorstellung von standardisierten Auswertungsmethoden ging über Bord, denn mittlerweile stand es jedem frei, sein eigenes Verfahren anzuwenden.

Dann begegnete auch die Religion, die früher eine Domäne der Kirchen mit ihren leuchtendweißen Türmen hinter ebenso weißen Holzzäunen gewesen war, dem New Age. Sekten, Kulte und Freidenkerorganisationen schossen wie Pilze aus dem Boden. Zahlreiche Neugründungen reflektierten den Wunsch der Bevölkerung, althergebrachte Glaubensmuster in den modernen Lebensstil zu integrieren. Frauenrechtlerinnen, Vertreter der Ganzheitslehre und sogar die Umweltbewegung wurden in den Strudel hineingezogen, und es entstanden unter anderem auch ein paar neue ›Religionen‹, die Nischen für sich entdeckt hatten. Diese Gruppierungen schienen allerdings eher entlang eines Zwölf-Punkte-Programms organisiert zu sein als nach den traditionellen Strukturen des Gottesdienstes. In dem Bestreben, ihre Anhänger, die selbst nur in Nischen der Gesellschaft lebten, zu unterstützen und zu schützen, stießen die Neuen auf ein bekanntes Problem: Was sich im Umfeld einer geheimen Vereinigung bewegt, ist Auslöser für Spekulationen – in der Regel für negative Spekulationen.

Zwei Bücher, die vorgaben, die wahre Natur der Ge-

Dana Wheeler-Nicholson, die in dieser Episode die Rolle von Detective White spielt, erschien 1996 an der Seite von David Duchovny bei der Verleihung des Golden Globe. Erst kürzlich hatte er sich von der Dame getrennt, die ihn bislang zu solchen Anlässen begleitet hatte, seiner langjährigen Freundin Perrey Reeves, die ebenfalls schon Gaststar bei *Akte X* war. Im März, bei der Preisverleihung der *Screen Actors Guild* (Vereinigung der Fernsehdarsteller), erschien er mit Suzanne Lanza. Im Gegensatz zu Fox Mulder scheint es David Duchovny keine Schwierigkeiten zu bereiten, eine weibliche Begleitung zu finden, wenn er abends ausgehen will.

heimreligionen zu enthüllen und zu definieren, ergingen sich in einem Feuerwerk konspirativer Theorien. Mike Warnke, der Autor des Buches *Der Agent des Satans*, behauptete, aufgrund eigener Erfahrungen zu wissen, daß Satansanhänger eine tiefverwurzelte und weitverbreitete Organisation seien, die nicht nur in den Vereinigten Staaten, sondern in der ganzen Welt tätig sei. Etwa zur selben Zeit tauchte in den Regalen der Buchhandlungen *Michelle Remembers* auf, der angeblich authentische Bericht über die Genesung einer Frau, die als Kind in einem Satansritual mißbraucht

Dana Wheeler-Nicholson

worden war. Beide Bücher schilderten in blutrünstigen und unheimlichen Details Ereignisse, die von den Autoren als ›alltäglich‹ bezeichnet wurden.

Andere Fälle von Mißbrauch im Rahmen von Satansritualen weichen nur selten gravierend von den Vorkommnissen in diesen beiden Büchern ab. Wie auch Scully in ›Energie‹ feststellte, waren die ›Enthüllungen‹ seither ›überwiegend klischeehaft‹. Natürlich behaupten andererseits manche Leute, die Ähnlichkeiten seien – vergleichbar mit den Übereinstimmungen in den Aussagen von UFO-Entführten – Ergebnis der Authentizität der Berichte.

Die Überzeugung, die Satansrituale enthielten Formen des Mißbrauchs und motivierten Verbrechen, wuchs, so daß das FBI schließlich trotz eines Mangels an gerichtlich verwertbaren Beweisen beschloß, eigene Untersuchungen anzustellen. Die Ermittlungen richteten sich gegen so unterschiedliche Vergehen wie die Schändung jüdisch oder christlicher Gebetsstätten und den Massenmord an Geistlichen.

Typische Berichte über Mißbrauch im Rahmen von Satansritualen dürften jedem X-Phile bekannt sein; bald wurden sie auch den Untersuchungsbeamten vertraut:

- Junges Mädchen, noch Jungfrau und sehr hübsch, wurde während eines Satansrituals geschwängert; kurz vor dem Geburtstermin muß das Mädchen abtreiben, das Baby in einem Ritualmord opfern und dessen Herz unter den Augen der Kultanhänger verzehren. Die Überreste des Opfers werden, da für die Satansjünger ohne weiteren Wert, in einem Massengrab entsorgt.
- Vorschulkind erwähnt ein ›neues Spiel‹, über das es nicht reden darf und das für gewöhnlich in einer Betreuungssituation außerhalb der elterlichen Wohnung ›gespielt‹ wird. Unter bestimmten Methoden, einschließlich Hypnose, Rückführungstherapie und ›Rollenspiel‹, treten bizarre Erzählungen zutage. Erwachsene, in Roben mit Kapuzen gekleidet, legen das nackte Kind auf einen Altar, bemalen es mit Blut oder blutigen Symbolen, zelebrieren eine Schwarze Messe und töten es symbolisch oder tatsächlich. Häufig werden im Rahmen des Rituals

kleine Tiere getötet und sexuelle Handlungen an dem Kind vorgenommen. Der Leichnam oder die Kadaver werden in einem Massengrab beseitigt.

Unglücklicherweise warten Ermittler wie *Supervisory Special Agent* Kenneth Lanning von der Abteilung für Verhaltensforschung beim FBI nach der Untersuchung von ungefähr dreihundert zur Anzeige gebrachten Fällen noch immer darauf, wenigstens einen kleinen Wachstropfen zu finden. Dabei müßte die Spurensicherung nach derart ausgedehnten Ritualen auf gerichtlich verwertbare Beweise in Hülle und Fülle gestoßen sein. Es erscheint mehr als logisch, daß blutige Ritualmorde, zu deren Ausführung eine nicht unbedeutende Zahl von Utensilien erforderlich ist und die sich über Stunden hinziehen, Spuren hinterlassen.

Auch wenn keine greifbaren Beweise vorhanden sind – es liegt in der Natur des Menschen, daß er sich mit anderen unterhält, daß innerhalb einer Gruppe Meinungsverschiedenheiten auftreten und manche die Gruppe verlassen. Satansanhänger bilden da offenbar eine unerhört loyale Ausnahme. Noch nie hat jemand einen Augenzeugenbericht über einen Fall von Mißbrauch oder Mord abgegeben. Keine der angeblichen ›Babylieferantinnen‹ war im Kreis ihrer Bekannten und Verwandten als schwanger bekannt, keine suchte in den langen Monaten ihrer Schwangerschaft Behörden auf, keine verschwand lange genug aus ihrem gewohnten Umfeld, um eine unbemerkte Schwangerschaft plausibel erscheinen zu lassen. Selbst Mafia und CIA, anerkanntermaßen zwei der undurchsichtigsten Organisationen in den Vereinigten Staaten, hinterlassen ständig irgendwelche Spuren. Aber die Satansjünger, denen Hunderte von Verbrechen unterstellt werden, hinterlassen nicht einmal den Hauch einer Spur in den Geschäften für Kerzen und schwarze Stoffe.

Zwar ließe sich der Mangel an Beweisen dadurch erklären, daß die Täter womöglich sehr gerissen oder die Untersuchungsbeamten absolut unfähig sind. Doch in Mißbrauchsfällen im Rahmen von Satansritualen tauchen häufig *Gegenbeweise* auf – Beweise, die die Beschuldigungen als haltlos entlarven. Adelle Aitkins, die ›Überlebende eines Rituals‹, die 1987 wie zahllose Leidensgenossinnen an die Öffentlichkeit trat, deutete den Tod ihres älteren Bruders als Beweis dafür, daß Familienangehörige einen Satanskult praktizierten. Angeblich wurden in diesem Kult Kinder systematisch als zukünftige Ritualopfer gezüchtet. Ihr Bruder war allerdings nicht tot, auch wenn man seinen Aufenthaltsort kurzfristig nicht feststellen konnte, weil er tatsächlich nicht da war. Kein Wunder: Seit er an Bord eines amerikanischen Zerstörers Dienst tat, änderte sich seine Adresse ständig.

In offiziellen FBI-Berichten wurde nie behauptet, daß keine Verbrechen mit Bezug zur Okkultismus-Szene vorkämen, aber man mußte die Echtheit der wenigen Fälle, die sich in das Schema solchen Mißbrauchs einfügen ließen, ernsthaft in Frage stellen. Richard Kasso, ein selbsternannter Satansjünger, hatte zweifelsfrei seinen besten Freund umgebracht. Einige der für einen Satanskult typischen Gegenstände hatten dabei eine Rolle gespielt. Auch war offensichtlich eine gewisse Art von Ritual in Szene gesetzt worden. Aber Kasso hatte *allein* agiert; es hatte keine kultische Handlung stattgefunden. Kassos Inszenierung glich Teilen eines Horrorromans, den er gelesen hatte und der unter anderem eine ausführliche Beschreibung einer Schwarzen Messe enthielt. Kasso schien die Geschichte nachgespielt zu haben. Doch weder Kasso noch der Autor des Romans waren auch nur halbwegs an ein authentisches Ritual herangekommen.

SYZYGIE

a) Ein Paar von Gegenständen, vor allem gegensätzlicher Art; b) in der Astronomie jeder von zwei gegenüberliegenden Punkten auf der Umlaufbahn eines Himmelskörpers – insbesondere des Mondes –, an dem er in Konjunktion oder Opposition zur Sonne steht; c) in der Biologie die Verschmelzung zweier Organismen, deren Identität dabei nicht verlorengeht.

Ein in Großbritannien bekanntgewordener Fall, der zunächst die Kriterien eines Ritualverbrechens zu erfüllen schien, stellte sich ebenfalls als ›gewöhnliches‹ Verbrechen heraus. Die Täter gestanden schließlich, daß sie von Okkultismus nichts wüßten, geschweige denn von einem Satanskult. Den Sexualmord an einem Jungen hatten sie als Ritual getarnt, um den Tötungsakt auf diese Weise hinauszuzögern. Wie bereits viele Mörder vor ihnen argumentierten sie, dadurch habe sich das Vergnügen erhöht, als am Ende das Verlangen gestillt worden sei.

Schließlich existiert die weitverbreitete Meinung, daß jedes Jahr Tausende von Kindern verschwinden. Unabhängig voneinander erstellte Verbrechensstatistiken beweisen aber, daß das nicht der Fall ist. Die Zahl von dreihundertvierzig derzeit in den USA als vermißt gemeldeten Kindern reicht (Gott sei Dank) nicht annähernd für die fast 50 000 Leichen aus, die erforderlich wären, wollte man die Berichte über satanische Kindesopfer bestätigen. Der Aufenthaltsort der meisten vermißten Kinder wird innerhalb eines Jahres ermittelt; sie finden sich in der Regel bei dem Elternteil, der nicht sorgeberechtigt ist. Dennoch werden natürlich viele Kinder tragische Opfer von Verbrechen. Aber nur in einem einzigen Fall ließ sich dabei in jüngster Zeit ein entfernter Bezug zu einem Satanskult herstellen.

Unbestreitbar tritt Gewalt immer deutlicher als ein bedeutender Bestandteil des Lebens hervor. Die Menschen erweisen sich als erfinderisch in der Entwicklung neuer Methoden, mit denen sie sich gegenseitig Leiden zufügen können – aber dafür sind weder Satanskulte noch *Syzygien* (so der Originaltitel der Episode).

FALL X-3.14

Codename: ›Groteske‹

ZUSAMMENFASSUNG

Als Special Agent William Patterson, der unerschütterliche Held aus der Abteilung Verhaltensforschung und Mulders früherer Mentor, seinen eigensinnigen Schüler zu sich ruft, ist die Spannung zwischen den beiden förmlich greifbar. Nach Scullys Meinung trägt das nicht unbedingt zur Lösung eines Falles bei, der ohnehin nur so von ›Dämonen‹ und ›Ungeheuern‹ wimmelt. Aber weder Mulder noch Scully sind auf die Abgründe gefaßt, in die Patterson Mulder auffordert ›hinabzusteigen‹.

HINTERGRUND

Wie man dazugehört

Nach drei Staffeln *Akte X* – also nach heroischer Suche, außergewöhnlichen Erfolgen und bedrückenden Mißerfolgen – werden sich viele X-Philes fragen, wie es ein durchschnittlicher Mensch schafft, in die dichtgeschlossenen Reihen des FBI aufgenommen zu werden. Trotz schlechter Pressekritiken (Waco) oder Anwälten, die Beamte und Methoden des FBI mit unvorstellbarem Schmutz bewerfen, rankt sich um den Titel *Special Agent of the Federal Bureau of Investigation* noch immer ein Mythos. Die stürmischen Zeiten, in denen dem FBI

ZITAT

»Nach allem, was ich hörte, gab es viele Männer, die ... Viele Männer gingen zum FBI, weil sie wie *er* sein wollten.«

– Dana Scully

Sie fragen sich, wie sich Mulder und Scully eine Garderobe leisten können, auf die Coco Chanel oder Hugo Boss stolz wären? Oder woran es liegen könnte, daß auch Skinner so unheimlich gut gekleidet ist? Die meisten FBI-Agenten werden nach Besoldungsgruppe ›GS-12‹ bezahlt. 1994, zu Beginn von *Akte X*, waren das ungefähr 46 000 Dollar (also knapp 70 000 DM) jährlich. Hinzu kommen 25 Prozent aus Vergütungen sogenannter ›verwaltungstechnisch nicht überprüfbarer Überstunden‹, so daß sich ein Jahreseinkommen von annähernd 60 000 Dollar (etwa 90 000 DM) ergibt. Stellvertretende Direktoren, die in einer wesentlich höheren Besoldungsgruppe rangieren, beginnen mit einem Jahreseinkommen von 118 512 Dollar (etwa 175 000 DM), und selbstverständlich haben auch sie Anspruch auf bezahlte Überstunden. Sollte jedoch Kleidung in direktem Zusammenhang mit dem Einkommen stehen, dann muß der Arbeitgeber des Kettenrauchers ein enger Verwandter des geizigen Mr. Scrooge sein!

---

fast die Verbrecher für seine Fahndungsliste ›Die zehn Meistgesuchten‹ ausgegangen wären, die eigenartige Romanze zwischen Polizisten und Gaunern während der ›Gangster-Ära‹ und das unverwüstliche Image des Ganovenjägers in Anzug und Krawatte prägten ein völlig anderes Berufsbild als das eines gewöhnlichen Polizisten.

Der Unterschied war und ist tatsächlich mehr als nur äußerlich.

Während andere Polizeikräfte die Aufgabe haben, Verbrechen zu verhindern oder zu verfolgen, eruiert das FBI in erster Linie Tatbestände. Dazu gehören auch Ermittlungen in Angelegenheiten, in denen es aller Wahrscheinlichkeit nach nie zu einer Strafverfolgung kommen wird. Die strafrechtliche Verfolgung selbst liegt *außerhalb* der Zuständigkeit des FBI. Jedes Jahr werden Millionen von Informationen und Beweisstücken in den Büros des FBI bearbeitet. Jedes Detail ist für eine andere zuständige Stelle bestimmt, nicht zuletzt für die ›Dachorganisation‹, das Justizministerium. Ob die Beamten nun als Special Agents oder unter einer anderen Bezeichnung agieren, ist so gut wie unerheblich. Alle Mitarbeiter des FBI tragen auf ihre Weise dazu bei, daß Informationen und Beweise, die von anderen Strafverfolgungsbehörden zur Verbrechensbearbeitung benötigt werden, zur Verfügung stehen.

Obwohl die Ermittlungen des FBI Aufmerksamkeit in den Medien erregen und Filme und Fernsehsendungen inspirieren, hat ein erheblicher Prozentsatz der FBI-Beamten mit herkömmlichen Kriminellen so gut wie nie zu tun – es sei denn, man rechnete auch Politiker zu dieser Gruppe. Hunderte von Agenten und Assistenten kämpfen sich täglich durch Aktenberge der Spionageabwehr, führen routinemäßig Hintergrunduntersuchungen zu Personen und Tathergängen durch oder werten Beweise für zivile Strafsachen aus. Nicht zuletzt wird auf breiter Ebene ausgebildet.

Selbstverständlich erfordert eine solche Vielfalt an Aktivitäten außerordentliche Fähigkeiten auf vielen Gebieten. Die Mitarbeiter des FBI zählen daher, im Gegensatz zu den meisten anderen Staatsbediensteten, zum ›Personal zur besonderen Verwendung‹. Sie werden nicht über das Personalbüro für den Öffentlichen Dienst eingestellt, sondern direkt von ihrer jeweiligen Dienststelle. Der Dienststellenleiter kann über die Einstellung hinaus Disziplinarmaßnahmen gegen die Mitarbeiter verhängen und Beförderungen vornehmen. Hervorragende Leistungen zahlen sich hier viel schneller in barer Münze aus als bei anderen Arbeitgebern der Öffentlichen Hand.

Rätsel 15

Leichte Fragen: Notieren Sie sich 1 Punkt für jede richtige Antwort.

1. **Wie wird Agent Nemhauser an der Hand verletzt?**
2. **Welches Tier erschreckt Scully in Mostows Studio?**
3. **Was ist in den Skulpturen aus Ton verborgen?**
4. **Wer hat die fehlende Mordwaffe zuletzt ausgeliehen?**
5. **Wessen Funktelefon findet Mulder in einem Mantel, der in Mostows Studio abgelegt worden ist?**

Es wird schwieriger: Notieren Sie sich 2 Punkte für jede richtige Antwort.

6. **Welches Detail aus seiner Vergangenheit ›vergaß‹ Mostow in seinen Einwanderungsantrag einzutragen?**
7. **Wer sorgt dafür, daß Mulder mit diesem Fall betraut wird?**
8. **In welcher Abteilung war Patterson Mulders direkter Vorgesetzter?**
9. **Was meint Agent Sheherlis mit ›Redup‹?**
10. **In welcher Asservatenkammer wird wichtiges Beweismaterial zu diesem Fall (Nr. 14361) aufbewahrt?**

Antworten

1. John Mostow beißt ihn.
2. Eine schwarze Katze
3. Die zerlegten Überreste der Opfer
4. Mulder
5. Das von Agent Nemhauser

---

6. Daß er fast zehn Jahre lang in einer Nervenheilanstalt war.
7. Agent Patterson
8. ISU – *Investigativ Services Unit* (Abteilung für Ermittlungsdienst)
9. ›Puder‹, rückwärts gelesen; ein spezieller, fluoreszierender Puder aus der Drucktechnik.
10. In der Asservatenkammer L-7 des FBI-Hauptquartiers.

Ihre Punktzahl:

Normalerweise wird der Dienst beim FBI in die Bereiche Verwaltung, Büro, Technik, Ausbildung und einige andere unterschieden. Er gilt in allen Gebieten als Herausforderung, und es herrscht starke Konkurrenz. Jedes Jahr gehen bei den Dienststellen Hunderte von Bewerbungen für die nur in begrenzter Zahl zur Verfügung stehenden Stellen ein. Das Interesse verteilt sich dabei – je nach Fähigkeiten und Voraussetzungen – auf die Positionen von Assistenzkräften, die meistens im Hintergrund arbeiten, und die der Special Agents, die häufiger im Rampenlicht der Öffentlichkeit stehen.

Für jene Bewerber, die in die engere Wahl gezogen werden, gilt es anschließend, eine Reihe von Prüfungen und Untersuchungen zu absolvieren. Psychologische Tests, Eignungstests, Vorstellungsgespräche und schriftliche Arbeiten bilden nur den Anfang. Das FBI will alles über seine Mitarbeiter wissen, und es verfügt über die Mittel und Wege, es herauszufinden. Der Leumund des zukünftigen Arbeitnehmers wird umfassend geprüft, wozu auch eine Durchleuchtung der Vergangenheit auf eventuelle Vorstrafen gehört; private und berufliche Kontaktpersonen, Nachbarn und Arbeitgeber werden befragt. Eine eingehende körperliche Untersuchung findet statt, bei der auch ein eventueller Drogenkonsum nicht verborgen bleibt. In vielen Fällen unterzieht sich der Kandidat freiwillig einem Lügendetektortest. Dies alles ist jedoch erst die Vorbereitung auf das eigentliche Einstellungsgespräch ...

Nur Kandidaten, die alle Tests, Untersuchungen und Prüfungen mit den entsprechenden Ergebnissen überstehen, kommen für eine Position in den Reihen der Special Agents in Frage. Die Grundvoraussetzungen für eine Bewerbung sind leicht zu erfüllen: Bewerber müssen amerikanische Staatsbürger, gesund und zwischen dreiundzwanzig und siebenunddreißig Jahre alt sein. So weit, so gut. Bereits die nächste Anforderung zieht einen Trennstrich zwischen Special Agents und den meisten Polizisten im kommunalen oder bundesstaatlichen Dienst: Bewerber müssen eine vierjährige Ausbildung an einem College oder einer Universität nachweisen, also mindestens einen Bakkalaureus. Die sechzehnwöchige Schulung an der FBI-Akademie in Quantico stellt ein weiteres Siebverfahren dar. Zusätzlich zu einem anstrengenden Fitneßprogramm sind Kurse zur Selbstverteidigung und ein Schußwaffentraining zu absolvieren. Der zukünftige Agent durchläuft auch ein umfassendes Kursprogramm mit wissenschaftlichen und ermittlungstechnischen Inhalten. Das FBI behauptete einmal, daß es die ›Crème de la Crème der Verbrechensbekämpfung‹ beschäftige, und noch heute lassen sich selten besser ausgebildete Fachkräfte auf diesem Gebiet finden.

Auch die Assistenten, die, über das ganze Land verteilt, in den Bereichen Ausbildung, Verwaltung, Technik, Sekretariat, Handwerk, Transport und Wartung arbeiten, sind keine Versager. Eine abgeschlossene High-School-Ausbildung ist die Minimalanforderung bezüglich der schulischen Laufbahn. Viele besitzen jedoch ebenfalls einen Bakkalaureus, einen höheren akademischen Abschluß oder das Diplom einer Ingenieursschule. Als Gruppe repräsentieren die Assistenten des FBI eine Körperschaft mit immenser professioneller Erfahrung und Sachkenntnis. Die zahlreichen Assistenten bekleiden unter anderem Positionen als Verwaltungsassistenten, Wirtschaftsprüfer, Schreiner, Büroangestellte, Programmierer, Datenerfasser, Elektriker, Elektroniker, Maschinenbautechniker, Nachrichtentechniker, Laboranten, Sprachspezialisten, Rechtssachverständige, Sekretäre und Schreibkräfte. Nichts für Sie dabei? Eine vollständige Aufzählung würde mehr als einhundert Stellenbeschreibungen umfassen; außer-

Agent Bill Patterson wird gespielt von Kurtwood Smith, der 1987 als Gegenspieler des ›RoboCop‹ bekannt wurde.

dem ist das FBI ständig darum bemüht, neue Aufgabengebiete zu erschließen.

Wer im Staatsdienst arbeitet, kann in der Regel mit einigen Sondervergütungen rechnen. Das FBI bildet da keine Ausnahme. Die Gehälter entsprechen denen für vergleichbare Stellen in der privaten Wirtschaft, häufig übersteigen sie diese sogar. Das Gehalt der Assistenten bewegt sich normalerweise ebenfalls in einem durchaus akzeptablen Rahmen. In Sonderabteilungen kann es zu Abweichungen vom allgemein gültigen Besoldungsschema kommen. Das Gehalt orientiert sich dann an speziellen, qualifizierenden Ausbildungsgängen, an außergewöhnlicher praktischer Erfahrung oder an einer früheren Anstellung im Staatsdienst.

Special Agents werden natürlich höher besoldet; Agenten in leitender Stellung, im oberen Management oder in besonders verantwortungsvollen Positionen erhalten Spitzengehälter. In einigen wenigen Fällen können für außergewöhnlich diensterfahrene Beamte auch individuelle Tarife vereinbart werden. Alle Special Agents besitzen darüber hinaus einen Anspruch auf Überstundenvergütung.

Weniger häufig kommt zur Sprache, daß das FBI lange Zeit in dem Ruf stand, der diskriminierendste Arbeitgeber der Vereinigten Staaten zu sein. Vor nicht allzu langer Zeit waren Schreibkräfte dort die einzigen weiblichen Angestellten. Die einzigen schwarzen Beschäftigten stellten die Chauffeure der FBI-Oberen. Körperbehinderte Agenten gab es gar nicht. Inzwischen ändert sich das. Ende 1995 traten 823 Behinderte in die Dienste des FBI ein – und sie wurden nicht nur eingestellt, um den Schein zu wahren. Wie ihre nichtbehinderten Kollegen arbeiten sie sowohl im FBI-Hauptquartier als auch in den Außendienststellen. Zwar sind die meisten Beschäftigten des FBI immer noch Männer – vor allem Männer mit weißer Hautfarbe –, aber auch hier deutet sich eine Veränderung an. Der Prozentsatz der Mitarbeiter, die einer ethnischen Minderheit angehören, gleicht sich allmählich dem der Stellenbewerber an. Man kann sagen, daß das FBI einen weiten Weg zurückgelegt hat. Immer mehr Menschen erscheint eine Karriere beim FBI als attraktives Berufsziel.

Vom Wesen des Wasserspeiers

Die Ausdrücke ›gurgeln‹ und das englische *gargoyle* (dt. ›Wasserspeier‹) stammen von dem französischen Wort *gargouille* für ›Wasserspeier‹ und ›Abflußrohr‹ ab. Bedenkt man, daß ein Wasserspeier nur dann ein Wasserspeier sein kann, wenn Wasser durch ihn hindurchfließt, erscheint die zweite Bedeutung logisch. Bevor es Dachrinnen und Abflußrohre aus PVC gab, bestanden die meisten Dachrinnen wie auch die meisten großen Bauwerke aus Stein. Wasserspeier waren dekorative Vorläufer der modernen Regenabflußsysteme.

Die sonderbare, freistehende Skulptur, die in dieser Episode immer wieder ins Bild kommt, ließe sich, wie schon im Titel angedeutet, allerdings treffender als ›Groteske‹ bezeichnen.

Die Überlegung, daß eine Groteske vergleichsweise nutzlos ist, hängt davon ab, inwieweit jemand in seinem Inneren noch ›Heide‹ ist. Auch wenn sowohl Wasserspeier als auch Grotesken zumeist christliche Bauwerke wie gotische Kirchen und Kathedralen schmückten, waren sie doch eher eine Art politischer Überhang. Man könnte sie als Zeichen des guten Willens betrachten, als Ölzweig, der dem Volk gereicht wurde, wenn es bei seinem Übertritt zum Christentum noch nicht bereit war, alles Althergebrachte vollständig über Bord zu werfen. Solange die Bildhauereien von der Bevölkerung nicht wie Götzenbilder verehrt wurden, waren sie erlaubt. Und da die Skulpturen sowieso nie den Charakter von Götzenbildern gehabt hatten, gab es auch keinen Grund, über sie zu streiten.

Aber warum dann die figürlichen Darstellungen?

In gewissem Sinne dienten sie der spirituellen Abschreckung. So wie Menschen zur Abschreckung von Vögeln Vogelscheuchen auf ihre Felder stellen, hatten die abstoßenden Skulpturen die Aufgabe, böse Geister und unglückbringende Dämonen von Wohnungen oder besonderen Orten fernzuhalten.

Betreff: X-Akten.
Der interne Aufbau des FBI

Zwar beschäftigt das *Federal Bureau of Investigation* die große Mehrheit seiner Mitarbeiter im FBI-Hauptquartier in Washington – dort, wo sich auch die Ausgangsbasis unserer beliebten fiktiven Agenten befindet –, aber die Organisation ist so strukturiert, daß Personal und Mittel auf effiziente Weise in Außendienststellen verlegt werden können. Gleichzeitig soll dabei der Informationsfluß zum zentralen Rechenzentrum möglichst unbehindert ablaufen können.

Um nicht den Überblick über die vielen Mitarbeiter und die großen Datenmengen zu verlieren, hat das FBI vor Jahren unterschiedliche Büros und Abteilungen eingerichtet – drei Büros und neun Abteilungen, um genau zu sein. Der Sitz aller Büros und Abteilungen befindet sich im Hauptquartier in Washington D.C. Jede Abteilung (Aufsicht, Rechtsabteilung, Erkennungsdienst, Presse- und Informationsstelle, technischer Dienst, Nachrichtendienst, Labor, Ausbildung und kriminalistische Untersuchungen) untersteht einem *Assistant Director* (Abteilungsleiter).

Die drei Büros werden von Verwaltungsbeamten mit unterschiedlichen Titeln geleitet. Ein *Inspector in Charge* (verantwortlicher Inspektor) steht dem Büro für Öffentlichkeit und Kongreßwesen vor. Das *General Counsel* (allgemeine Verbrechensaufklärung) führt der *General Counsel.* Leiter des *Office of Equal Employment Opportunity Affairs* (Büro für Fragen zur beruflichen Gleichberechtigung) ist der *Equal Employment Opportunity Officer* (Beauftragter für berufliche Gleichberechtigung).

Von der Zentrale aus stellen über 20 000 FBI-Agenten und -Mitarbeiter Programme und Hilfsdienste zur Verfügung, die in sechsundfünfzig Außendienststellen und vierhundert untergeordneten Dienststellen (örtlichen Agenturen) genutzt werden. Als Kontaktstellen im Ausland dienen die

Dienststellen von zweiundzwanzig *Legal Attachés* (Rechtsattachés) und *Legal Liaison Officers* (Rechtsverbindungsbeamte). Das letzte Glied in der Mitarbeiter-/Informationsschleife bilden vier im Land verteilte spezialisierte Einrichtungen. Innerhalb dieser hierarchischen Struktur arbeiten knapp 11 000 Special Agents an der Aufklärung verschiedener Verbrechen vom Bankraub bis zur Computerkriminalität. Weitere 14 000 feste Mitarbeiter unterstützen die Bemühungen durch ein breites Spektrum an Dienstleistungen in den Bereichen Ausbildung, Büro, Handwerk, Transport, Verwaltung, Technik und Wartung. An der Spitze der Organisation stehen der *Deputy Director* (Vizedirektor) und natürlich der *Director* selbst.

Weiter unten in der Hierarchie, zwischen den einzelnen Agenten und den *Assistant Directors*, rangieren die *Deputy Assistant Directors* (Vize-Abteilungsleiter), denen die Überwachung allgemeiner Operationen obliegt. Diese werden nach logischen Gesichtspunkten in Gruppen unterteilt, in denen die am stärksten spezialisierten Teams arbeiten. Zwei-Personen-Einsätze, wie man sie aus *Akte X* kennt, rangieren unter der Bezeichnung ›Team‹. Unter Berücksichtigung des hierarchischen Unterschiedes, der zwischen einem *Assistant Director* und einem Team in dessen Abteilung besteht, bildet eine regelmäßige Zusammenarbeit wie die von Skinner mit unseren beiden Agenten eher die Ausnahme. Noch dazu, weil Mulder und Scully es offensichtlich vorziehen, zunächst zu handeln und erst anschließend Bericht zu erstatten.

In der Realität können Special Agents nur selten so unabhängig agieren wie die beiden fiktiven FBI-Agenten in *Akte X*. Deshalb ist es vorteilhaft, daß die sechsundfünfzig Außendienststellen des FBI sinnvoll über die gesamten Vereinigten Staaten verteilt sind. Mit Ausnahme der Dienststellen in New York City und in Washington D.C., die jeweils einem *Assistant Director in Charge* (ADIC; verantwortlicher Abteilungsleiter) unterstehen, wird jede Außendienststelle von einem Special Agent *in Charge* (SAC; verantwortlicher Spezialagent) geleitet. Unterstützt wird dieser von *Assistant Special Agents in Charge* (ASACs; verantwortliche stellvertretende Spezialagenten) und *Squad Supervisors* (Mannschaftsinspektoren), die Ermittlungen koordinieren, sowie von *Office Services Managers* (Bürovorstehern), die sich um verwaltungstechnische Belange kümmern.

Abhängig von der Häufigkeit und der Art der Verbrechen, die in die Zuständigkeit einer Außendienststelle fallen, wird eine unterschiedliche Zahl von örtlichen Agenturen mit geeignetem Personal und entsprechenden Arbeitsmitteln eingerichtet. Eine örtliche Agentur kann aus einem einzelnen Agenten bestehen, aber auch einen ganzen Stab von Mitarbeitern umfassen. Große Agenturen haben Anspruch auf einen *Supervisory Senior Resident Agent* (einen diensterfahrenen, ortsansässigen Aufsichtsagent), der die Kommunikation zwischen Agentur und lokaler Dienststelle aufrechterhält.

Von den einzelnen Dienststellen werden Unmengen von Informationen an die spezialisierten Einrichtungen des FBI geleitet. In Pocatelle, Idaho, und in Fort Monmouth, New Jersey, befinden sich zwei *Regional Computer Support Centers* (RCSC; regionale unterstützende Rechenzentren), und von den Städten Butte, Montana, und Savannah, Georgia, aus operieren zwei *Information Technology Centers* (ITCs; informationstechnische Zentren). Die ITCs unterstützen Außendienststellen in der Verwaltung und bei Ermittlungen. Zusätzlich arbeitet das FBI eng mit dem *National Drug Intelligence Center* (NDIC; nationale Drogenbehörde) in Johnston, Pennsylvania, zusammen. Das NDIC sammelt und überprüft Informationen über den Drogenhandel, die von Polizeibehörden und anderen angeschlossenen offiziellen Stellen eingehen; es untersteht dem Justizministerium.

Im Verlauf der ersten drei Staffeln ermittelten Scully und Mulder in einem Bundesstaat nach dem anderen. Sie drangen bis in die Wildnis von Alaska vor und hoben sogar nach Puerto Rico ab. Bei Aktionen außerhalb der Grenzen der Vereinigten Staaten zogen es die Macher von *Akte X* vor, das Publikum in dem Glauben zu lassen, die beiden Serienhelden handelten unabhängig und sogar inoffiziell. Statt dessen hätten sich leicht einige der zahlreichen ausländischen Vertretungen des FBI in die Handlung integrieren lassen. Sollte man die Serie in Zukunft um einige exotische Schauplätze bereichern wollen, könnten Mulder und Scully ohne weiteres in legalem Auftrag und absolut glaubwürdig außerhalb des Landes operieren. Natürlich könnte sich die dann allerdings unverzichtbare Kooperation der fremden Regierung als genauso mysterienbehaftet erweisen wie in Amerika.

Tatsächlich wird das FBI zunehmend auf dem Gebiet der internationalen Kriminalität tätig. (Höhere Einschaltquoten ermöglichen ein umfangreicheres Budget!) Es ist also denkbar, daß wir demnächst erleben werden, wie Mulder und Scully auf der falschen Straßenseite fahren und sich mit Fremdsprachen abmühen, oder wie sie auf der Suche nach den internationalen Verbindungen des geheimnisvollen Konsortiums noch schneller unter die Räder geraten als zu Hause. An diesem Punkt könnten auch die überaus begabten Beamten, die in den Dienststellen der *Legal Attachés* arbeiten, in den Handlungsverlauf der Serie eingreifen und für einen zusätzlichen Schuß Authentizität sorgen.

Die *Legal Attachés* stehen in ständigem Kontakt mit dem Bereich für internationale Zusammenarbeit innerhalb der Abteilung für kriminalistische Untersuchungen im FBI-Hauptquartier und können somit ihren eigenen und dienststellenfremden Agenten optimale Unterstützung gewähren. Der Bereich für internationale Zusammenarbeit unterhält – neben einem ständigen Kontakt zur Verwaltungsabteilung – enge Verbindungen zu Interpol und zu ausländischen Sicherheitskräften, die in Washington, D.C., stationiert sind (beispielsweise Beamte von Scotland Yard). Ferner pflegt man dort die Beziehungen zu den amerikanischen Dependancen ausländischer Polizeiverbände.

In zweiundzwanzig Ländern rund um den Globus bestehen Dienststellen von *Legal Attachés*, die in aller Regel offiziell den diplomatischen Vertretungen der USA in den jeweiligen Ländern zugeordnet sind. Im Ausland tätige Special Agent*s* fallen im allgemeinen unter die Berufsbezeichnungen *Legal Attaché, Deputy Legal Attaché* (Vize-Rechtsattaché) oder *Assistant Legal Attaché* (stellvertretender Rechtsattaché). Eine Ausnahme bilden die Special Agent*s*, die von Honolulu, Miami und San Juan aus operieren. Sie werden als *Liaison Officers* (Verbindungsbeamte) bezeichnet.

Aber bis Mulder und Scully ihren Tätigkeitsbereich ins Ausland verlegen, werden sie weiterhin in erheblichem Maße von ihren Kollegen im Inland abhängig sein. Und selbst wenn sie im Hinblick darauf, wem sie vertrauen, sehr vorsichtig bleiben – es wird ihnen nützen zu wissen, wo die Kollegen zu finden sind.

Albany, New York
Albuquerque, New Mexiko
Achorage, Alaska
Atlanta, Georgia
Baltimore, Maryland
Birmingham, Alabama
Boston, Massachusetts
Buffalo, New York
Charlotte, North Carolina
Chicago, Illinois

Cincinnati, Ohio
Columbia, South Carolina
Denver, Colorado
El Paso, Texas
Houston, Texas
Jackson, Mississippi
Kansas City, Missouri
Las Vegas, Nevada
Los Angeles, Kalifornien
Memphis, Tennessee
Milwaukee, Wisconsin
Mobile, Alabama
New Haven, Connecticut
New York, New York
Oklahoma City, Oklahoma
Philadelphia, Pennsylvania
Pittsburgh, Pennsylvania
Richmond, Virginia
St. Louis, Missouri
San Antonio, Texas
San Francisco, Kalifornien
Seattle, Washington
Tampa, Florida

Cleveland, Ohio
Dallas, Texas
Detroit, Michigan
Honolulu, Hawaii
Indianapolis, Indiana
Jacksonville, Florida
Knoxville, Tennessee
Little Rock, Arkansas
Louisville, Kentucky
North Miami Beach, Florida
Minneapolis, Minnesota
Newark, New Jersey
New Orleans, Louisiana
Norfolk, Virginia
Omaha, Nebraska
Phoenix, Arizona
Portland, Oregon
Sacramento, Kalifornien
Salt Lake City, Utah
San Diego, Kalifornien
San Juan, Puerto Rico
Springfield, Illinois
Washington, D.C.

Die jährlichen Ausgaben des FBI belaufen sich auf annähernd 2,2 Milliarden Dollar (etwa 3,3 Milliarden DM). Davon werden alle Einsätze, Gehälter und sonstigen Ausgaben bestritten.

FALL X-3.15

Codename: ›Der Feind – Teil 1‹

ZUSAMMENFASSUNG

Mulder hat eine Begabung dafür, scheinbar unzusammenhängende Informationen und Hinweise miteinander in Verbindung zu bringen. So vermutet er jetzt einen Zusammenhang zwischen der mysteriösen *Talapus*, die, wie er glaubt, ein abgestürztes UFO geborgen

ZITAT

»Mulder, Sie sind in Gefahr, weil die *Angst* vor Ihnen und Ihrer Schonungslosigkeit haben. Und weil sie wissen, daß Sie, wenn man Sie mitten in der Wüste aussetzt und Ihnen sagte, die Wahrheit sei da draußen, um eine Schaufel bitten würden.« – DANA SCULLY

hat, und einem zweiten Schiff, der französischen *Piper Maru* (so der Originaltitel dieser Episode), deren Besatzung radioaktiv verseucht ist. Scully jedoch stellt andere Verbindungen her, die in ihre Kindheit und bis zum Mord an ihrer Schwester zurückreichen.

Im Mittelpunkt der Aktion I

HINTERGRUND

DIE FRAU

Name:	**Gillian Anderson**
Geburtsdatum:	9. August 1968
Geburtsort:	Chicago, Illinois
Körpergröße:	167 cm
Haarfarbe:	blond, tizianrot gefärbt
Augenfarbe:	braun
Eltern:	Rosemary und Edward
Geschwister:	zwei
Familienstand:	verheiratet mit Errol Clyde Klotz
Kinder:	Tochter Piper. Sie kam am 25. September 1994 während des ersten Teils der Dreharbeiten zur zweiten Staffel zur Welt. Eine geschickte Kameraführung sorgte dafür, daß man Andersons Schwangerschaft an der fiktiven Dana Scully nicht bemerkte.

Ausbildung

- Fountain-Grundschule in Grand Rapids, Michigan
- Abschluß 1986 auf der City High School in Grand Rapids
- Besuchte die prestigeträchtige Goodman Theater School an der DePaul-Universität, machte dort einen Abschluß als *Bachelor of Fine Arts*.
- Studierte am National Theater of Great Britain der Cornell-Universität, Ithaca/New York.

Berufliche Tätigkeiten

Andersons schauspielerische Laufbahn nahm ihren Anfang in Grand Rapids, wo sie an einer städtischen Bühne mitarbeitete. Während sie die DePaul-Universität besuchte, bekam sie eine Rolle in *The Turning*. Ihren Abschluß machte sie aber nicht in der Sparte Film, denn sie entschied sich, eine Karriere beim Theater zu verfolgen. Drei Jahre später trat sie in *The Philanthropist* im Long Warf Theater auf und gewann einen *Theater World Award* für ihre Leistung in einer Aufführung von Alan Ayckbournes *Abwesende Freunde*. Man würdigte damit ihre eindrucksvolle Verkörperung einer Rolle, die einzustudieren sie nur wenige Wochen Zeit gehabt hatte.
Nach einem ersten Ausflug zum Fernsehen in *Land in Flammen*, einer Hörspielkassette von *Exit to Eden* und einer Folge von *Tote haben keine Namen* war sie bereit, eine Rolle in einer Fernsehserie zu übernehmen. Die Figur Dana Scully – eine kluge Frau, die ihre Weiblichkeit ihrer beeindruckenden Karriere nicht opferte – übte einen unwiderstehlichen Reiz auf sie aus.
Chris Carter hatte sich schnell entschieden. Er war überzeugt davon, daß Anderson wie geschaffen für diese Rolle sei. Trotz einiger ›Fragen‹ der Fernsehgesellschaft (die eine Frau für die Rolle wollte, die »größer und schlanker war und mehr Bein und vor allem mehr Busen hatte«) bekam Anderson die Rolle der Scully.
Bei der zweiten alljährlichen Verleihung des *Screen Actors Guild Award* (SAG), mit dem Schauspieler die Besten aus ihren Reihen auszeichnen, erhielt Gillian Anderson die schwere Statue und wurde damit als beste Schauspielerin in einer dramatischen Fernsehserie geehrt. Anfangs hatte Anderson nicht daran geglaubt, daß die Serie nach der ursprünglichen halben Staffel von einleitenden Episoden weiterlaufen würde. Ohne Erfahrungen auf dem Gebiet der täglichen Arbeit für eine Fernsehproduktion war sie auf die mentale und körperliche Belastung, die die ständige Aufnahmebereitschaft bei unverändert ›frischem‹ Aussehen vor der Kamera mit sich bringt, nicht vorbereitet. Trotzdem hat sie im Laufe der Zeit eine Professionalität an den Tag gelegt, von der viele andere noch lernen könnten.

Wohnorte

Als junges Mädchen unternahm Gillian Anderson ausgedehnte Reisen. Sie folgte ihrem Vater, der ebenfalls Schauspieler ist, von Puerto Rico nach London, Grand Rapids und Chicago. Dann lebte sie in New York und Los Angeles; ihren augenblicklichen Wohnsitz hat sie in North Vancouver, British Columbia/Kanada.

Ihre liebsten Episoden

Es verwundert nicht, daß Gillian Anderson jene Episoden am liebsten mag, in denen sie ihre Talente voll entfalten kann: ›Die Botschaft‹ und ›Todestrieb‹. Unter diesen Kriterien gehört ›Offenbarung‹ aus der dritten Staffel natürlich auch dazu.

Erste Berufswünsche

Archäologin, Meeresbiologin

DIE ROLLE

Personalakte Nr. 121-627-161

Name:	**Dana Katherine Scully**
Rang:	Special Agent, DOJ, *Federal Bureau of Investigation*
Derzeitige Abteilung:	X-Akten
FBI-ID-Nummer:	2317-616
Telefon:	(Privat) 202-555-6431; (Handy) 202-555-3564

Rätsel 16

Leichte Fragen: Notieren Sie sich 1 Punkt für jede richtige Antwort.

1. An welcher Krankheit leiden die französischen Seeleute?
2. Um wieviel Kleingeld zum Telefonieren bittet der Bewaffnete die Kellnerin vermutlich?
3. Welcher frühere Partner begleitet Mulder in die Vereinigten Staaten zurück?
4. In welche Stadt fliegt Mulder mit dem Flug 612?
5. Wieviel Zeit liegt zwischen dieser Episode und dem Tod von Melissa Scully?

Es wird schwieriger: Notieren Sie sich 2 Punkte für jede richtige Antwort.

6. Wie lautet der Name von Johansens Untergebenem?
7. Vor welchem Bauwerk lassen sich Mr. und Mrs. Gauthier fotografieren?
8. Wie möchte Skinner sein Steak?
9. Wie lautet Gauthiers Vorname?
10. Nennen Sie den Erkennungscode des abgeschossenen Flugzeugs!

Antworten

1. Sie sind strahlenverseucht.
2. Um 1,75 Dollar
3. Agent Krycek
4. Hongkong
5. Fünf Monate

6. Zeus Faber
7. Vor dem Eiffelturm
8. Medium, halbgar
9. Bernard
10. JTTO 111470

Ihre Punktzahl:

Angaben zur Person

Geburtsdatum:	23. Februar 1964 (später, in den Episoden ›Die Autopsie‹ und ›Der Zug‹, geändert in 21. November 1964)
Körpergröße:	167 cm
Haarfarbe:	tizianrot
Augenfarbe:	blau/grün/braun
Familienstand:	ledig/nie verheiratet/keine Kinder
Eltern:	Vater Captain Jim Scully verstorben, Mutter Margaret Scully
Geschwister:	zwei Brüder (einer älter, einer jünger), beide eher unauffällig. Eine ältere Schwester – Melissa –, die mit New-Age-Gedankengut liebäugelte. Sie starb an den Folgen eines Kopfschusses, der ihr in der Wohnung ihrer Schwester von dem inzwischen verstorbenen Gewohnheitsverbrecher Louis Cardinal beigebracht wurde (›Das Ritual‹).
Im Notfall zu informieren:	Margaret Scully (Mutter)
Religionszugehörigkeit:	römisch-katholisch (zur Beachtung: Ein Testament befindet sich in den Unterlagen.)

Ausbildung

Agent Scully studierte Physik an der Universität von Maryland, bevor sie ein Medizinstudium aufnahm. 1992 erfolgreicher Abschluß der FBI-Ausbildung in Quantico. (Zur Beachtung: Sie unterhielt während ihrer Ausbildung eine intime Beziehung zu ihrem Ausbilder, Special Agent Jack Willis.)

Berufliche Tätigkeit (chronologisch)

Assistenzzeit im Krankenhaus
Beordert zur Ausbildungseinrichtung nach Quantico als Ausbilderin
Beordert zur Abteilung X-Akten als Agentin (6. März 1992)
Rückbeordert zur Ausbildungseinrichtung nach Quantico als Ausbilderin
Rückbeordert zur Abteilung X-Akten als Agentin

Bemerkungen (chronologisch)

1. Die Abteilung hegt die Hoffnung, daß Agent Scully, die eine ›traditionelle‹ wissenschaftliche Haltung vertritt und der Naturwissenschaft verpflichtet ist, in der Lage sein wird, den Wert der Arbeit von Agent Mulder vernünftig zu beurteilen und dabei gleichzeitig das allgemeine Verhalten und den geistigen Zustand des Agenten zu beobachten.
2. Aufgrund eines vor kurzem geführten Gespräches hat unser Vernehmungsbeamter Grund zu der Annahme, daß wir mit der Überstellung von Agent Scully zu den X-Akten weniger gut beraten waren, als wir zuerst dachten. Während die Agentin sich zwar im allgemeinen an die konventionellen Ermittlungstechniken hält, die von unserer Abteilung für optimal erachtet werden, ist bei ihr eine Tendenz zur ›Aufgeschlossenheit‹ festgestellt worden.
3. Nach einer mit ihrer beruflichen Tätigkeit in Zusammenhang stehenden Entführung durch Duane Barry (ein bekannter Psychotiker, der vermutlich mit einem Komplizen gearbeitet hat), mußte Agent Scully medizinisch behandelt werden. Sie wurde aufgefordert, den Vorfall mit dem hauseigenen Psychologen zu diskutieren. Da solche Unterredungen unter die ärztliche Schweigepflicht fallen, sind derzeit keine Informationen darüber verfügbar. Beurteilungen ihrer Tauglichkeit für den aktiven Einsatz bestätigen ihre Entscheidung, zu ihren vorherigen Aufgaben zurückzukehren. Dennoch werden weiterhin regelmäßig Berichte über ihre Ermittlungen angefertigt.
   (Zur Beachtung: Bis Agent Scully in der Lage ist, einen Bericht über die Ereignisse bei ihrer Entführung anzufertigen, gilt der Fall Nr. 73317 weiterhin als offen.)
4. Nach den Ereignissen im Reservat Two Grey Hills, die möglicherweise zum Tod ihres Partners geführt haben, hat das

Office of Professional Conduct (Büro für berufliches Verhalten) empfohlen, Special Agent Dana Scully vom Dienst zu suspendieren, bis alle Einzelheiten ihres Fehlverhaltens analysiert worden sind. Diese Disziplinarmaßnahme ist nach den *Articles of Review* des OPC (Überprüfungsrichtlinien des OPC) gerechtfertigt. Außerdem wird Agent Scully für die Zeit ihrer Suspendierung keine Bezüge oder sonstigen Vergütungen erhalten. Die Maßnahme gründet sich auf die Art ihrer Insubordination und der direkten Mißachtung ihrer Vorgesetzten.

5. Agent Scully ist wieder in Dienst gesetzt worden. Die Beteiligung an den Aktivitäten ihres Partners ist erwiesen; dagegen kann derzeit ein Mitwirken an dessen Verschwinden, nicht genehmigten Ermittlungen und Insubordination nicht beurteilt werden. Die Frage nach einer Mitschuld am Tod ihres Partners hat sich offensichtlich erübrigt.
6. Nach Intervention des japanischen diplomatischen Korps wurde es Special Agent Scully und Special Agent Mulder offiziell untersagt, weitere Ermittlungen im Todesfall Steven Zinnzser anzustellen.
7. Auf Antrag von Special Agent Patterson wurde ein Ermittlungsverfahren gegen Special Agent Dana Scully eingeleitet. Ihr wird vorgeworfen, die Arbeit der Justiz und den Beamten Special Agent Fox Mulder in der Ausübung seiner Dienstpflichten behindert zu haben.
8. Das Ermittlungsverfahren wurde aus Mangel an Beweisen und aufgrund besonderer Umstände eingestellt.
9. Das von Special Agent Dana Scully eingereichte und von *Assistant Director* Walter S. Skinner befürwortete Gesuch, die Ermittlungen zum Tode von Melissa Scully weiterzuführen, wurde zur Kenntnis genommen. Es wird auf dem üblichen Dienstweg weiterbearbeitet.
10. Nachdem sich ihr Partner, Agent Fox Mulder, geweigert hatte, Informationen an den Schriftsteller José Chung weiterzuleiten, stellte Agent Scully den Antrag, die Informationen übermitteln zu dürfen. Dem Antrag wurde stattgegeben, da keine geheimen Informationen betroffen waren. Die Verbindung soll über die Abteilung für Öffentlichkeitsarbeit des FBI hergestellt werden und sich an den Bestimmungen des Gesetzes zur Informationsfreiheit orientieren.

Ein paar weitere Namen ...

Seit sie zum ersten Mal aufs Meer hinausfuhren oder sich in die Lüfte erhoben, haben Seeleute und Piloten ihren Schiffen und Flugzeugen Namen gegeben. Häufig wählten sie dabei Namen von Frauen, die in ihrem Leben eine Rolle gespielt hatten. Die Crew von *Akte X* führte diese Tradition in ›Der Feind – Teil 1‹ fort und benannte das französische Schiff *Piper Maru* nach Gillian Andersons Tochter. Die Mutter würdigten sie mit *Drop Dead Red.*

FALL X-3.16

Codename: ›Der Feind – Teil 2‹

ZUSAMMENFASSUNG

Die Verbindungen, die Mulder hinter den Ereignissen rund um die *Piper Maru* vermutete, werden deutlicher, als Scully den Anschlag auf *Assistant Director* Skinner mit dem Mord an ihrer Schwester in Verbindung bringt. Unterdessen folgt Mulder der Spur des

ZITAT
»Hören Sie mir zu! Zorn ist ein Luxus, den Sie sich gerade jetzt nicht leisten können. Wenn Sie zornig sind, werden Sie einen Fehler machen, und diese Leute werden ihn zu ihrem Vorteil nutzen. Sie haben gesehen, wie sie vorgehen.«
– Walter Skinner

mysteriösen Wracks. Beide glauben, daß damit Todesfälle in Zusammenhang stehen, die bis ins Jahr 1953 zurückreichen. Als plötzlich auch noch Agent Alex Krycek wieder auftaucht, ist es sehr unwahrscheinlich geworden, daß die Fäden *nicht* irgendwo zusammenlaufen.

Im Herzen der Aktion II

HINTERGRUND

DER MANN

Name:	**David William Duchovny**
Geburtsdatum:	7. August 1960
Geburtsort:	New York City
Körpergröße:	180 cm
Haarfarbe:	braun
Augenfarbe:	braun
Besondere Kennzeichen:	Leberfleck auf der rechten Wange
Eltern:	Amram und Margaret Duchovny
Geschwister:	Daniel (älter), lebt in Los Angeles; Laurie (jünger), lebt in New York
Familienstand:	ledig/nie verheiratet, hat aber zur Zeit eine ernsthafte Beziehung

Ausbildung

College-Vorbereitungsschule, Manhattan
Princeton-Universität, B.A.
Yale-Universität, M.A. (Dissertation in Anglistik nicht beendet). Magisterarbeit: ›Magie und Technologie in der zeitgenössischen Dichtung und Prosa‹
Schauspielschule The Actor's Studio

Filmografie

Die Waffen der Frauen (1988)
Neujahr in New York (1989)

RÄTSEL 17

Leichte Fragen: Notieren Sie sich 1 Punkt für jede richtige Antwort.

1. **Wo befindet sich Skinner, als auf ihn geschossen wird?**
2. **Was steht auf Kryceks Schlüssel?**
3. **Wodurch erhält das FBI genetische Informationen über den Schützen, der auf Skinner gefeuert hat?**
4. **Mit Hilfe von welchem Material springt der ›Außerirdische‹ nach Mulders Vermutung von Person zu Person?**
5. **Mit welchem feingeschliffenen Ausrüstungsgegenstand gelingt es Mulder, eine Telefonnummer wieder sichtbar zu machen?**

Twin Peaks (1990, TV)
Todfreunde – Bad Influence (1990)
Julia und ihre Liebhaber (1991)
Fast Food Family (1991)
Don't Tell Mom The Babysitter's Dead (1991)
Irrwege der Leidenschaft (1991)
Ein Hund namens Beethoven (1992)
Baby Snatcher (1992, TV)
Ruby (1992)
Chaplin (1992)
Wilde Orchidee 3 (1992, TV)
Venice/Venice (1992)
Kalifornia (1993)

Hobbys

Einzelsportarten: Jogging, Schwimmen und Yoga; Mannschaftssportarten: Basketball und Baseball; Schriftstellerei (auch Gedichte), Musik, Theater

DIE ROLLE

Personalakte Nr. 118-366-047

Name:	**Fox William Mulder**
Rang:	Special Agent, DOJ, *Federal Bureau of Investigation*
Derzeitige Abteilung:	X-Akten
FBI-ID-Nummer:	Jtto 47101111
Telefon:	(Privat) 202-555-0199

Angaben zur Person

Geburtsdatum: 11. Oktober 1960 (später, in den Episoden ›Die Autopsie‹

	und ›Der Zug‹, geändert in 13. Oktober 1960)
Größe:	180 cm
Haarfarbe:	mittelbraun
Augenfarbe:	braun
Familienstand:	ledig/nie verheiratet/keine Kinder
Eltern:	Vater William Mulder (ermordet), Mutter derzeit aus medizinischen Gründen geschäftsunfähig
Geschwister:	eine Schwester, Samantha T. Mulder, die am 27. November 1973 aus dem Haus der Familie verschwand; Aufenthaltsort unbekannt
Im Notfall zu informieren:	Agent Dana Scully, Washingtoner Büro des FBI

Ausbildung

Agent Mulder studierte Psychologie an der Universität von Oxford. Er gehörte zu den Besten seines Jahrganges. FBI-Ausbildungsakademie, Quantico.

Berufliche Tätigkeit (chronologisch)

Abschluß eines Klinikpraktikums als Psychologe
Beordert zur Abteilung für Gewaltverbrechen, Verhaltensforschung
Beordert zu den X-Akten als Agent
Beordert zur Nachrichtenabteilung, Kommunikation
Rückbeordert zu den X-Akten als Agent

Bemerkungen (chronologisch)

1. Auf Anraten seiner Ausbilder und angesichts seines Universitätsstudiums wurde Agent Mulder der Gruppe Verhaltensforschung bei

Es wird schwieriger: Notieren Sie sich 2 Punkte für jede richtige Antwort.

6. **Welchen Autoverleih beauftragt Mulder?**
7. **Von welcher Straße werden Krycek und Mulder auf effektive Weise abgedrängt?**
8. **Welcher Agent zeigt romantisches Interesse an Dana Scully?**
9. **Wo hat Skinner seinen Angreifer vorher schon einmal gesehen?**
10. **Aus welcher Einrichtung versuchen die Lone Gunmen ein bestimmtes Stück für Mulder herauszuholen?**

ANTWORTEN

1. In einer Kaffeebar
2. C.I. 517
3. Durch Speichel – der ›Hispanier‹ hat Skinner bespuckt.
4. Mit schwerem Dieselöl
5. Mit einem Bleistift

---

6. Wie in den meisten Folgen beauftragt er Lariat Rent-A-Car.
7. Von der County Road 512 in Maryland
8. Agent Pendrell
9. In einem Treppenhaus, unmittelbar bevor Krycek das DAT-Band stahl
10. Aus Capital Ice, der schönsten Eislaufbahn in Maryland

Ihre Punktzahl:

der Abteilung für Gewaltverbrechen zugewiesen.

2. Die Untersuchung im Todesfall seines ehemaligen Partners Lamana ergab, daß Agent Mulder sich korrekt verhalten hat und in keiner Weise für dessen Tod verantwortlich ist.
3. Seiner Personalakte wurde eine Belobigung für besonderen Einsatz im Fall Props hinzugefügt.
4. Auf seine eigene Bitte hin und im Einvernehmen mit seinen Vorgesetzten hat Mulder den Auftrag erhalten, einige bisher ungelöste Fälle zu untersuchen. Diese Aufgabe ist zeitlich begrenzt, damit Rückstände aufgearbeitet werden können. Agent Mulder soll in Kürze zur Abteilung Gewaltverbrechen zurückkehren.
5. Da Agent Mulder keine Anstalten macht, in absehbarer Zukunft zu seiner vorherigen Abteilung zurückzukehren, wird eine informelle Untersuchung über den Wert seiner jetzigen Arbeit angeordnet. Es soll darin geklärt werden, ob er seine Fähigkeiten außerhalb der X-Akten besser einsetzen könnte.
6. Agent Dana Scully wurde den X-Akten zugewiesen und wird der Verwaltungsabteilung Bericht erstatten.
7. Aufgrund unorthodoxer Ermittlungsmethoden des Agenten Mulder wurde beschlossen, ihn wieder seiner regulären Position zuzuweisen (Überstellung zur Abteilung Nachrichten, Kommunikation und Überwachung).
8. Unter der Führung von *Assistant Director* Skinner sind die Agenten Scully und Mulder wieder den X-Akten zugeteilt worden. Die Dauer der Überstellung muß noch festgelegt werden.
9. Die Beteiligung des Agenten an den nicht genehmigten und irregulären Aktivitäten im

Navajo-Reservat Two Grey Hills ist als weiterer Beweis für Mulders Unfähigkeit, im Rahmen des Systems zu operieren, vermerkt worden. Weil die Aktivitäten inoffiziell waren und nicht als illegal eingestuft werden konnten, werden keine internen Disziplinarmaßnahmen eingeleitet.

10. Das japanische diplomatische Korps hat offizielle Ermittlungen gegen Agent Mulder beantragt. Sein Vorgehen im Anschluß an eine Reihe von Todesfällen unter japanischem Personal soll überprüft werden.
11. Der Antrag des japanischen diplomatischen Korps wurde ohne Begründung zurückgezogen.
12. Agent Mulder hat es formell abgelehnt, sich um einen Posten in der Abteilung Gewaltverbrechen von Special Agent Patterson zu bewerben.
13. Agent Mulder hat es formell abgelehnt, mit dem Schriftsteller José Chung zusammenzuarbeiten. Der Antrag wird über die Abteilung Öffentlichkeitsarbeit zurückgeleitet.
14. Trotz einiger Vorbehalte seitens des Büros für berufliches Verhalten hat Agent Mulder eine Einladung zur Jahreshauptversammlung der NICAP angenommen. Er soll dort einen Vortrag zum Thema ›Die Glaubwürdigkeit des Beobachters‹ halten.

Fehler!

Der Mörder von Melissa Scully hat sein Opfer nicht angespuckt. Woher kam also das genetische Material für den Nachweis, daß er mit diesem Verbrechen zu tun hatte? Für den DNS-Vergleich hätte Agent Pendrell ein Vergleichsobjekt gebraucht.

Die Kellnerin muß eine Zeugin gewesen sein, von der jeder Anwalt nur träumen kann. Laut Scully gab sie zu Protokoll, daß es sich bei dem Schützen um »eine männliche Person, etwa vierzig Jahre alt, Blutgruppe B Rhesus-positiv« handelte. Allerhand für einen *Augenzeugen*bericht!

Und auch noch Zeitfehler!

»Krycek? Alex Krycek verschwand vor *fünf Monaten*!«

Ob Scully oder Mulder bemerken, daß zwar das Konsortium vor fünf Monaten die Spur von Krycek verloren haben mag, Krycek nach *ihrem* Wissensstand aber kurz nach Scullys Entführung verschwand – also viele Monate früher? Wird Mulders sechster Sinn für Zusammenhänge ihm verraten, daß der Kettenraucher folglich *nach* Scullys Entführung Kontakt zu Krycek hatte – als Krycek längst ein gesuchter Verbrecher war?

FALL X-3.17

Codename: ›Mein Wille sei dein Wille‹

ZUSAMMENFASSUNG

Die Zahl der Todesopfer schnellt in die Höhe, aber Dutzende von Zeugen behaupten, daß es sich bei den Todesfällen um Selbstmorde, nicht um Morde handle. Also suchen Mulder und Scully nach einem charismatischen Killer, der fähig ist, andere davon zu überzeugen, wirklich *alles* zu tun, was er von ihnen verlangt. Weit davon entfernt, sich von den FBI-Beamten einschüchtern zu lassen, fühlt sich der Gesuchte zu neuen Grausamkeiten inspiriert. Ganz allmählich verstrickt er auch Scully und Mulder in sein intimes, tödliches Spiel.

HINTERGRUND

Dürfte ich einen Vorschlag machen?

In glitzernden Magierkostümen auftretende Hypnotiseure agieren meistens auf Bühnen, die von kaltem Trockeneisnebel umwabert werden. Ein Mann mit dramatisch rasierten Koteletten und dick aufgetragener Schminke, die die Intensität seines starren Blicks unterstreicht, befiehlt einer Frau, wie eine Ente zu quaken und dabei über die Bühne zu

ZITAT
»Was soll ich Ihnen sagen, Mulder? Daß ich glaube, Modell ist ein Mörder? Ja, das glaube ich! Ich suche nur nach einer Erklärung, die ein wenig mehr im faßbaren Bereich liegt als die des ›bösen Blicks‹.«
– Dana Scully

watscheln. Vor den Augen eines tausendköpfigen Publikums gehorcht die Frau.

Obwohl die Zuschauer angesichts der lächerlichen Figur, die das unglückliche Opfer abgibt, lauthals lachen, fühlt sich die Mehrheit nicht ganz wohl in ihrer Haut. Schließlich hatte es nicht den Anschein gehabt, als wäre die Frau besonders leichtgläubig – jedenfalls nicht mehr als eine andere, die stundenlang geglaubt hatte, ihr Finger stecke mitten in ihrer Stirn. Dieses Erstaunen darüber, was ›normale‹ Menschen unter Hypnose offensichtlich mit sich anstellen lassen, hat bereits zahlreiche Filme inspiriert – und nun also auch die besonders gelungene *Akte-X*-Episode ›Mein Wille sei dein Wille‹. Auch ohne das Klischee des pendelschwingenden Psychiaters oder des theatralischen Bühnenhypnotiseurs zu zitieren, beeindruckt die Fähigkeit von Hypnotiseuren, die Hypersuggestibilität ihrer Opfer zu nutzen. Sie ist eine effektive, wenn auch traditionelle Karte im Blatt jedes Horrorautoren.

Trotz jahrelanger wissenschaftlicher Studien ist nach wie vor nicht vollständig geklärt, wie Hypnose funktioniert, wo ihre Grenzen liegen und warum manche Menschen sehr stark, andere dagegen gar nicht darauf ansprechen. Solange diese Fragen unbeantwortet bleiben, sind Hypnotiseure wie der aus *Akte X* gefährlich. Nicht einmal vor der Schmach, vor Publikum quakend und watschelnd über eine Bühne geschickt zu werden, ist man im Augenblick vollkommen sicher.

ZITAT
»Es war, als schaute ich mir plötzlich von der anderen Seite des Zimmers aus dabei zu, wie ich diese Dinge tat. Als wäre er bei mir gewesen – in meinem Kopf!« – Holly

Sogar der Versuch, Hypnose zu definieren, bereitet Schwierigkeiten. Einige Forscher glauben noch immer, Hypnose sei ein veränderter Bewußtseinszustand, der sorgfältiger Vorbereitung bedürfe und bei dem der Hypnotiseur die wesentliche Funktion einnehme. Andere

John Barrymore in *Svengali*

sehen in hypnotischen Trancezuständen allgemeine Erscheinungen, die die Betroffenen unabhängig von einem Hypnotiseur leicht selbst herbeiführen können. Sportler berichten oft von einem geschärften Bewußtsein für ihr Ziel, ihre Umgebung und ihre Fähigkeiten. Basketballkörbe wirken riesig, Schwebebalken erscheinen breit wie Straßen, Sportverletzungen wie Zerrungen, Verstauchungen oder sogar Knochenbrüche verursachen keine Schmerzen. Gleichgewichtssinn, Muskelbeherrschung und Beweglichkeit sind nachweislich auch ohne Beeinflussung durch einen Hypnotiseur verbessert. Solche Beispiele eines veränderten Bewußtseinszustandes stützen die Theorie, daß Hypnose und Selbsthypnose natürliche Formen der Wahrnehmung sind, die bei manchen Menschen stärkere Ausprägung als bei anderen finden.

Dieses Phänomen ist allerdings kein Stoff, aus dem sich Horrorfilme oder *Akte-X*-Episoden schmieden

Leichte Fragen: Notieren Sie sich 1 Punkt für jede richtige Antwort.

1. **Welche Farbe hat die Uniform von Deputy Scott Kerber?**
2. **Wieviel hätte Pusher durch seine Wette mit Mulder gewinnen sollen?**
3. **Wer könnte nach Bursts Meinung Modells Innenarchitekt gewesen sein?**
4. **Wer hinterläßt den Abdruck eines Absatzes von Schuhgröße 41 auf Skinners Stirn?**
5. **Welche Geschmacksrichtung von ›Carbo Boost‹ bevorzugt Modell?**

ließen, und so wird hier der Hypnotiseur zum notwendigen Bestandteil der Handlung. Aus nachvollziehbaren Gründen würde sich niemand selbst zu Aktionen veranlassen, die außerhalb seiner normalen persönlichen Ziele liegen. Deshalb bedarf es eines modernen Svengali, wenn jene Spannung aufkommen soll, die uns, wie es Chris Carter formuliert, ›vom Hocker reißt‹. Sie entsteht aufgrund realer Ängste vor einem möglichen Verlust der Selbstkontrolle und vor psychischen und physischen Kräften, die unwiderstehliche Zwänge auf uns ausüben.

Daß Hypnose – das Werkzeug von Menschen wie Mesmer und Pusher – existiert, ist unbestritten. Zwar sind einige der Hypnose-Probanden beschuldigt worden, durch Kooperation mit ihren Hypnotiseuren falsche Ergebnisse vorgelegt zu haben, aber in den meisten Fällen würden selbst die willigsten Versuchspersonen nicht ruhig unter dem Skalpell eines Chirurgen oder unter dem Bohrer eines Zahnarztes liegenbleiben, wenn sie nicht tatsächlich unter Hypnose keinerlei Schmerz empfänden. Genauso unmöglich wäre es ihnen, eine Blutung zum Stillstand zu bringen, ihren Blutdruck zu senken oder ihre Körpertemperatur zu verändern. All dies sind jedoch belegte Phänomene. Veränderungen wie allergische Reaktionen, Blasenbildung oder Sonnenbrand, die durch Suggestion hervorgerufen werden, bleiben ebenfalls unerklärlich. Werden Menschen durch Hypnose von einer langjährigen Schuppenflechte geheilt oder die Leukozyten im eigenen Blut erhöht, grenzt das dagegen bereits an ein Wunder. Daß etwas geschieht, ist unwiderlegbar. Doch *was* passiert – und noch wichtiger: *wie* es passiert – bleibt unbekannt.

Weil wir schon den Mechanismus, der körperliche Reaktionen hervorruft, kaum verstehen, verwundert es nicht, daß geistige Reaktionen noch unerklärlicher anmuten. Im klassischen Fall wird der Hypnotisierte aufgefordert, sich an ein Detail, das ihm unter normalen Umständen nicht zugänglich ist, zu erinnern. Oft berichten die Medien von Polizeifällen, in denen sich Augenzeugen unter Hypnose plötzlich an Autokennzeichen, Ziffernblätter, Muttermale, Narben oder Tätowierungen von Verbrechern erinnern. Selbstverständlich wird weniger häufig von jenen Fällen berichtet, in denen die Hypnose keine neuen Einzelheiten ans Licht brachte. Auch die zahlreichen Experimente, bei denen die unter Hypnose erhaltenen Aussagen den bekannten Ereignissen und Einzelheiten widersprachen, bleiben unerwähnt. Widersprüche werfen Fragen auf und geben den Drehbuchautoren die Möglichkeit, uns mit unbewiesenen Antworten auf unsere drängenden Fragen zu erschrecken.

Kann wirklich jeder in Hypnose versetzt werden? Die Antwort lautet offenbar kurz und bündig: »Ja!«

Etwa fünf Prozent der Bevölkerung haben allerdings Schwierigkeiten, eine tiefere Tranceebene zu erreichen. Voraussetzung sind die persönliche Bereitschaft zur Hypnose, Vertrauen zum Hypnotiseur und eine angenehme Umgebung. Sehr wenige Personen können *gar nicht* hypnotisiert werden. Zu den genannten vier bis fünf Prozent der Menschen, die nur schwer zu hypnotisieren sind, zählen auch diejenigen mit einem Intelligenzquotienten unter sechzig. Aufgrund ihrer Schwierigkeiten, sich über längere Zeit auf einen bestimmten Gegenstand oder eine Sache zu konzentrieren, kann man die Auswirkungen der Hypnose bei ihnen nicht beurteilen.

Umgekehrt fallen zehn Prozent der Bevölkerung sehr leicht in tiefe Trance, viele sogar ohne Einwirkung eines Hypnotiseurs oder spontan wie die Sportler, von denen wir gesprochen haben. Musiker und Schauspieler arbeiten häufig unter höchster Konzentration und

RÄTSEL 18

Es wird schwieriger: Notieren Sie sich 2 Punkte für jede richtige Antwort.

6. **Welche Zeitschrift soll Pusher nach Mulders Vorstellung in seiner Toilette versteckt haben?**
7. **Was befindet sich, wie Pusher spaßeshalber behauptet, in seinem Golfball?**
8. **Wie wird Collins verletzt?**
9. **Wie lautete Pushers bürgerlicher Name?**
10. **Nennen Sie den Nachnamen des Kontrolleurs in der Eingangshalle des FBI-Gebäudes, der nicht nur in dieser Episode Pusher einläßt, sondern in ›Der Zug‹ ohne Absicht Scully hilft, das Implantat in ihrem Hals zu finden!**

ANTWORTEN

1. Tiefblau
2. Fünf Dollar
3. Ein Verrückter
4. Holly
5. Mango-Kiwi-Tropenwirbel

6. *American Ronin*
7. »Ein Kern aus Uran oder so was in der Art.«
8. Er fängt Feuer.
9. Robert Patrick Modell
10. F. Johnson

Ihre Punktzahl:

zeigen dabei Anzeichen hypnotischer Zustände. Ähnliches soll auch schon bei Computerkünstlern und fanatischen Videospielern vorgekommen sein.

Der Rest der Bevölkerung, die statistische Mehrheit, liegt irgendwo zwischen diesen Extremen. Wie bei jeder Einzelperson können die Ergebnisse auch hier erheblich variieren.

Gibt es einen Persönlichkeitstypus, der besonders empfänglich ist? Eine Zeitlang dachte man, daß leichtgläubige, naive oder leicht neurotische Menschen die geeignetsten Hypnosekandidaten seien. Wer leicht in Hypnose versetzt werden konnte, sei weniger helle im Kopf als die Allgemeinheit ... Doch das ist falsch.

Zahlreiche Studien seit den Anfängen in den dreißiger Jahren bis in unsere heutige Zeit haben Wissenschaftlern keine greifbaren Ergebnisse gebracht. Daran konnten auch unterschiedliche Umgebungsbedingungen nichts ändern; Versuche in der Antarktis (wo man trotz des Mangels an sensorischen Stimuli für Suggestion empfänglich ist) fielen nicht anders aus als Untersuchungen im Labor. Geschlecht, Intelligenz, geistige Gesundheit und Persönlichkeitsmerkmale wie Intro- oder Extrovertiertheit haben *absolut keinen Einfluß* auf die Empfänglichkeit für Hypnose.

Zwar messen eine Reihe von standardisierten Tests, die größtenteils auf der Stanford-Skala für Hypnose-Empfänglichkeit basieren, in welchem Umfang eine Versuchsperson das für einen Hypnotisierten typische Verhalten an den Tag legt. Aber sie geben nicht zwingend Auskunft darüber, in welchem Maße die Person hypnotisierbar ist. Immerhin gibt es einige wenige physikalische Anhaltspunkte, die eine Einschätzung ermöglichen. In einem Test beispielsweise soll ein Proband so weit wie möglich nach oben schauen, ohne dabei seinen Kopf zu bewegen, also die Augen nach oben rollen. Je größer der sichtbare Anteil der *Sklera* (der weiße Teil des Augapfels) ist, desto besser eignet sich der potentielle Proband. Aber was hat die Fähigkeit, Grimassen zu schneiden, mit der Hypnotisierbarkeit zu tun? Niemand weiß es, und bedeutsame Zusammenhänge kristallisieren sich nur quälend langsam heraus.

Zu den hypnoseempfänglichen Personen, die mit großer Wahrscheinlichkeit zu Recht in dem Verdacht stehen zu simulieren, zählen sogenannte ›fantasieanfällige Persönlichkeiten‹. Unglücklicherweise sind diese Persönlichkeiten zwar mit einem exotischen, aber eben falschen Image behaftet – wie die meisten Phänomene, die Hollywood zu porträtieren versucht hat. Weit entfernt davon, in irgendwelchen Wahnvorstellungen befangen zu sein, erweisen sie sich oft als außergewöhnlich zielstrebig und mit einem unbändigen Willen, alle Tatsachen auszuwerten, bevor Schlüsse gezogen werden. Fantasieanfällige verfügen über ein außergewöhnlich gutes, oft sogar eidetisches Gedächtnis sowie eine überdurchschnittliche sensorische Wahrnehmungsfähigkeit. Ihre Fähigkeit, mit geistigen Bildern umzugehen, damit zu spielen, ist eine Form von Genialität.

Eine fantasieanfällige Persönlichkeit ist kein Opfer der Fantasie, sondern äußert begabt in der *Anwendung* der Fantasie. Sie besitzt die Fähigkeit, nur in der Vorstellung vorhandene Bilder einzusetzen – so wie ein Architekt seine Modelle verwendet.

Frank Lloyd Wright war eine fantasieanfällige Persönlichkeit. Er konnte in seiner Vorstellungswelt ganze Kathedralen entwerfen, noch bevor er den ersten Bleistiftstrich zu Papier gebracht hatte. Lou Gehrig, ein anderer Fantasieanfälliger, behauptete, »die komplette Flugbahn des Balles zu sehen, sobald der die Hand des Werfers verlassen hat«. Um den Ball zu treffen, mußte er den Schläger nur noch an die entsprechende Stelle halten. Er *wußte*, daß der Ball dorthin kommen würde.

Inmitten einer wahren Flut von Witzen über O. J. Simpson blieb *Akte X* feinsinnig: »So, so – er ist also ein Mörder *und* ein Golfer.«

Auch Bildhauer, die beim Versuch, die Skulptur eines Wales zu formen, diesen Wal bereits im unbearbeiteten Steinblock erkennen und dann »wegschlagen, was nicht Wal ist«, gehören zu den fantasieanfälligen Persönlichkeiten.

Die lebhaften Beschreibungen Pushers – die sanften Winde, die niemandem Schaden zufügen könnten, oder die Fettpfropfen in Detective Bursts Arterien – waren sicherlich dazu geeignet, die Aufmerksamkeit einer fantasieanfälligen Person zu erregen. Darüber hinaus versprachen sie Erfolg bei dem Versuch, die Überzeugungen, Gefühle oder Wahrnehmungen des anvisierten Opfers ins Wanken zu bringen.

Gebe ich die Kontrolle über mich selbst vollkommen ab? Natürlich liegt der Schwerpunkt aller filmischen Handlungen vom Typ *Svengali* auf der Frage: Wie weit reicht die Macht des Hypnotiseurs über sein Opfer? Wir hoffen, daß ›Mein Wille sei dein Wille‹ ebenso wie seine Vorläufer die berechtigten Ängste von Hypnosepatienten übersteigert hat.

Allerdings können Probanden aufgrund der sogenannten Trance-Logik tatsächlich auch auf sanftem Wege zu einem merkwürdigen Verhalten gebracht werden. Die Trance-Logik geht davon aus, daß die meisten Menschen versuchen werden auszuführen, was man ihnen aufgetragen hat, solange kein Grund dafür vorliegt, es nicht zu tun. Zum Beispiel werden die meisten Hypnosepatienten – ungeachtet des Vertrauens in ihren Hypnotiseur – ihre Hand *nicht* vorsätzlich ins Feuer halten. Sollten sie durch Trance-Logik jedoch davon überzeugt werden können, daß die Flammen nicht real sind, dann würden sich einige mit Sicherheit die Finger verbrennen.

Manchmal bedarf es nicht einmal der Trance-Logik. In einer Studie zu der Frage, ob Hypnotisierte eine Gefahr für sich oder andere darstellten, entdeckte Lloyd

Rowland überaus Interessantes: Einige der Testpersonen wären nicht nur freiwillig dazu bereit gewesen, ihre Hände in Kisten zu stecken, in denen sich angeblich Klapperschlangen befanden. Sie hätten auch ohne zu zögern jemand anderem eine Flüssigkeit ins Gesicht geschüttet, die man ihnen zuvor als stark ätzende Säure beschrieben hatte!

Plötzlich stellen wir also fest, daß diese *Akte-X*-Episode gar nicht so unrealistisch ist, wie wir gerne geglaubt hätten ... Der Gedanke an das Vertrauensverhältnis, das die erwähnten Versuchspersonen mit ihren jeweiligen Hypnotiseuren verband, kann den ersten Schrecken ein wenig mildern – aber nur, wenn wir fest an die guten Absichten aller vertrauenswürdigen Hypnotiseure glauben.

Geht man davon aus, daß Hypnose zu Verbrechen führen kann, dann wird man erwarten, in den Gerichtsakten Aufschluß darüber zu finden. Der Gedanke ist nicht abwegig. Im Jahre 1993 wurde der Hypnosetherapeut Roger Belton für schuldig befunden, an der Vergewaltigung von Caroline Bedford, der Ehefrau eines seiner Patienten, als Komplize beteiligt gewesen zu sein. Zwar befand sich Belton zum Zeitpunkt des Verbrechens mehr als neunzig Kilometer vom Tatort entfernt, aber mit Hilfe von Tonbandaufzeichnungen, die in seiner Praxis sichergestellt worden waren, benötigte das Gericht nur achtzehn Minuten, um festzustellen, daß der bis dahin sehr liebevolle und zärtliche Ehemann Wade Bedford seine Frau überfallen hatte, weil er unter dem hypnotischen Einfluß seines Therapeuten stand.

Zum Glück für eine junge Wissenschaft, die zukünftig viel medizinischen Nutzen verspricht, sind solche Fälle eher selten. Bei den wenigen Erwähnungen in den Gerichtsakten handelt es sich meistens um eine andere Art von Verbrechen: In neunzig Prozent der

Viele Fans dachten, daß auch der Name Modell eine Anspielung auf den Sport ist – nämlich auf den ausgesprochen unpopulären Besitzer der Cleveland Browns.

jüngeren Fälle mit hypnotischem Bezug wird der Hypnotiseur des sexuellen Mißbrauchs an seiner Patientin angeklagt. Dieses Vergehen kommt in ähnlicher Häufigkeit auch unter Allgemeinmedizinern und Psychiatern vor.

Was ist posthypnotische Suggestion? Immer wenn Daisy Callahan um acht Uhr abends nach Hause kommt, wäscht sie sich fünf Minuten lang gründlich die Hände. Früher tat sie das durchschnittlich einhundertzwölfmal am Tag. Charles Lukowitz, der 1983 mit dem Rauchen aufhörte, hat bis heute keine Folgen des Nikotinentzugs gespürt. Gayle Trenton-Carter brachte ihre beiden acht Pfund schweren Babys ohne jegliche medikamentöse Behandlung zur Welt. Dabei spürte sie nichts als »ein leichtes Unbehagen am Anfang«. Alle drei genannten Personen sind mit ihrer Hypnosetherapie sehr zufrieden. Den Hypnoseforschern geben sie Rätsel auf.

Zukünftige Patienten und Zuschauer werden weiterhin mit dem Unwohlsein leben müssen, daß die Hypnosetherapie zwar einerseits unbestreitbar positive Auswirkungen hat, andererseits der dahintersteckende Mechanismus nach wie vor unbegreiflich ist.

FALL X-3.18

Codename: ›Der Fluch‹

ZUSAMMENFASSUNG

Ein Todesfall in Ecuador, einer in Boston, ein Beschwerdebrief an das Außenministerium, ein ungewöhnlicher Kunstgegenstand und ein leidenschaftlicher Aktivist: Das alles deutet für Scully auf einen politisch motivierten Mord hin. Mulder vermutet, wenig überraschend, etwas Bizarreres. Als der Verdächtige, den Scully in Obhut genommen hat, verschwindet, gewinnt Mulders Theorie an Plausibilität.

HINTERGRUND

Schlafende Knochen soll man nicht wecken

»Hoffentlich liegt auf meinen Knochen auch ein Fluch, wenn jemand sie in tausend Jahren mal ausbuddelt.« (Fox Mulder)

Lord Carnarvon starb um zwei Uhr in der Nacht des 15. April 1923, neunzehn Wochen, nachdem er das Grab des Königs Tut-ench-Amun geöffnet hatte. Sein Tod war die Geburtsstunde einer neuen Art von Horrorgeschichten. Nicht einmal eine Woche dauerte es, bis ein Filmemacher und Produzent aus Berlin Pläne für Dreharbeiten an einem Film namens *The Pharao's Revenge* verkündete. Englands allererster Horrorfilm, *The Ghoul*, behandelte ebenfalls das Thema Tut-ench-Amun. Die

ZITAT
»Das ist stärker als jeder Mensch. Sie haben es hier mit einem Geist zu tun – mit dem der Geist der Amaru. Den können Sie nicht in Handschellen legen!« – BILAC

Hauptrolle spielte Boris Karloff, der im Jahr zuvor mit Hollywoods Antwort auf das Thema Sanddünen, Tropenhelme und unterirdische Schatzfunde mit dem Film *The Mummy* groß herausgekommen war. *The Mummy* erwies sich als derart erfolgreich, daß in der Folge zwei Fortsetzungen gedreht wurden: *The Mummy's Hand* und *The Mummy's Curse*. Das Genre erreichte eine schier unglaubliche Popularität. Das Publikum stand alle drei Filme durch, ohne auch nur einmal über die ziemlich offensichtliche Tatsache zu murren, daß in den beiden Sequels eine beträchtliche Anzahl Filmmeter aus dem Original verwendet wurden.

Zahlreiche weitere Filme wie auch die *Akte-X*-Episode ›Der Fluch‹ behandeln mysteriöse Todesfälle, mit Flüchen belastete Grabstätten und in die Vergangenheit dringende Archäologen, die es wagen, die alten Gebeine in ihrer Grabesruhe zu stören. Die vielen Todesfälle, die sich im Anschluß an die Öffnung des Grabes von König Tut-ench-Amun tatsächlich ereignet hatten, waren so mysteriös, daß sie Stoff für einige hundert Stunden Film boten.

Der Tod Lord Carnarvons war die erste schreckliche Konsequenz des Fluches. Doch die Legende schließt alle Ereignisse seit dem Tag ein, an dem der Sarkophag geöffnet wurde. Als ersten Todesfall muß man also den des Kanarienvogels des Entdeckers Carter verzeichnen. Während Carter und Carnarvon damit beschäftigt waren, die Grabstätte zu öffnen, glitt eine Kobra – lange mit den Pharaonen assoziiertes Symbol – in den Vogelkäfig und verzehrte dessen Bewohner. Ein böses Omen!

Carnarvons Tod löste viele Spekulationen aus. Von allen fantastischen Todesursachen, die in Betracht gezogen wurden, erschien die des tödlichen Mückenstiches noch am plausibelsten. Dagegen sahen viele Ägypter einfach die Überlieferungen bestätigt, mit denen sie aufgewachsen waren. Sie drehten sich vor allem um Flüche und geheimnisvolle Totenwächter.

Als die Zahl der mysteriösen Todesfälle stieg, wurden sogar professionelle Skeptiker unsicher. Zu beklagen waren unter anderem folgende Opfer:

- George Jay Gould, amerikanischer Millionär, besuchte Luxor und starb aus ungeklärten Gründen;
- Woolf Joel, einer von Carnarvons besten Freunden, fuhr mit dem Schiff nach Luxor und wurde aus unbekannten Gründen über Bord gespült;
- Sir Archibald Douglas Reid, Röntgenologe, hatte eben ein Übereinkommen mit dem Ministerium für Altertumsschätze in Kairo unterzeichnet und sollte Tut-ench-Amuns Mumie röntgenologisch untersuchen, als er aus unerfindlichen Gründen verstarb;
- H. G. Evelyn White, Professorin an der Universität Leeds, nahm Papyrus-Rollen aus einem koptischen Kloster mit und beging Selbstmord, nachdem sie die Dokumente gelesen hatte;

›Killer-Kätzchen‹ – so beschrieb Gillian Anderson diese Episode in einem Fernsehinterview.

- Georges Benedite, Direktor der Abteilung für ägyptische Kunst des Louvre, und Marcel Cassanova, Mitglied des College de France, arbeiteten bei den Ausgrabungen im Tal der Könige mit und starben an jeweils unbekannten Ursachen;
- Colonel Aubrey Herbert, Lord Carnarvons Halbbruder, war bei der Öffnung von König Tut-ench-Amuns Sarkophag zugegen gewesen und starb an ›zeitweiliger Geistesgestörtheit‹;
- Evelyn Greely tötete ihren Sohn und beging dann Selbstmord, nachdem sie die Ausgrabungsstätte verlassen hatte und nach Chicago in ihr Zuhause zurückgekehrt war;
- Gardian Laffleur, Professor an der McGill-Universität und Gast im Hause Carters, starb einen Tag, nachdem er das Grab besucht hatte, ebenfalls an unbekannter Ursache;
- Arthur Mace, MoMA-Mitarbeiter und Autorenkollege Carters, starb während der Arbeit an einem weiteren Buch über den Pharao Tut-ench-Amun;
- Richard Bethell, während der Ausgrabungen in Luxor Carters Privatsekretär, wurde im Mayfair Club tot aufgefunden – Todesursache unbekannt;
- Lord Westbury, Vater von Richard Bethell, beging Selbstmord, indem er aus dem siebten Stock eines Bauwerkes direkt an der Mall sprang. Als sein Leichnam in ein Krematorium überführt wurde – der Gedanke, einbalsamiert und begraben zu werden wie Tut-ench-Amun war Westbury unerträglich gewesen – kam der Leichenwagen von der Straße ab und überfuhr ein achtjähriges Kind;
- Edgar Steele, mit siebenundfünfzig Jahren bereits Leitender Direktor der ägyptologischen Abteilung des British Museum, starb an unbekannter Ursache während eines operativen Eingriffs.

Zur Abrundung der Legende um den Fluch des Tutench-Amun soll noch ein letztes Opfer erwähnt werden: Lady Elizabeth Carnarvon. Auch sie starb, so unglaublich es klingen mag, an einem Mückenstich. Selbst Scully müßte eingestehen, daß eine Serie von derartigen Vorkommnissen und seltsamen Übereinstimmungen nicht mehr einfach nur mit dem Zufall erklärt werden kann.

›Der Fluch‹ wäre als Beispiel für die Verarbeitung des Themas Fluch in einem Horrorfilm nicht weiter erwähnenswert, wenn nicht ein Aspekt immer wichtiger werden würde, der Carter oder seinen Zeitgenossen nicht in den Sinn kommen konnte: der kulturelle Ursprung von Kunstgegenständen und Knochen, die, Tausende von Kilometern von ihrem Herkunftsland entfernt, in Museen ausgestellt werden. Ägypten bemüht sich verzweifelt, die Exponate zurückzuerhalten, die Carnarvon und Carter aus dem ›verfluchten‹ Grabmal bargen und die stolz von renommierten Institutionen wie dem British Museum und dem Metropolitan Museum of Art präsentiert werden.

Man nimmt an, daß jährlich eine Milliarde Dollar durch die Hände von Grabräubern und zwielichtigen Kunsthändlern gehen. Länder wie die Türkei, Mali und Afghanistan sind in der Durchsetzung ihrer entsprechenden Gesetze häufig eher nachlässig.

1994 ereignete sich folgender Fall: Ein Professor der Universität New York schlenderte die Madison Avenue hinunter und stellte überrascht fest, daß ein Kunstgegenstand, den er selbst an einer archäologischen Fundstätte in der Türkei ausgegraben hatte, im Schaufenster einer vornehmen Kunsthandlung prangte. Obwohl der Professor die Herkunft der Statue als Augenzeuge glaubwürdig darlegte, bestritt der Händler sofort jeden Verdacht, das Stück könne gestohlen worden sein. Als jedoch das FBI auf den Plan gerufen wurde und Zu-

RÄTSEL 19

Leichte Fragen: Notieren Sie sich 1 Punkt für jede richtige Antwort.

1. **Was wird in den Bergen von Ecuador ausgegraben?**
2. **Wohin werden die Kunstgegenstände geschickt?**
3. **Wie heißt Monas Hund, der die Katze gefressen hat, die die Ratte gefressen hat, die das Gift gefressen hat?**
4. **Was wird im Motorraum von Dr. Lewtons Wagen, in allen Räumen der Damentoilette und im Leib von Sugar gefunden?**
5. **Wovon wird Scully unter dem Museum angegriffen?**

Es wird schwieriger: Notieren Sie sich 2 Punkte für jede richtige Antwort.

6. **Welche Automarke fährt Dr. Lewton?**
7. **Wie nennt Bilac das südamerikanische Halluzinogen?**
8. **Was genau finden Scully und Mulder im dem Baum?**
9. **Wie kommen die Ratten in das Museum?**
10. **Wie lautet die offizielle Todesursache von Mona Wustner, Alonzo Bilac, Craig Hornig und Dr. Lewton?**

Antworten

1. Eine Urne mit den sterblichen Überresten einer Schamanin, einer Amaru
2. In das Museum of Natural History in Boston
3. Sugar
4. Ratten
5. Von einer Katze
6. Jaguar
7. Seelenwein (notieren Sie sich einen Punkt, wenn Ihre Antwort Yage lautete.)
8. Ein gut einen Meter zwanzig langes Stück Zwölffingerdarm (*Duodenum*) und ein dreißig Zentimeter langes Stück Darmbein (*Ilium*). (Notieren Sie sich einen Punkt, wenn sie nur ›Darm‹ geantwortet haben.)
9. Durch die Öffnungen, die zu den Rohrleitungen der alten Dampfheizungsanlage führen.
10. ›Angriff durch Tiere‹

Ihre Punktzahl:

ständige in der Türkei begannen, Druck auszuüben, entfernte der Galerist die Statue schnell und leise aus dem Schaufenster und gab sie an die türkischen Behörden zurück.

Die medienwirksamste Anstrengung der Türkei, eines ihrer kulturellen Erbstücke wiederzuerlangen, betraf keine geringere Institution als das Metropolitan Museum of Art in New York. Nach einer sechsjährigen Auseinandersetzung auf sämtlichen gerichtlichen Ebenen wurde der Lydische Schatz – eine umfangreiche Sammlung von Kunstgegenständen aus unterschiedlichen, wertvollen Metallen – an die Türkei zurückgegeben. Ein Vergehen seitens des Museums wurde dabei nicht festgestellt. In nächster Zeit kann sich dies jedoch ändern, denn das Museum steht schon wieder vor Gericht, diesmal in einem Prozeß gegen Afghanistan. Man streitet darum, ob die obere Hälfte einer bedeutenden Statue mit ihrem unteren Teil, der noch am Ursprungsort steht, wiedervereint werden soll oder nicht.

Sammler, Universitäten und Museen in der ganzen Welt verfolgen den Verlauf und den Ausgang dieses Falles sehr aufmerksam. Nicht nur, weil wertvolle fremde Kunstschätze in den Ausstellungsvitrinen Nordamerikas und Europas gelandet sind, sondern auch, weil solche Plünderungen nicht ausschließlich in fernen Ländern vorkommen. Neuere Untersuchungen haben ergeben, daß mehr als die Hälfte der Nationalparks der Vereinigten Staaten geplündert worden sind. Jeder könnte praktisch jeden verklagen, weil er seine Aufsichtspflicht über irgend etwas in irgendeiner Weise verletzt hat. Der einzige Grund, aus dem dies nicht geschieht, liegt offenbar in den hohen Kosten. Ein solcher Rechtsstreit kann sich über mehrere Kontinente erstrecken, einen ungeheuren Papierkrieg in einer Vielzahl von Sprachen auslösen und sich über mehrere Jahre hinziehen.

Bedenkt man den schleppenden und zähen Verlauf, den selbst die Repatriierung von weniger ausgefallenen und relativ unbedeutenden Kunstgegenständen nimmt, versteht man, weshalb das Musée Jalahanan freudig überrascht war, als es einen Satz präkolumbianischer Urnen ohne viel Aufhebens von Deutschland zurückerhielt. Die Urnen zählten zu den Kunstgegenständen, die sich das Museum am meisten gewünscht hatte.

Weniger freute sich das Kuratorium des Museums allerdings darüber, daß Dr. Pasharin, der die Rückgabe der Gefäße eingeleitet hatte, und dessen Stellvertreter unerwartet verstarben. Äußerst unangenehm berührt war man auch, als Graham Kent, der offizielle Repräsentant des Museums in den Vereinigten Staaten, in der darauffolgenden Woche den Tod fand. Nachdem innerhalb einer Woche zwei weitere Mitarbeiter erkrankten, erwachte die Skepsis gegen die jüngste Neuerwerbung. Ob aus Aberglauben oder aus Rücksicht auf die Gefühle der einheimischen Bevölkerung – das Musée Jalahanan erhob jedenfalls keine Einwände gegen den Vorschlag, die als Gegenstände aus dem Begräbniskult identifizierten Gefäße wieder an ihrem ursprünglichen Fundort, einem geweihten Begräbnisplatz, in die Erde zu versenken.

Ein Fall wie aus *Akte X*.

FALL X-3.19

Codename: ›Höllengeld‹

ZUSAMMENFASSUNG

Wie fängt man einen Geist? Vor diesem Problem steht Mulder, als er zusammen mit Scully in San Franciscos Stadtteil Chinatown eintrifft. Die beiden sollen eine Serie von Todesfällen aufklären, in denen Krematoriumsöfen als Mordwaffen dienten. Als Dana Scully feststellt, daß bei den zu untersuchenden Leichen eine verblüffende Anzahl verschiedener Organe fehlt, sucht sie nach einem ›festeren‹ Verdächtigen.

HINTERGRUND

Mysterien

Der durchschnittliche Weltbürger – so es ihn denn gibt – wird nie ein Organ spenden oder gespendet bekommen. Er wird sich vielleicht auch nie den Kopf über Organspenden zerbrechen. Obwohl die Organspende zweifellos eine der erfolgreichsten medizinischen Behandlungsmethoden ist, die den Spender mit Recht nichts kostet, sind Organspender sehr schwer zu finden – es sei denn, man lebt in China.

ZITAT
»Ich finde es äußerst schwierig, mich mit den zweitausend Jahre alten chinesischen Vorstellungen meiner Eltern und Großeltern anzufreunden. Aber, um ehrlich zu sein – die Raten für meine Hypothek setzen mir mehr zu.«
– Detective Glen Chao, *San Francisco Police Department*

Obwohl die Kriminalitätsrate weltweit kontinuierlich steigt, äußerten einige Menschenrechtsvereinigungen – darunter das Rote Kreuz, Al-haradan und Amnesty International – ihr Befremden darüber, daß die Zahl der Hinrichtungen auf dem chinesischen Festland innerhalb eines Jahres um annähernd 50 Prozent gestiegen war. Bürger anderer asiatischer Länder bekamen immer mehr den Eindruck, daß China *das* Land für Patienten mit einem Bedarf an einer neuen, gesunden Niere, einer frischen Leber oder einem zweiten Herz war.

Auch in China ist der Mann auf der Straße nicht naiver als sein amerikanisches oder europäisches Ebenbild. Die strikte Trennung zwischen der breiten Masse und einer Elite, die bei den Treffen der Kommunistischen Partei die Ehrenplätze belegt, ist anerkannte Wirklichkeit. Die Liste der Menschen, die auf eine Niere, das am meisten verpflanzte Organ, warten, ist so lang, daß von 10 000 Patienten nur einer operiert werden kann, bevor er stirbt oder so krank wird, daß er für eine Transplantation nicht mehr in Frage kommt. Beim Jahrestreffen der höchsten KP-Kader 1994 war jedoch bereits 23 Prozent der Mitglieder dieses erlauchten Kreises in den vergangenen sieben Jahren ein Spenderorgan eingepflanzt worden. 9 Prozent hatten sogar zwei oder mehr Spenderorgane erhalten. Ferner konnte China, trotz der langen Patientenwarteliste im eigenen Land, offensichtlich mehr ›ideale Übereinstimmungen‹ zwischen chinesischen Spendern und wohlhabenden Ausländern finden als geeignete Spender-/Empfänger-Paare unter der chinesischen Bevölkerung.

Sollte die Nachfrage nach Spenderorganen weiterhin so hoch bleiben und tatsächlich eine Verbindung zwischen diesen Zahlen bestehen, dann wird es in China aller Voraussicht nach innerhalb der nächsten fünf Jahre 2 100 Prozent mehr Hinrichtungen unter Häftlingen mit transplantationsfähigen Organen geben.

RÄTSEL 20

Leichte Fragen: Notieren Sie sich 1 Punkt für jede richtige Antwort.

1. **Welches Kartenspiel ist auf dem Videospiel des Wächters dargestellt?**
2. **Wo stirbt Johnny Lo?**
3. **Nennen Sie eines der exotischen medizinischen Heilmittel, die Chao Scully beschreibt.**
4. **Was findet Scully in der Brust einer Leiche?**
5. **Wie erklärt Hsin den Verband, den er über dem Auge trägt?**

Es wird schwieriger: Notieren Sie sich 2 Punkte für jede richtige Antwort.

6. **Wie viele Personen sind insgesamt eingeäschert worden?**
7. **Für welche Gesellschaft arbeitet Mr. Hsin?**
8. **Welches Fest könnte, der Vermutung von Detective Chao zufolge, mit den Mordfällen in Zusammenhang stehen?**
9. **Welche ungewöhnliche Substanz finden Scully auf der Leiche und Mulder auf einem Fußboden?**
10. **Welches chinesische Zeichen entspricht dem Wort ›Auge‹?**

Antworten

1. Black Jack
2. In einem Krematoriumsofen
3. Ginseng, Bärengallenblase, Schlange, Haifischflosse, Calvaria-Wurzel oder chinesische Angelika
4. Einen Frosch
5. Er behauptet, einen Unfall mit einem Teppichnagel gehabt zu haben.

---

6. Drei in Seattle, drei in Los Angeles, zwei in Boston und vier in San Francisco; insgesamt also zwölf.
7. Für die Bay Area Carpeteers
8. Das ›Fest der hungrigen Geister‹
9. Keimfreies Eis
10. Holz

Ihre Punktzahl:

Der potentielle Gewinn, den China dabei für sich verbuchen kann? Er liegt irgendwo in der angenehmen Umgebung von einer Milliarde Dollar. Ein verhältnismäßig leicht zu erhaltendes Nierentransplantat bringt 45 000 Dollar (ca. 66 000 DM). Berichten zufolge wurde einem Geschäftsmann aus Hongkong ein Herztransplantat zu dem ›sehr günstigen‹ Preis von 115 000 Dollar (ca. 170 000 DM) überstellt. Eine ›Expreßlieferung‹, also ein Organ für einen Patienten, der sich in weniger als drei Monaten der lebensrettenden Operation unterziehen muß, kann den Preis beinahe verdoppeln. Nicht schlecht für ›nachwachsende‹ Rohstoffe.

Es bedarf kaum der Erwähnung, daß der Weg eines Transplantationsorgans zu seinem ursprünglichen Besitzer zurück schwer zu ermitteln sein kann. Der Beruf des Buchhalters zählt in China seit mehreren tausend Jahren zu den ehrenwerten Tätigkeiten. Daher verwundert es, daß gerade dieses Land solche Schwierigkeiten mit den entsprechenden Unterlagen zu haben scheint. Auch die gesteigerte kriminelle Tendenz in der näheren Umgebung seiner Krankenhäuser wird nur ungern eingestanden. Keine örtliche Polizeidienststelle hat mehr Personal angefordert, um gegen die skrupellosen Verbrecher vorzugehen, die sich laut der Exekutionsberichte vorzugsweise in Gegenden von Kliniken niederlassen. Statt dessen bestätigen chinesische Justizbehörden, daß die Kriminalitätsrate gleichmäßig über das ganze Land verteilt sei.

Hospitäler, die von Gefängnissen in ihrer Umgebung vollständige Leichen kaufen, haben keine Erklärung für den offensichtlichen Widerspruch zwischen dem Verhältnis von Gefangennahmen und Exekutionen. Sie behaupten, ihre Geschäfte mit den Gefängnissen seien einwandfrei. Üblicherweise werden Hinrichtung durch Erschießung vollzogen, genauer gesagt durch einen gezielten Schuß in die Schädelbasis. Dies hat den praktischen Nebeneffekt, daß der Großteil der Organe in transplantationsfähigem Zustand bleibt. Die Tatsache, daß die Zahl der Exekutionen nur in Gefängnissen, die in der Nähe von Transplantationskliniken liegen, rapide angestiegen ist, wird von offizieller Seite nicht kommentiert.

In einem Gefängnis in der Nähe des Volkskrankenhauses 12 entschied man sich aus Gründen, die weder die Gefängnisleitung noch die Klinikverwaltung erörtern wollten, zu einer seltsamen Änderung des Hinrichtungsverfahrens. Die Erschießung findet nicht mehr durch Kopfschuß, sondern durch einen Schuß ins Herz statt. Sofern das Volkskrankenhaus 12 für irgend etwas bekannt ist, dann für seine Erfolge in der Transplantation von Augenhornhaut. Zufall? Oder handelt es sich hier um ein ebenso abgekartetes Spiel wie in ›Höllengeld‹?

Die technische Fähigkeit, Organe zu entnehmen und sie erfolgversprechend zu transplantieren, ist in China eine der neuesten Errungenschaften. Dagegen verharren die chinesische Politik und die Gesetze in tiefverwurzelten althergebrachten Mustern. Der Handel mit Organen ist aus naheliegenden Gründen offiziell verboten. Die Entnahme von Organen Hingerichteter wurde 1984 per Gesetz erlaubt. Allerdings ist die Organentnahme an drei Kriterien gebunden: Die Familie des exekutierten Strafgefangenen nimmt von der Übergabe des Leichnams Abstand; der Gefangene hat der Organentnahme zugestimmt; seine Familie hat ebenfalls ihr Einverständnis erklärt. Die Praxis in chinesischen Gefängnissen sowie eine willkürliche Auslegung von Gesetzen lassen solche kleinen Unterschiede jedoch bedeutungslos werden.

Laut Gesetz kann in China kein Gefangener hingerichtet werden, ohne daß der Oberste Volksgerichtshof seine Zustimmung erteilt. Dies beinhaltet auch, daß

Hell Money **(so der Originaltitel dieser Episode) ist in den meisten großen chinesischen Vierteln erhältlich; ebenso** ***Hell Gold*** **(Höllengold),** ***Hell Houses*** **(Höllenhäuser),** ***Hell Cars*** **(Höllenautos) oder** ***Hell Clothes*** **(Höllenkleidung). Die Namen sollen die Geister im Jenseits besänftigen.**

kein Sträfling Dokumente oder Zustimmungserklärungen unterschreiben darf, die für eine offizielle Organspende erforderlich wären. Ferner ist es verboten, im Vorfeld einer Organtransplantation notwendige medizinische Untersuchungen durchzuführen. Exekutionen werden aber in China nicht auf die lange Bank geschoben. Wenn es zu einem Todesurteil kommt, dann wird die Hinrichtung unmittelbar im Anschluß an die Urteilsverkündung vollzogen. Für Untersuchungen bleibt keine Zeit mehr. Damit bestehen nur die zwei Möglichkeiten, entweder die Organe ohne vorherige Zustimmung der Betroffenen zu entnehmen oder zuvor die Gesetze aus Gründen der Zweckmäßigkeit zu ignorieren.

Auch die Bestimmung, daß eine Familie die Übergabe des Leichnams fordern kann, ist in der Praxis bedeutungslos. Ein Gesetz, das sich in demselben Abschnitt des chinesischen Gesetzbuches findet, besagt, daß »die Familie eines hingerichteten Gefangenen keinen legalen Anspruch auf dessen Leichnam« hat. In den seltensten Fällen wird durch die Erdbestattung eines Hingerichteten wertvoller Platz verschwendet, so daß die eingeäscherten Überreste für die Familie keine Anhaltspunkte auf eine eventuelle Organentnahme bieten.

Wie in ›Höllengeld‹ anklingt, ist der Organdiebstahl wohl nicht allein auf China beschränkt. Im Chinatown San Franciscos zeigte sich eine Mutter hocherfreut, als sie erfuhr, daß sie als Organspenderin für ihre Tochter in Frage komme. Die Tochter benötigte dringend eine Spenderniere als Alternative zur Dialyse. Die erste Untersuchung von Marjorie Hsin machte jedoch die Hoffnung von Mutter und Tochter zunichte. Mrs. Hsin hatte sich einige Jahre zuvor einer Blinddarmoperation unterziehen müssen. Jetzt teilten ihr die Ärzte mit, daß die daraus resultierende Narbe verdächtig weit von der für eine solche Operation üblichen Stelle entfernt liege. Eine Ultraschalluntersuchung erbrachte die Gewißheit: Mrs. Hsin war zusammen mit dem Blinddarm eine Niere entfernt worden.

Sie blieb nicht die einzige, der so etwas geschah. In den folgenden achtzehn Monaten fanden sich dreiundzwanzig weitere Patienten, die bei demselben Arzt in Behandlung gewesen waren und denen ohne ihr Wissen Organe entnommen worden waren.

1993 schöpften zwei Transplantationsspezialisten Verdacht, als sie einen jungen Mann und dessen ›Vater‹ untersuchten. Zwar wiesen die beiden gemeinsame biologische Faktoren auf – eine Tatsache, die den jüngeren Mann als idealen Organspender für den älteren erscheinen ließ –, aber ein Fragebogen zur Feststellung des allgemeinen Gesundheitszustandes förderte einige verwirrende Ungereimtheiten zutage. Obwohl beide Männer behaupteten, seit der Geburt des jungen Mannes zusammenzuleben, hatte der junge ›Chang‹ keine Ahnung davon, daß sein Vater jeden Tag eineinhalb Schachteln Zigaretten rauchte. Der Vater ließ auf einem Formular die Frage nach dem Namen der Ehefrau des Sohnes unbeantwortet, auf einem anderen machte er falsche Angaben. Schließlich wurde die Polizei eingeschaltet und ermittelte gegen die beiden Männer. Es stellte sich heraus, daß sie sich erst zwei Monate zuvor kennengelernt hatten. Der Arzt, der alles eingefädelt hatte, hatte für die ›Spendervermittlung‹ 15 000 Dollar (ca. 22 000 DM) berechnet, wovon dem Organspender 2500 Dollar (ca. 3700 DM) als ›Gratifikation‹ gehören sollten.

Der kaltblütige Handel mit Teilen des menschlichen Körpers und der Druck, der immer wieder auf spendenunwillige Personen ausgeübt wird, ist zweifelsohne beängstigend. Noch erschreckender ist jedoch die scheinbare Unfähigkeit der Verantwortlichen, die Täter zu belangen. In dem erwähnten Fall Chang erfolgte nie eine Anklage wegen des Handels mit menschlichen Organen. Sogar erdrückende Verdachtsmomente für einen versuchten Versicherungsbetrug stellten sich als schwer zu beweisen heraus.

Der Schritt bis zu einem Horrorszenarium, wie es in ›Höllengeld‹ angedeutet wird, scheint nur noch klein zu sein.

WARTEZEITEN IN KALIFORNIEN:

Golden State Transplantations-zentrum, Sacramento	**Niere:**	**268 Tage**
	Herz:	**160,5 Tage**
Kalifornisches Organspender-netzwerk, San Francisco	**Niere:**	**720 Tage**
	Leber:	**nicht erhältlich**
	Herz:	**nicht erhältlich**
UCSD-Klinik, San Diego	**Niere:**	**790 Tage**
	Leber:	**52 Tage**
	Herz:	**106 Tage**
Transplantationszentrum Südkalifornien, Los Angeles	**Niere:**	**810 Tage**
	Leber:	**48 Tage**
	Herz:	**192 Tage**
Organvermittlung Südkalifornien, Los Angeles	**Niere:**	**719 Tage**
	Leber:	**42 Tage**
	Herz:	**212 bis 380 Tage**

Durchschnittliche Wartezeiten in den Vereinigten Staaten:

	Niere:	**602 Tage**
	Leber:	**146 Tage**
	Herz:	**218 Tage**

Betreff: X-Akten.
Ballspiele

X-Philes sind dafür bekannt, daß sie den obskursten Hinweisen nachspüren und die subtilsten Anhaltspunkte innerhalb einer Episode aufschnappen. Daher ist kaum vorstellbar, daß sie nicht bemerkt haben sollten, wie sehr die *Akte-X*-Crew immer wieder auf den Sport rekurriert. Am deutlichsten wurde dies in den beiden ersten Staffeln, als die Drehbuchautoren Morgan und Wong in fast jede ihrer Episoden Bezüge zum Sport einbauten. Aber dieses prägnante Markenzeichen der Serie ist auch in der dritten Staffel erhalten geblieben. Wenn man den Gerüchten Glauben schenken darf, daß Morgan und Wong zwischen anderen Projekten an neuen Folgen von *Akte X* mitwirken, dann werden entsprechende Anspielungen in der vierten Staffel wieder verstärkt auftauchen.

Was ist Ihnen noch aufgefallen?

›Die Warnung‹

Colonel Buddahas, ein Green-Bay-Fan, erinnert sich ohne Schwierigkeiten an die Super Bowl von 1968. Sogar Einzelheiten wie Don Chandlers Tore über vier Felder und die Tatsache, daß es Vince Lombardis letztes Spiel war, sind ihm noch gegenwärtig. Aber er kann sich nicht daran erinnern, wie man fliegt.

›Signale‹

Wenn Mulder einige Blitzinformationen von Danny Bernstein, seinem Kollegen in der kryptologischen Abteilung, braucht, verspricht er ihm Eintrittskarten zu einem Spiel der Redskins. Er will sie ihm über den Freund von einem Freund von einem Freund besorgen, wenn sich Danny im Gegenzug die binären Sequenzen, die der junge Kevin von einer Fernsehsendung aufgenommen hat, anschaut.

›Eis‹

Dr. Denny Murphy ist nicht nur sportbegeistert, sondern ein Sportfanatiker. Aus seiner privaten Sammlung von Tonbandaufzeichnungen hört er sich über Kopfhörer seine Lieblingsspiele an. Es muß eine sehr umfangreiche und wertvolle Sammlung sein; sie reicht mindestens bis zu den Football-Ausscheidungsspielen von 1982 zurück.

›Eve‹

Deep Throat bietet Mulder an, ihn zu einem Spiel der Warriors mitzunehmen, weil er ›gerade in der Gegend‹ ist.

›Die Botschaft‹

Sogar Bösewichter haben eine Schwäche für Football. Luther Lee Boggs erwürgte seine Familie während des Abendessens zum Erntedankfest. Zwischenzeitlich legte er eine Pause ein, um das letzte Viertel des Spiels Detroit gegen Green Bay nicht zu verpassen. Vielleicht erklärt das, warum am Tag des Erntedankfests Beamte mit Abstand am häufigsten zu Familiendramen gerufen werden.

›Ewige Jugend‹

Für Mulder ist nicht einmal ein friedlicher Nachmittag, an dem High-School-Schüler im Regen Football spielen, wirkliche Freizeit. Während er dem Sohn eines früheren Partners beim Spielen zuschaut, deponiert der Mörder dieses Partners Gedichte in seinem Wagen.

›Täuschungsmanöver‹

Mulder und Deep Throat beklagen, daß sie nicht in der Lage seien, sich einmal ein Spiel zusammen anzusehen. Mulder ist der Ansicht, daß Deep Throat bestimmt die notwendigen ›Beziehungen‹ hätte, um Karten für fantastische Tribünenplätze zu bekommen, wenn die Umstände nicht gegen einen gemeinsamen Gang ins Stadion sprächen.

›Ein neues Nest‹

Was sehen sich gelenkige Mutanten mit einer Vorliebe für Leber im Fernsehen an? Sportsendungen natürlich. Zusätzlich zu den vier Stunden BaBa Booey verbrachte Tooms seinen ersten Abend in Freiheit bei einem Spiel der Phillies und einem der Orioles.

›Kontakt‹

In dieser Version von Samanthas Entführung trägt der junge Fox Mulder eine Strickjacke der New York Knickerbockers mit den Emblemen ›KING‹ und ›30‹ darauf.

›Blut‹

In seiner Jugend scheint Mulder ähnlich sportbegeistert wie alle jungen Männer gewesen zu sein. Er spielte als Rechtsaußen.

›Rotes Museum‹

Woran läßt sich erkennen, ob einem Kind ein DNS-Hybrid eingeimpft wurde? Man beobachte, ob es das Footballspielen aufgibt. Mulder und Scully sollen das Verschwinden des jungen Gary Caines aufklären. Für den Sheriff ist die Tatsache, daß der Junge nicht mehr Football spielen wollte, einer der Hauptbeweise für seine charakterliche Veränderung.

›Todestrieb‹

Die ultimative sportliche Anspielung im Universum von *Akte X* beinhaltet den Namen ihres Urhebers, Chris Carter. In dieser Episode hat Mulder vor, ein Spiel der Vikings zu besuchen. Ein plötzlich auftauchender Nekrofetischist nimmt jedoch seine Zeit und Aufmerksamkeit in Anspruch und durchkreuzt seine Freizeitpläne. Während der Beratung mit Agent Brock läuft im Hintergrund auf einem Fernseher das Spiel. Die Übertragung zeigt den Viking-Spieler Chris Carter, dem in einem atemberaubenden Spielzug ein erstes Down und anschließend ein Touchdown gelingt.

Donny Pfasters Zellengenosse im Gefängnis kann sich nicht mehr an Mulders Namen erinnern. Dafür fällt ihm der von dessen Partnerin schnell ein: »Sie hieß Scully, wie der Baseball-Ansager.«

›Satan‹

Glauben Sie, Football kann Wankelmütige vor der Verehrung von Dämonen bewahren? Die Möglichkeit besteht. Vor die Wahl gestellt, den Elternabend mit einem Gebet an die dunklen Mächte zu beenden oder das Spiel anzuschauen, hätte sich zumindest einer der Lehrer, nämlich Paul, für das Spiel entschieden. Zu schade, daß in dieser Woche nur ein Spiel stattfand.

Die Anspielungen auf sportliche Ereignisse setzen sich in dieser Episode sogar bis in den Abspann fort. Morgan und Wong, beide Fans der San Diego Chargers, fügten in der Woche vor der Super Bowl ihren Namen jeweils einen besonderen zweiten Vornamen hinzu.

›Frische Knochen‹

Auch wenn im Umkreis des Handlungsschauplatzes kein Football-Feld zu finden ist, lassen sich eine oder zwei Anspielungen einbauen. Jack MacAlpin mag den größten Teil dieser Episode damit zugebracht haben umherzuwandern, aber laut Aussage seiner Frau sind ihm nur drei Dinge im Leben wichtig: die Marines, seine Familie und Football.

›Sophie‹

Nach all den Sportreferenzen von Morgan und Wong und ihrer öffentlichen Unterstützung für die Chargers war nichts anderes zu erwarten, als daß sie genau wie die Chargers nach deren fürchterlicher Niederlage in der Super Bowl unter Beschuß geraten würden. Achten Sie auf die Unterhaltung der Bauarbeiter! Man kann sich leicht vorstellen, wie oft das dynamische Autorenteam in den Wochen nach der Niederlage ihrer Mannschaft etwas Ähnliches zu hören bekam.

›Mein Wille sei dein Wille‹

In Episoden wie dieser hätte der ›Bösewicht der Woche‹ die Agenten zu jedem beliebigen Ort führen können. Er wählte einen Golfplatz.

Sogar die Dekorateure ziehen mit – überall tauchen Teile von Sportausrüstungen auf. In der ersten Staffel hat Lauren Kyte in ›Schatten‹ zufällig einen Baseballschläger im Schrank. Während Mulder auf Rückmeldungen auf sein beleuchtetes ›X‹ wartet, bekämpft er seine Nervosität drei Jahre lang, indem er einen Basketball auf den Fußboden seines Apartments schlägt. Vielleicht erleben wir ihn schließlich noch bei der Befragung der Menschen, die in der Wohnung unter ihm leben. Wie viele Mieter würden sich ohne Beschwerde mit einem derartigen Krach abfinden? Der gleiche Basketball taucht auch an anderen Schauplätzen wieder auf – unter anderem im Schlafzimmer eines jungen Navajo, wo er allerdings von einem Erdbeben, nicht von Mulder herumgeworfen wird.

Eine nach dem Ansager der Dodgers, Vincent Scully, benannte Hauptdarstellerin; ein Autor, der früher das Magazin *Surfing* herausgab; Drehbuchautoren, die tatsächlich glaubten, daß die Chargers eine Chance hätten – bestand da auch nur die entfernteste Möglichkeit, daß Mulders Lieblingssportart *Schach* sein würde? Oder daß Scully *nicht* wüßte, daß am Donnerstag abend keine Football-Spiele stattfinden? Eigentlich nicht.

X-Philes werden sich bald mit gutem Grund wünschen, daß *Akte X* und Sport etwas weniger eng beieinander lägen. Aufgrund der Verschiebung des Sendeplatzes in Amerika von Freitag auf Sonntag abend wird es möglicherweise zu Konflikten mit Fox' Football-Berichterstattung kommen. Die *Akte-X*-Fans dürften dann etwas häufiger als in der Vergangenheit zur Fernbedienung greifen.

FALL X-3.20

Codename: ›Andere Wahrheiten‹

ZUSAMMENFASSUNG

Scully versucht, eine Entführung durch Außerirdische für José Chung, einen Autor dokumentarischer Romane, zu rekonstruieren. Dabei entdeckt Chung, daß die Wahrheit sogar für FBI-Agenten sowohl schwer zu finden als auch trügerisch ist. Trotz dieser zweiten Chance, die ›Fakten‹ aufzuzeigen, hat Scully Schwierigkeiten, die verschiedenen Gesichtspunkte, aus denen sich die ursprünglichen Beweise des Falles zusammensetzen, miteinander in Einklang zu bringen.

HINTERGRUND

Auf Wiedersehen und danke für den Fisch

Nachdem ›Andere Wahrheiten‹ zum erstenmal ausgestrahlt worden war, fühlte sich Darin Morgan, das Hu-

ZITAT

»Ihre Wissenschaftler stehen noch vor der Aufgabe herauszufinden, wie Nervensysteme ein Selbstbewußtsein entwickeln. Ganz zu schweigen davon, welche Prozesse im menschlichen Gehirn ablaufen müssen, um zweidimensionale Bilder von der Netzhaut des Auges in das dreidimensionale Phänomen umzuwandeln, das ›Wahrnehmung‹ genannt wird! Dennoch besitzen Sie die Unverfrorenheit zu behaupten, ›Sehen ist Glauben‹?«

– Der erste Mann in Schwarz

morgenie, das auch die Bücher zu ›Der Zirkus‹ und ›Krieg der Koprophagen‹ geschrieben hatte, ›ausgebrannt‹ und sprach von einem ›Szenenwechsel‹. Diese Episode, die einen geradezu mörderischen Anspielungsrhythmus hat – beinahe jede Minute findet sich ein Hinweis – trägt alle Anzeichen eines Schwanengesanges. Es schien, als wollten Morgan und das Team in den siebenundvierzig Minuten Sendezeit so viele Anspielungen und Insider-Witze wie nur irgend möglich unterbringen. Wie viele davon haben Sie mitbekommen?

Autopsie eines Außerirdischen. Wie in den Episoden ›Die Autopsie‹ und ›Der Zug‹ handelt es sich auch hier um einen Seitenhieb auf den Sender Fox, der den berüchtigten Film *Alien Autopsy: Fact or Fiction* nicht einmal, sondern *dreimal* ausgestrahlt hatte.

Sch…! Nach dem Regisseur Kim Manners benannt, teilt Detective Manners ein weiteres Charakteristikum mit seinem Namensgeber: die Neigung zu deftigem Fluchen.

Bucheinband. Ein kurzer Blick auf den Bucheinband von José Chungs *From Outer Space* und den von Whitley Streibers *Communion* – ein Bericht über Entführungen durch Außerirdische – erklärt die Gestaltung des erstgenannten.

Zigarettenrauchender Außerirdischer. Eine offensichtliche Anspielung auf den Kettenraucher. Die Tabakindustrie enttarnt sich derzeit als eine ausgedehnte, reale Verschwörung unserer Zeit. Neueste Informationen bestätigen den Verdacht, daß die Hersteller nicht nur über die Gesundheitsgefährdung durch Zigaretten Bescheid wußten, sondern ihre Produkte auch

Leichte Fragen: Notieren Sie sich 1 Punkt für jede richtige Antwort.

1. **Was wird im Zusammenhang mit Chrissys Kleidern festgestellt, als sie gefunden wird?**
2. **Es ist kein Außerirdischer. Aber irgend etwas in Chrissys Zimmer sieht genauso aus. Was?**
3. **Welche Worte murmelt der graue Außerirdische in seinem Käfig ständig vor sich hin?**
4. **Welcher Planet wird laut den Männern in Schwarz am häufigsten mit einem UFO verwechselt?**
5. **Was veranlaßt Gen-Xer Glaine zu glauben, Scully gehöre in Wirklichkeit zu den Männern in Schwarz?**

noch ›impften‹, um eine höhere Abhängigkeit der Kunden zu erzielen.

José Chung. Der Schweizer Psychologe und Psychiater Carl Gustav Jung schrieb ein Werk mit dem Titel *Geheimnisvolles am Horizont: Von UFOs und Außerirdischen.*

Klass County. Philip Klass verfaßte *UFOs: The Public Deceived* und *UFOs Explained.* In beiden Werken postuliert er, daß es sich bei UFO-Sichtungen immer um natürliche Phänomene gehandelt habe, beispielsweise um Lichtbrechungen durch Wolken oder um Kugelblitze. Klass leitet auch die Unterabteilung für UFOs der CSICOP. Er schrieb: »Kein Objekt ist öfter als ›fliegende Untertasse‹ fehlgedeutet worden als der Planet Venus.«

Lord Kinbote. In Vladimir Nabokovs Roman über streitbare Realität, *Fahles Feuer*, erweist sich der Erzähler, Lord David Kinbote, wie José Chung als höchst unzuverlässig.

Kartoffelbrei. Eine Anspielung auf den Filmklassiker *Unheimliche Begegnung der dritten Art.* Richard Dreyfuss spielt darin Roy Neary, Linienrichter wie Roky in dieser Episode, der aus einem Teller Kartoffelbrei den Devil's Tower modelliert, bevor er ein größeres Modell in Angriff nimmt, das schließlich sein ganzes Wohnzimmer ausfüllt.

Erster Mann in Schwarz. Dieser Mann in Schwarz, dargestellt von WWF-Catcher Jesse ›the Body‹ Ventura, wirft den armen Gen-Xer Blaine mit einem höchstwahrscheinlich patentierten *Back breaker* (dt. ›Kreuzbrecher‹) zu Boden.

Zweiter Mann in Schwarz. Nach der überraschenden Niederlage Duchovnys in der bekannten Quizsendung ›Jeopardy‹ ein weiterer Gag in der langen Liste der Anspielungen auf ›Dig David‹ (dt. ›David den Büffler‹) in dieser Staffel. Alex Trebeks Auftritt war eine tolle Sache, aber Trebek war für diese Rolle nicht die erste Wahl gewesen. An wen hatte die Crew noch gedacht? Natürlich an *den* Mann in Schwarz – Johnny Cash.

Militär-/Industrie-/Unterhaltungskonzerne. Greifen wir aus den vielen Multis RCA/NBC als Beispiel heraus. Unter dem Dach der Muttergesellschaft General Electrics produziert man gleichermaßen Bomben, Glühbirnen und Unterhaltungsprodukte. Die Anspielung beginnt mit der Abschiedsrede von Präsident Eisenhower, der das amerikanische Volk und zukünftige Regierungen davor warnte, daß ›militärisch-industrielle Konzerne‹ wie Boeing allzu mächtige Lobbyisten im District Columbia werden könnten.

Es wird schwieriger: Notieren Sie sich 2 Punkte für jede richtige Antwort.

6. **Woran leidet Chrissy nach Mulders Meinung?**
7. **Wen beschreibt José Chung als Benutzer einer ›bunten Ausdrucksweise‹?**
8. **Welche politische Partei bevorzugt Roky Crikenson?**
9. **Was ist an Rokys ›Manifest‹ ungewöhnlich?**
10. **Bei der Autopsie des ›Außerirdischen‹ entdeckt Scully eine medizinische Eigenart. Welche?**

Antworten

1. Sie trägt die Kleider verkehrt herum; die Innenseite ist außen, der Rücken vorn.
2. Eine ausgestopfte Katze am Fußende ihres Bettes
3. »Das geschieht nicht wirklich.«
4. Venus
5. Ihr Haar ist zu rot.

---

6. Am Nachentführungssyndrom
7. Detective Manners
8. Die Republikaner
9. Es ist im Format eines Drehbuchs geschrieben.
10. Einen Reißverschluß

Ihre Punktzahl:

MKULTRA. MKULTRA und MKDELTA wurden vermutlich geschaffen, um Spione, die von ihrer Tätigkeit nichts wußten, in feindliches Territorium einzuschleusen. Den Betroffenen sollte der Auftrag, zu spionieren und ihre Erkenntnisse an die CIA weiterzuleiten, hypnotisch suggeriert werden. Erst eine zweite Hypnose oder eine andere Technik der Bewußtseinskontrolle würde die Spione in den verborgenen Teil ihres Lebens ›zurückführen‹.

Ovaltine Diner. Das Ovaltine Diner ist in Vancouver stadtbekannt und befindet sich in 251 East Hastings.

Rote Außerirdische. Der Nachzügler bei der Entführung durch Außerirdische zeigte eine verblüffende Ähnlichkeit mit einer Kreatur des außergewöhnlichen Monstermachers Ray Harryhausen. Eines der Geschöpfe, die Harryhausen für den Film *Twenty Million Miles to Earth* entwarf, scheint hier wieder zum Leben zu erwachen. Das Monster war ein ›Vesuvianer‹. »Sie sahen nur die Venus.«

Reynard Mandrake. Der Vorname *Reynard* erinnert an das französische Wort *renard* (›Fuchs‹), englisch *fox* wie Fox Mulder.

Rokys Eimer. Der Eimer des Linienrichters wird in den Nachthimmel getreten. Seine Unterseite ist einem imperialen Sternenkreuzer aus *Krieg der Sterne* nachempfunden.

Sgt. Hynek. Eine direkte Bezugnahme auf J. Allen Hynek, eine prominente Persönlichkeit in Astronomen- und Ufologenkreisen. Neben zahlreichen anderen Aktivitäten spielte er eine kleine Rolle in *Unheimliche Begegnung der dritten Art*, wo er auch als Berater mitwirkte. Als Forscher war er Mitautor zahlreicher Bücher, darunter eines von Jacques Vallée. Ferner war er ein leitendes Mitglied des Project Bluebook-Teams.

Abspann. Die Titelmusik am Ende dieser Episode war um eine Note ›daneben‹.

***Space: Above and Beyond* (Sweatshirt).** Ist Ihnen Blaines Sweatshirt aufgefallen? Die Anspielung wird klar, wenn man sich in Erinnerung ruft, daß Glen Morgan einer der verantwortlichen Produzenten von *Space* war. Er schrieb nicht nur frühere Drehbücher für *Akte X,* sondern ist auch der ältere Bruder von Darin Morgan und genauso verrückt wie der. Duchovny spielte in *Space* einen Androiden mit künstlicher Intelligenz.

Kugeln und Obelisken. Achten Sie auf das Regal in José Chungs Büro. Wenn Sie die Kugel und den Obelisken sehen, denken Sie an *Aubrey* und an *2001: Odyssee im Weltraum.*

Süßkartoffelkuchen. Ein Hinweis auf einen anderen erfundenen FBI-Agenten. Dale Cooper aus *Twin Peaks* bevorzugte Kirschkuchen und war bekannt dafür, daß er seine Zeugen gern mit vollem Mund vernahm. Mulder ahmt Cooper in dieser Episode nach. David Duchovny spielte in *Twin Peaks* die Rolle des Transvestiten Dennis/Denise.

Die Piloten Richard Vallée und Jacques Shaeffer. Tauschen Sie die Namen, und Sie erhalten Jacques Vallée, der das Philadelphia-Experiment untersuchte und darüber schrieb. Außerdem berichtete er über UFOs und mögliche Systeme gezielter Fehlinformation. Schaeffer lieferte die Bilder zu Klass' Werk *UFOs Explained.*

PLAUDEREI

Es spricht sich herum, daß *Akte X* moderne Musik miteinbezieht. Von dem Namen Roky Crikenson ist es nur ein kleiner Schritt bis zu Roky Erickson, dem Namen des Sängers der Thirteenth Floor Elevators. In dieser Gruppe experimentierte er mit Musik, die aus einer Kombination von Studio-Atmosphäre und bewußtseinsverändernden Drogen entstand. Der Name seiner nächsten Band, Roky Erickson & The Aliens, mag ein Anzeichen dafür sein, daß der Sänger zeitweise glaubte, selbst ein Außerirdischer zu sein.

»... ein bißchen zu rot ...« Die Schauspielerin Gillian Anderson, von Natur aus blond, färbte ihre Haare für die Rolle der Dana Scully.

»Sein Gesicht war so leer und ausdruckslos.« Die Regenbogenpresse hat sich hin und wieder darüber ausgelassen, daß Duchovny die Intensität bevorzugt und auf die übliche überdrehte Darstellungsweise in Fernsehserien verzichtet.

»Das geschieht nicht wirklich.« Eine Anspielung auf *Alien*, in dem Bill Paxtons Figur Hudson diesen Satz über die gesamte Länge des Films vor sich hinmurmelt.

Im großen und ganzen hat Darin Morgan natürlich wieder einmal die Rosinen der Filmgeschichte herausgepickt. Filme wie Kurosawas *Rashomon* beschäftigen sich ebenfalls mit der Vielfalt der Wahrnehmung. *The Manchurian Candidate*, auf den in dieser Episode mit ›The Caligarian Candidate‹ (dt. ›Der Caligari-Kandidat‹) angespielt wird, geht noch einen Schritt weiter und stellt die verdrehten Wahrnehmungen von Soldaten, die einer Gehirnwäsche unterzogen wurden, grafisch dar. Der zweite Bezug in dieser Anspielung, *Das Cabinet des Dr. Caligari*, greift die Geschichte eines hypnotisierenden Zauberers und seiner Opfer wieder auf. Die unglücklichen Willenlosen befolgen sogar die bizarrsten Befehle des Hypnotiseurs. Vielleicht handelt es sich in diesem Film aber auch nur um die Geschichte eines verrückten Psychiaters oder um die seiner verrückten Patienten ... Ganz sicher ist sich da niemand.

Darin Morgan hatte starken Anteil an den vielen Eigenbezügen, die in *Akte X* immer wieder auftauchen. Eine Reihe von Ereignissen und Personen in ›Andere Wahrheiten‹ gehen direkt auf frühere Beiträge von Morgan zurück: Der Tarot-Kartenleger aus ›Der Hellseher‹ und Museumskurator aus ›Zirkus‹ taucht in dieser Folge als Hypnotiseur auf; der Erstaunliche Yappi, ebenfalls aus ›Der Hellseher‹ bekannt, erscheint hier in der gleichen Rolle und mit gleicher Wichtigtuerei; das ›Mädchengekreische‹, in ›Krieg der Koprophagen‹ gefordert, wird endlich geliefert; und schließlich findet sich in dem Titel *Alien Autopsy: Truth or Humbug* eine weitere Anspielung auf Morgans erstes Drehbuch ›Zirkus‹ (Originaltitel ›Humbug‹).

FALL X-3.21

Codename: ›Heimsuchung‹

ZUSAMMEN-FASSUNG

Assistant Director Walter Skinner wacht auf und findet neben sich eine tote Prostituierte im Bett. Er muß erkennen, daß sich Vorzeichen sehr schnell ändern können. Diesmal liegt es an Scully und Mulder, der Polizei und dem Büro für berufliches Verhalten *Skinners* Unschuld zu beweisen. Dessen angeborene Zurückhaltung, belastendes Beweismaterial und eine zum ungelegensten Zeitpunkt auftretende Erinnerungslücke erschweren die Ermittlungen zusätzlich. Am ominösesten ist jedoch die schattengleiche Präsenz des Kettenrauchers.

ZITAT

»Im Mittelalter hätte man einen Besuch, wie Skinner ihn beschreibt, einem Sukkubus zugeschrieben. Das war ein Geist, der Männer in der Nacht aufsuchte, meistens in Gestalt einer alten Frau.«

– Fox Mulder

Im Universum der *Akte X* existieren Theorien im Überfluß. Sogar hartgesottene X-Philes wissen nicht mehr, wie oft Scully als Antwort auf eine Bemerkung Mulders die Augen verdreht hat – nur um anschließend festzustellen, daß für die Situation doch keine so vernünftige Erklärung vorliegt, wie sie gedacht hatte. Nur in wenigen Episoden, zum Beispiel in ›Offenbarung‹, gibt Mulders unmotivierte Skepsis den Weg für Scullys Denkart frei; noch seltener aber sind die Fälle, in denen *beide* falsch liegen!

Einerseits hält sich Skinner sehr mit der Preisgabe von anzüglichen Details über seine Begegnungen mit Geschöpfen aus einer anderen Welt zurück; andererseits zeigt Mulder, der sich gerade mit seiner Videosammlung beschäftigt hat, mehr Interesse für die sexuellen Aspekte der Erlebnisse. Wahrscheinlich kommt er deswegen zu einer zwar aufregenden, aber völlig deplazierten Theorie. Es ist schon oft vermutet worden, daß UFOs in Nordamerika den gleichen Stellenwert besitzen wie Spukschlösser in Europa, sozusagen ein Stück amerikanischer Folklore seien. Unabhängig davon, ob die Behauptung zutrifft oder nicht, wimmelt es jedenfalls in Nordamerika von Anekdoten aus der Sagenwelt des alten Kontinents.

Der Sukkubus ist ein weitgereistes Monster. Er kommt in den Mythen Ägyptens, Ostindiens und Asiens ebenso vor wie in Europa, wo er über Jahrhunderte hinweg einen halboffiziellen Status genoß. Allein in Wallasey berichteten innerhalb eines Gerichtsturnus, also innerhalb von knapp acht Monaten, fast einhundertdreißig Männer von einem Sukkubus, der sie angeblich angegriffen habe. In Schottland beklagte sich ein gewisser Hector Boece wiederholt bei seinem Gemeindepfarrer und sogar beim Bischof über einen weiblichen Dämon, der ihn »so in seiner Männlichkeit geschwächt« habe, daß er »für seine Frau nutzlos geworden« sei. Die Ratschläge des Priesters, er solle fasten, im (für eiskaltes Wasser bekannten) nahegelegenen Fluß baden und viel beten, halfen ihm nicht, den Aufmerksamkeiten der mysteriösen Frau zu entgehen. Vielmehr störten Boeces Gestöhne und Geschreie – hörbares Zeugnis der Bemühungen seiner ›nächtlichen Besucherin‹ – die Nachbarn bald so sehr, daß sie offiziell Beschwerde einreichten.

Wahrscheinlich auf Drängen von Boeces Ehefrau wurde der Priester, den er aufgesucht hatte, aktiver. Er kam in das Haus des Paares, verlangte den bequemsten Stuhl und hielt bei Hector Boece Wache. Lange mußte er nicht warten. Am nächsten Morgen zog er erschüttert von dannen und verfaßte folgenden Bericht: »Der Mann ist von dem Wesen besessen. Vom Moment ihrer Ankunft an nimmt er nichts mehr wahr, bis er schließlich vollkommen erschöpft ins Bewußtsein zurücktaumelt. Alle Versuche, ihn aufzuwecken, schlugen fehl. Auch durch meine heiligen Beschwörungen konnte ich den Geist nicht aus dem Haus vertreiben.«

Priester Ainan Prescote behandelte den Vorfall wie einen Fall von Besessenheit. Er schickte die Ehefrau zu Verwandten, legte die Grundmauern des Hauses in Salz und zog, ausgerüstet mit dem Werkzeug seines Gewerbes, wieder in die Wohnung ein. Ian Bell, ein örtlicher Polizist, kam am zweiten Tag, um den Schreien auf den Grund zu gehen, die die Nachbarn um den Schlaf brachten. Nach nicht einmal einer Viertelstunde stürzte er wieder aus dem Haus, verließ Boeces Grundstück und weigerte sich, über das Gesehene zu reden. Den Nachbarn erteilte er den Rat: »Geht an dem Haus vorbei, ohne auch nur einen Blick darauf zu werfen, bis der gute Priester uns sagt, daß drinnen alles wieder in Ordnung ist.«

Der ›gute Priester‹ gab aber weder nach dieser Nacht noch nach den folgenden elf Nächten Entwarnung.

Als Hector Boeces Frau endlich erlaubt wurde, wieder nach Hause zurückzukehren, wankte ein abgemagerter Priester aus dem Haus zur nächsten Kirche. Hector Boece hatte »knapp zwanzig Kilo verloren und sah zufriedener aus als je zuvor«. Mrs. Boece schloß offensichtlich mit ihrem Mann Frieden. Sie schien glücklich darüber zu sein, daß der seltsame Damenbesuch nicht mehr durch ihre Räume geisterte und ihrem Mann keine unüberhörbaren ›nächtlichen Qualen‹ mehr auferlegt wurden.

Diese Geschichte begegnet in der einen oder anderen Form in ganz Europa. Ein Sizilianer glaubte, eine schöne Frau vor dem Ertrinken zu retten, nahm aber unabsichtlich einen Sukkubus mit zu sich nach Hause. Dieser nützte die ›Gastfreundschaft‹ lange genug aus, um ein Kind zu gebären. Erst als der Geist mit diesem Kind verschwand, bemerkte der Mann seinen Fehler.

In Polen brachte es ein Sukkubus sogar zu gesetzlicher Anerkennung, denn er wurde dem Richter vorgeführt und wegen Dämonismus verurteilt. Ein Priester hatte von einer schönen Frau berichtet, die sich in dem Ort Jaklow urplötzlich materialisiert habe. Einige der zahlreichen, angesehenen Männer, die sie verführt habe, seien in ihrem Bett gestorben. Zwar wurde die Frau zum Tod durch Verbrennen verurteilt, aber sie verschwand auf ebenso mysteriöse Weise, wie sie gekommen war. Am Morgen des Hinrichtungstages fand man ihre Zelle verschlossen, aber leer.

In dem griechischen Ort Axapta unternahm die Bevölkerung keinen Versuch, ihren schönen Sukkubus zu vernichten. Der Geist war ihre Geheimwaffe, die sie gegen die Anführer eindringender Stadtstaaten einsetzten. Axapta blieb so lange unabhängig, bis der Geist seiner ›Gefangenschaft‹ überdrüssig war. Die schöne

RÄTSEL 22

Leichte Fragen: Notieren Sie sich 1 Punkt für jede richtige Antwort.

1. **Woran starb Carina Sayles offensichtlich?**
2. **Welche Farbe hat der Regenmantel von Sharon Skinner?**
3. **Wo befindet sich die Heimatdienststelle von Agent Bonnecaze?**
4. **Welche Scotchmarke, die einer ›echten‹ sehr ähnelt, trinkt Skinner?**
5. **Welches Beweisstück händigt Mulder Agent Pendrell zur Analyse aus?**

Es wird schwieriger: Notieren Sie sich 2 Punkte für jede richtige Antwort.

6. **Wie lange sind Walter und Sharon Skinner schon verheiratet?**
7. **Welche Erklärung hat Scully für Skinners nächtliche ›Alpträume‹?**
8. **Was ist in die Innenseite von Walter Skinners Ehering eingraviert?**
9. **Was könnte nach Scullys Ansicht die Ursache für den Glanz um den Mund der ermordeten Prostituierten sein?**
10. **Wofür steht das ›S‹ in dem Namen Walter S. Skinner?**

ANTWORTEN

1. An Genickbruch
2. Rot
3. In Norfolk
4. J & P, Ersatz für J & B
5. Den Airbag aus Skinners Wagen.

6. Seit siebzehn Jahren
7. REM-Phasen-Schlafstörungen
8. LOVE FOREVER SHARON (»In ewiger Liebe, Sharon«)
9. Eine Art Pilz
10. Sergej

Ihre Punktzahl:

Frau ging einfach in eine Hauswand hinein, ohne auf der anderen Seite wieder hinauszukommen.

Unglücklicherweise sprechen die Schlüsselelemente all dieser Geschichten gegen Mulders Theorie, Skinner sei von einem Sukkubus heimgesucht worden. Manche böse Dämonen werden traditionell als alte Hexen oder alte Weiber beschrieben; die Sukkuben sind jedoch eher das Gegenteil. Alle Legenden stimmen darin überein, daß sie dem Sukkubus eine unglaubliche Schönheit attestieren. Sexuelle Aktivitäten werden nicht unterbrochen. Hat ein Sukkubus seinen Mann – oder mehrere – erwählt, findet er nur Befriedigung, wenn er seine Spiele unablässig ausübt oder wenn das Opfer stirbt. Die Interessen eines solchen Geistes sind rein sexueller Art. Selten leisten sie in irgendeiner Weise Hilfe, und nie werden andere Frauen in das Treiben mit einbezogen. Mulder scheint also diesmal die falsche Überlieferung herangezogen zu haben.

Der Gestalt und dem Verhalten nach zu urteilen kommt eher eine andere Kandidatin in Betracht: die irische Banshee. Wie der Sukkubus ist auch dieser Geist immer weiblich. Frei übersetzt bedeutet *banshee* soviel wie ›Todesfee‹. Ähnlich dem Sukkubus ist auch die Banshee ein sehr zielstrebiges Wesen. Sie sucht sich ein Opfer aus, oft auch eine ganze Familie, und begleitet es während dessen Leben. Im Unterschied zu Sukkuben treten Banshees allerdings als Frauen aller Altersstufen auf: Manche sind jung und schön, fast noch kindlich, andere häßliche alte Weiber. Ihr Temperament ist so unterschiedlich wie ihr Aussehen. Einige genießen die Not ihres Opfers, andere agieren als unbeteiligte Vorboten des Todes. Manche übernehmen – wie in der Episode ›Heimsuchung‹ – auch die Rolle der Beschützerin.

Eine solche Beschützerin, die sich seit 1643 bei den O'Reardons befinden soll, erinnert stark an Skinners

Frau in Rot. Padraic O'Reardon aus Chicago, Illinois, war einer der vielen jungen Männer, die unter Vorbehalten als Soldat nach Vietnam gingen. Obwohl die Familie schon vor langer Zeit aus der ursprünglichen Heimat Irland fortgezogen war, hatte sie sich den festen Glauben an die alten Legenden bewahrt. Daher hoffte Padraic inbrünstig, daß die Banshee der O'Reardons weiterhin so wachsam wäre wie bisher.

Zwei Wochen später begann Padraic O'Reardon wirklich zu glauben, daß sie den Weg um die halbe Erde in das Stück Dschungel gefunden hatte, in dem er mit elf anderen jungen Männern lag. Im Prasseln eines mittäglichen Regenschauers glaubte er plötzlich etwas zu hören – ein schwaches Summen, kaum wahrnehmbar, ließ ihm die Haare zu Berge stehen. Ein Blick auf das Funkgerät bewies ihm, daß das Geräusch nicht von dort ausging. Auch schien der Ton nicht aus irgendeiner anderen materiellen Quelle zu kommen.

Im Laufe des Tages wurde das Summen immer lauter. Die Gruppe näherte sich einer Anhöhe, die angeblich seit einiger Zeit von eigenen Leuten besetzt war. Am frühen Abend stand für Padraic fest, daß er zu jenen Soldaten zählte, die die bedrückende, klaustrophobische Umgebung des Dschungels nicht ertrugen. Er glaubte, direkt hinter seinem Ohr eine Stimme singen zu hören: »Geh zurück.« Padraic sah sich bereits zu einem Strafeinsatz abkommandiert oder in eine psychiatrische Klinik eingewiesen, während er weiter durch das Dickicht schlich.

»Halt, Padraic, halt!«

Den Kopf schüttelnd, drehte er sich um und erblickte eine alte Frau, die nicht häßlich war, aber ausgezehrt wirkte und ihn ansah. Fast im selben Augenblick, schrie sie auf und verschmolz mit dem Regen.

Plötzlich pfiffen Geschosse an ihm vorbei und ließen den Baum neben ihm splittern. Eine Kugel durchschlug

Offenbar hat Agent Pendrell die Herzen der *Akte-X*-Crew genauso gewonnen wie die der Zuschauer. Die Rolle, die Brendan Beiser in ›Heimsuchung‹ spielte, war ursprünglich für eine neue Figur namens Dr. Rick Newton konzipiert.

seine Schulter und blieb unter dem Schlüsselbein stekken. Zwei Männer fielen, als die Gruppe in der Nacht den Rückzug antrat. Das Gebiet war zwischenzeitlich vom Feind besetzt worden, ohne daß jemand sie gewarnt hätte. O'Reardon blieb auf den Beinen. An den Rückweg den Hügel hinunter hat er kaum eine Erinnerung – außer an die kurzen Augenblicke, in denen er eine Frau sah, der er fast die ganze Nacht hindurch folgte.

Es wäre sicher interessant herauszufinden, ob Skinner irische Vorfahren hat. Der einzige Grund, der dagegen spräche, daß seine ›Besucherin‹ tatsächlich eine Banshee war, gründet auf der Annahme, daß Banshees nur Interesse an direkten Abkömmlingen der grünen Insel zeigen.

FALL X-3.22

Codename: ›Quagmire‹

ZUSAMMENFASSUNG

Scully ist gerne bereit, auf ihr wohlverdientes Wochenende zu verzichten, um Mulder bei der Durchsicht einiger Vermißtenanzeigen zu helfen. Bis sie entdeckt, daß sein Hauptverdächtiger eine amerikanische Version des Ungeheuers von Loch Ness ist! Als jedoch plötzlich Leichenteile von einem halben Dutzend Toten um den Heuvelmans See herum auftauchen, muß sogar Scully eingestehen, daß etwas Ungewöhnliches im Gange sein könnte.

HINTERGRUND

Hier gibt es Monster

Es sei dahingestellt, ob Nessie oder ein anderes Mitglied dieser weit verstreuten Sippe tatsächlich existieren oder ob sie, wie Scully sagen würde, »Ausdruck unserer universellen Angst vor dem Unbekannten« sind. Mysteriöse Wesen der Tiefe bleiben jedenfalls nach wie vor die am häufigsten vertretenen Gestalten in unseren Legenden und halten sich von allen am hartnäckigsten.

ZITAT

»Irgend etwas (keuch)... irgendwas hat mich da draußen gestreift! Etwas... (keuch) Großes! Schließen Sie den See! Sperren Sie ihn ab! Rufen Sie die Bundespolizei! Alarmieren Sie den Naturschutz, die Fischerei- und die Jagdbehörden! Sagen Sie ihnen, es handelt sich um einen *Notfall!*«

– Sheriff Lance Heads

Leichte Fragen: Notieren Sie sich 1 Punkt für jede richtige Antwort.

1. **Wie heißt Scullys Hund?**
2. **Wie wird die südliche Schlange des Heuvelmans Sees im Volksmund genannt?**
3. **Was steht auf Ted Bertrams Kappe?**
4. **Welchen Ausrüstungsgegenstand hat Dr. Bailey verloren, so daß er zu Striker's Cove zurückkehrt, wo er stirbt?**
5. **Was will Mulder auf einer der unscharfen Aufnahmen aus Ansel Brays Sammlung erkennen?**

Skeptiker weisen natürlich sofort auf den Tourismuseffekt hin – eine solche Erscheinung bringt zahlreiche Neugierige. Daneben eröffnen sich auch für einzelne Verdienstmöglichkeiten, wenn sie ›Beweise‹ für eine Begegnung mit einem solchen Wesen vorlegen können. Triftige Gründe, die solche Phänomene in unserer modernen Zeit verursachen könnten. Aber weniger kritische Geister halten dagegen, daß auch bereits Generationen vor unserer heutigen Gesellschaft mit Fernsehspezialsendungen und Tantiemen oft Berichte von unheimlichen Begegnungen der dritten Art im Wasser aufgetaucht seien.

Natürlich gab es auch Falschmeldungen, die alles noch komplizierter machten. Über Nessie, das berühmteste Seeungeheuer, waren, wie mittlerweile bekannt, über lange Zeit mindestens sieben Falschmeldungen in Umlauf. Von den vielen Fotos, die Nessie angeblich zeigen, ist eines – 1934 von Colonel Dr. Robert Wilson aufgenommen – über sechstausendmal in Büchern, Artikeln und Dokumentationen veröffentlicht worden. Aufgrund seiner relativen Schärfe und des geheimnisvollen Umgebungslichtes war es über Jahrzehnte hinweg ein Hit. Sollten Sie bislang erst ein Bild von Nessie gesehen haben, dann war es wahrscheinlich das Wilson-Foto. Es ist eine Fälschung.

Gleiches gilt für die Fotos von Frank Searle, Anthony Toreth, Mavis Bull, Tony Shiels, Mark Wharem, Wyatt Carnegie und Carl Chorvinsky. Einige dieser Aufnahmen – zum Beispiel die von Mark Wharem, die den oberen Teil eines Godzillakostüms zeigt – fielen schon bei flüchtiger Untersuchung als Fälschung durch. Andere dagegen wurden für echt gehalten, bis mit modernen Techniken Belichtung, Refraktionswinkel, Spiegelungen, Hydrodynamik und eventuelle Filmmanipulationen bewertet werden konnten.

Streicht man nun sieben Namen von der Liste derer,

die vorgeben, Nessie gesehen zu haben, so ist das angesichts der Menge photographischer Nachweise noch nicht spürbar. Es bleibt genügend zu tun. Auch müssen andere Analysetechniken angewendet werden.

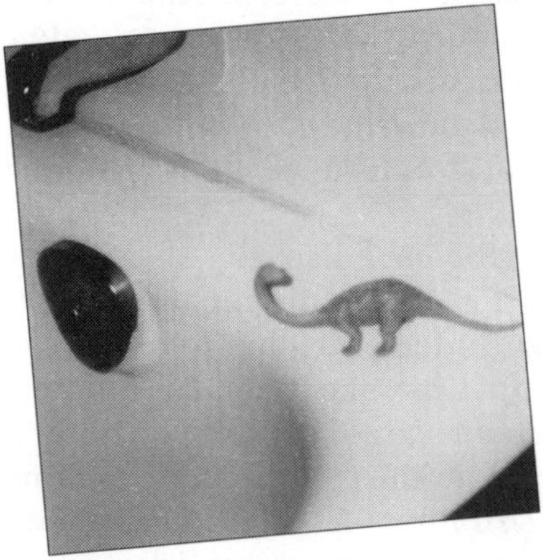

Filme bestehen aus Tausenden von Einzelbildern. Sogar einfachere Formen der Montage sind für vorsätzliche Fälscher schwierig und zeitaufwendig. Deshalb sind Filme im allgemeinen die zuverlässigsten Beweismittel. Spezialeffekte, die in großen Filmstudios erstellt werden, kann man in kleineren Studios aufgrund der hohen Kosten und der aufwendigen Technik kaum durchführen. Mit diesen Hindernissen sieht sich auch Otto Normalverbraucher konfrontiert, wenn er mit seiner tragbaren Filmkamera oder seinem Camcorder ins Geschäft mit gefälschten Ungeheuern einsteigen will. Trotz dieser Voraussetzungen sind jene Bilder von Nessie, die sich auf einem Film befinden, am ehesten als echt anzusehen.

Das einfache 16-mm-Filmmaterial von Tim Dinsdale wurde von Kapazitäten verschiedener Gebiete untersucht. Dazu zählten die Abteilung für Luftaufklärung und Nachrichten der britischen Luftwaffe, Biologen

RÄTSEL 23

Es wird schwieriger: Notieren Sie sich 2 Punkte für jede richtige Antwort.

6. **Für wen arbeitet Dr. Bailey?**
7. **Welches ungewöhnliche Geschöpf zieht man aus einem See in Massachusetts?**
8. **Auf welchen im Wasser lebenden Dinosaurier könnte nach Mulders Meinung die Beschreibung von ›Monstern‹ wie Nessie oder Ogopogo zutreffen?**
9. **Wann wurde die angebliche Schuppe eines Monsters gefunden?**
10. **Welches Lied singt Ansel Bray, unmittelbar bevor er auf den mysteriösen Seebewohner trifft?**

Antworten

1. Queequag
2. Big Blue
3. SHOW US YOUR BOBBERS
4. Seinen Piepser
5. Den Zahn eines Seeungeheuers

6. Für das staatliche Forstamt
7. Einen Hai
8. Ein Pleiosaurier
9. Am 20. Februar 1965
10. ›True Colors‹

Ihre Punktzahl:

aus den Bereichen Biophysik bis Paläontologie, Hydrophysiker, Filmtechniker und Spezialisten für Spezialeffekte. Keiner von diesen Experten ist ganz sicher, was auf dem Film zu sehen ist, aber das Material wird für echt gehalten. Die übereinstimmende Meinung lautet: Was immer ›es‹ war – es ragte jedenfalls gut anderthalb Meter aus dem Wasser, war mindestens fünf Meter lang und bewegte sich sehr schnell. Das Objekt war kein Boot, sondern allem Anschein nach ›ein lebendes Wesen‹.

Zweifellos gibt es Fälscher. Aber ebenso existieren glaubwürdige Personen, die nicht weniger darauf brennen herauszufinden, welche Art von Wesen sie gesehen haben, als die Skeptiker. Im übrigen sind Skeptiker nicht immer gegen selbstgefertigte Fallen gefeit. Douglas Quaid erklärt in seiner Dokumentation *The Search For Dragons*: »Alle diese Ungeheuer, die angeblich gesehen wurden, sind am besten als innovatives Touristik-Marketing zu beschreiben. Man eifert dem Vorbild einer schottischen Ortschaft nach, die großen Erfolg damit hatte, Leichtgläubige an die Gestade ihres Sees zu locken.« Die Fans von Nessie fielen fast von ihren Stühlen, als sie das hörten. Manchen Skeptikern erscheinen solche Thesen plausibel, und sie sind mit Sicherheit dazu geeignet, Zweifel an den Motiven derer zu wecken, die behaupten, an anderen Seen ähnliche Erscheinungen gesehen zu haben. Dennoch ist es blanker Unsinn zu glauben, daß Nessie sämtliche Geschichten über Seeungeheuer inspiriert habe.

Skeptiker wie Ronald Binns räumen mit dem Irrglauben auf, daß Nessie das uralte Monster sei, als das es bisweilen präsentiert wird. Zum erstenmal scheint es Anfang der dreißiger Jahre unseres Jahrhunderts gesehen worden zu sein. Dadurch wird Nessie zu einem der *jüngsten* Monster, die Berichten zufolge weltweit in mehr als zweihundertfünfzig Seen leben.

Die Legende von Ogopogo im Okanagan See, der nur einen Katzensprung vom *Akte-X*-Drehort in Vancouver entfernt liegt, wurde bereits erzählt, lange bevor Nessie auf der anderen Seite der Weltkugel auftauchte. Weil dort seit mindestens fünfhundert Jahren immer wieder von Sichtungen berichtet wird und die Größenangaben für die Erscheinungen insgesamt erheblich voneinander abweichen, liegt die Vermutung nahe, daß der Okanagan See eine ganze Familie von Seeungeheuern beherbergt. Die ungewöhnlichen Umstände, unter denen die Ungeheuer zeitweise gesehen wurden, lassen diesen Gedanken plausibel erscheinen. Am 16. September 1926 zum Beispiel war der Strand der Okanagan-Mission mit Urlaubern der Nachsaison übersät, und dreißig Fahrzeuge säumten die Straße, als Ogopogo unvermittelt auftauchte. Viele Augenzeugen berichteten, sie hätten ein zweites, kleineres Wesen neben dem größeren gesehen. Ob das an den Lichtverhältnissen lag oder daran, daß Ogopogo vorzugsweise in Begleitung auftritt, ist nicht belegt. Zwar gelten selbst Augenzeugenberichte von Gruppen nicht als Beweis, aber sie verleihen der mündlichen Überlieferung der Einwohner zusätzliche Glaubwürdigkeit. Bis in die heutige Zeit hinein kommt es vor, daß zahlreiche Menschen Ogopogo gleichzeitig beobachten. Der ultimative Beweis ist noch immer nicht erbracht, aber die Berichte haben im Laufe der Zeit viele seriöse Wissenschaftler an den See gelockt.

Lange bevor H. F. Beattie 1924 Ogopogo in seinem Bericht erwähnte, kannten die Ureinwohner von British Columbia dieses (oder diese) Wesen bereits unter dem Namen *N'ha-a-tik*. In der Stammessprache der Chinook bedeutet das soviel wie ›Großes Tier im See‹. Die Salish nannten es *Na-ha-ha-tik*, ›Schlange im See‹.

Einer der zahlreichen Kryptozoologen, die sich mit den auffallend übereinstimmenden Beschreibungen

Der Heuvelmans See in dieser Episode stellt eine Verneigung in mehrere Richtungen dar … *Patricia Rae*, das Boot, das mit den fünfhundert Dollar des Agenten auf den Grund des Heuvelmans See sinkt, wurde zu Ehren von Autor Kim Newtons Mutter auf diesen Namen getauft. Es wäre interessant zu wissen, was Freud dazu gesagt hätte. Scully berichtet, daß Queequag eine Figur aus *Moby Dick* gewesen sei. Sie erwähnt jedoch nicht, daß der Harpunist und ihr Köter eine noch bezeichnendere Gemeinsamkeit hatten – beide fraßen Menschenfleisch.

Der eher ungewöhnliche Name des Fotografen in ›Quagmire‹ lautet Ansel. Am geläufigsten ist er als der Vorname des bekannten Naturfotografen Ansel Adams.

von Ogopogo befaßt haben, ist Roy P. Mackal. Er stellte eine Theorie auf, die nur wenig von der Mulders, Seeungeheuer seien Pleiosaurier, abweicht. Mackal glaubt, daß es sich bei den Wesen, die am Okanagan See gesehen wurden, um eine urzeitliche Walart, die *Basilosaurus cetoides*, handelt. Für die Ureinwohner, die über Generationen mit diesen Wesen lebten, war die Taxonomie, die biologische Einordnung, irrelevant – für sie zählte die Geographie.

Mulder hegt den Verdacht, daß sich Big Blue eine Zeitlang in den Wäldern rund um Striker's Cove versteckt. Die Salish glaubten, die kleine Insel Rattlesnake gehöre zu *N'ha-a-tiks* Territorium. Am Ufer des Eilandes finden sich traditionell ungewöhnlich große Mengen verstreuter Fischreste und Knochen von kleineren Tieren. Außerdem soll es wiederholt vorgekommen sein, daß Gruppen von Anglern, die unvorsichtig genug waren, auf der Insel zu übernachten, beim Aufwachen einen Petrijünger vermißten. 1914 fand man an jenem Strand den halbverwesten Kadaver eines unbekannten Tieres, der über zweihundert Kilogramm wog und Flossen und Schwanz besaß. Der vordere Teil des Kadavers war aber so stark von anderen Tieren angefressen worden und verwest, daß sich die vollständige Gestalt nicht mehr rekonstruieren ließ. Die offizielle Erklärung, es habe sich um eine Seekuh gehandelt, mutet ebenso bizarr an wie die ursprüngliche Ogopogo-Theorie.

Zwischen dem alten Ogopogo und der jungen Nessie existieren Hunderte von anderen Fabelwesen. Manche davon, zum Beispiel Chessie aus der Chesapeake Bay, Bessie aus der South Bay und Tessie aus dem Tahoe See, scheinen jedesmal, wenn sie gesehen werden, ein anderes Aussehen an den Tag zu legen. Andere wie die Ungeheuer in den Seen Skandinaviens variieren nur in der Größe.

Gelegentlich überrascht die Wahrheit über solche Monster sogar ›Gläubige‹. Die Geschichte des Hais, der in *Akte X* aus einem See in Neuengland gezogen wird, mag schwer nachzuprüfen sein und zumindest zweifelhaft erscheinen, aber andere ebenso fantastische Geschöpfe sind nachweislich aus ihrem ursprünglichen Lebensraum ans Tageslicht gefördert worden. Der riesige zehnfüßige Tintenfisch, früher als legendärer Krake in der griechischen Epik beheimatet, ist heute glitschige Realität. Die Quastenflosser, eine urzeitliche Fischart, hielt man für seit über siebzig Millionen Jahren ausgestorben, bis sie in unserem Jahrhundert in den Netzen von Fischern wieder auftauchten. (Da sie meistens zerplatzten, sobald sie an die Wasseroberfläche gebracht worden waren, dachte man zunächst, es handelte sich um eine andere, wahrscheinlichere Spezies.) Vor der Küste Japans zogen Fischer einen Kadaver von mehr als einer Tonne Gewicht aus dem Wasser; trotz ihrer lebenslangen Erfahrung mit bekannten Fischarten, Haien und Walen konnten sie das tote Tier nicht identifizieren. Ein Meeraal, den man wahrscheinlich ausgesetzt hatte, als er seiner Größe wegen nicht mehr als Haustier zu halten war, gedieh in seiner neuen Umgebung prächtig; er wuchs zu der unglaublichen Länge von knapp zehn Metern heran, bevor er einen Taucher derart das Fürchten lehrte, daß man ihn einfing.

Wenn Ihnen die Kinder in dieser Episode bekannt vorkommen, dann wahrscheinlich deshalb, weil sie in ›Krieg der Koprophagen‹ in einer Dachstube ähnliche Studien über psychedelische Substanzen betreiben.

Wenn die Wirklichkeit so unerklärlich ist, warum sollte es dann den Wal mit dem langen Hals, den *Zeuglodon*, nicht geben? Oder andere Aale? Oder etwas noch Unbekanntes?

Alle diese Geschichten haben gemeinsam, daß diejenigen, die ein solches Ungeheuer gesehen haben, von dessen Existenz absolut überzeugt sind. Der Schwede Ragnar Bjvrks, Fischereibeamter am Storsjvn See, glaubte, alles zu kennen, was es im See gibt. *Storsjvod-*

juret, das Seeungeheuer, hielt er für einen amüsanten Mythos. Bis der dreihundertfünfzig Jahre alte Mythos unter sein Boot schwamm, als der Skipper unterwegs war, um die Lizenzen einiger Fischer auf dem See zu kontrollieren. Bjvrks erschrak und versetzte dem Tier einen Schlag mit einem Ruder. Noch mehr erschrak er, als der ›Mythos‹ zurückschlug und sein Boot rund drei Meter in die Luft schleuderte. Solche Ereignisse bekehren in der Regel auch eingefleischte Skeptiker.

FALL X-3.23

Codename: ›Wet Wired‹

ZUSAMMENFASSUNG

Scullys Engagement in ihrem jüngsten Fall geht über die normale Pflichterfüllung hinaus, als sie nach einer ausgedehnten Schicht vor dem Fernseher von der gleichen Paranoia erfaßt wird wie ihre Verdächtigen. Dann verschwindet sie. Nachdem seine Partnerin selbst zu einer Verdächtigen geworden ist, schwankt Mulder zwischen Pflichterfüllung und Loyalität. Die Wahrheit scheint in diesem Durcheinander verlorengegangen zu sein.

HINTERGRUND

Was lauert in Ihrem Unterhaltungsprogramm?

ESST POPCORN
ESST POPCORN
ESST POPCORN

Als bekannt wurde, daß diese nicht unbedingt aufrührerische oder gefährliche Aufforderung, zwischen den Einzelbildern von Filmen versteckt, landesweit in Kinos ausgestrahlt worden war, erkannten viele durchschnittliche Amerikaner wahrscheinlich zum erstenmal, daß sie Opfer verdeckter Werbung geworden waren.

ZITAT
»Hier stimmt was nicht. In den vertikalen Freiraum zwischen den Bildern sind zusätzliche Informationen eingefügt worden.«
– BOURSE, Herausgeber, Lone Gunman

Autohersteller haben bereits

früher versucht, Stoßstangen, Kotflügel oder Verzierungen für Motorhauben zu entwerfen, die »nur andeutungsweise, aber ausreichend sexuell anregend« sein sollten. Spezielle Botschaften zu einem Zeitpunkt zu vermitteln, an dem sich das Publikum vor einem Bombardement von Aufforderungen relativ sicher fühlte, etwas Bestimmtes zu tun, zu kaufen oder zu glauben, das war freilich neu.

Traditionell soll Werbung die Konsumenten unter Einsatz eines vielfältigen technischen Repertoires dazu bringen, sich von ihrem Geld zu trennen. Einige der Methoden, die als ›unterschwellig‹ eingestuft wurden, wirken auf moderne, aufgeklärte Käufer nicht mehr. Eine spärlich bekleidete Frau auf der Motorhaube galt früher als subtiles Mittel, Autos mit Macht und Sex zu verbinden. Heute wenden sich viele bewußt von solchen Bildern ab. Auch der Versuch, die wachsende Zahl weiblicher Käufer durch spärlich bekleidete Männer anzusprechen, ging daneben.

FEHLERHINWEIS!

In der ersten Szene dieser Episode sieht man eine deutliche Spiegelung des Capitols. Mulders Wagen befindet sich aber in einer Straße mit zweistöckigen Gebäuden zu beiden Seiten. Wo soll der Ursprung der Spiegelung, das Capitol, also sein?

Unterschwellige Botschaften und Bilder umfassen theoretisch alles, was Teile unseres Unterbewußtseins ansprechen und dadurch bestimmte Gefühle, Gedanken oder Handlungen auslösen kann. Doch gibt es einige Kategorien der unterschwelligen Beeinflussung, die allgemein mehr akzeptiert werden als andere. Werbung und Konsumenten wissen um das Spiel, das zwischen ihnen ausgetragen wird, und Verkäufer nutzen ein breites Spektrum von Beeinflussungsmöglichkeiten, um ihr Produkt als attraktivste Option erscheinen zu lassen. Mit bekannten Gesichtern, hübschen Verpackungen und kleinen Geschenken wird der Absatz von Süßigkeiten und Müsli mehr oder weniger unterschwellig gefördert. Die Käufer registrieren diese Manöver als Tricks, mit denen die Produkte verkauft werden sollen. Selbst die naivsten Kinder erkennen, daß der Verzehr eines bestimmten Schokoriegels sie nicht in Franziska van Almsick verwandeln wird. Aber Träumereien sind schön, und wenn wir bereit sind, sowohl dafür als auch für das Müsli zu bezahlen, dann liegt die Entscheidung beim Konsumenten.

Es gibt jedoch auch Produkte, die nur aus dem einen Grund entworfen werden, um unser Unterbewußtsein anzusprechen. Für nur 14,95 Dollar (ca. 22 DM) kann jeder eine fünfundvierzigminütige Audio- oder Videokassette mit unterschiedlichen klanglichen und bildlichen Impressionen kaufen: über Steine plätschern des Wasser, Meeresbrandung, durch Baumwipfel streichender Wind, tropische Strände bei Sonnenuntergang, falsche Aquarien oder fliegende Kolibrischwärme. Dazu suggerieren unterschwellige Stimmen: »Entspannung ist eine positive Methode, um Streß abzubauen.«

Zu höheren Preisen wird eine Vielzahl von Fortbildungs- und Selbsterfahrungskursen angeboten. Die Palette reicht von der Nikotinentwöhnung über das Erlernen einer Fremdsprache bis hin zur Verbesserung der rhetorischen Fähigkeiten. Jährlich wird in den Vereinigten Staaten eine Milliarde Dollar für derartige, in Eigenregie durchgeführte Angriffe auf das Unterbewußtsein ausgegeben. Die Öffentlichkeit befürwortet sie eindeutig.

Obwohl die X-Philes seit ›Die Botschaft‹ darauf gewartet haben, wieder einen kurzen Blick auf die übrigen Männer der Familie Scully werfen zu können, wurden sie in ›Wet Wired‹ erneut enttäuscht. Auf den Familienfotos, die auf Mrs. Scullys Nachttisch standen, waren nur Scully und Melissa zu erkennen. Die Brüder bleiben eine X-Akte für sich.

Leichte Fragen: Notieren Sie sich 1 Punkt für jede richtige Antwort.

1. **Wen beobachtet Scully bei einem Treffen mit dem Kettenraucher auf dem Parkplatz des Motels?**
2. **Was zeichnet Patnik für seine Videothek auf?**
3. **Was hält Mrs. Helene Riddick irrtümlich für eine schöne blonde Frau?**
4. **Welchen zeitgenössischen Politiker sieht Scully in einer Videoaufzeichnung?**
5. **Wem vertraut Mulder die Untersuchung des Gerätes an, das er in dem Kabelkasten gefunden hat?**

Ernste Befürchtungen lösen allerdings jene Botschaften an das Unterbewußtsein aus, die nicht so hübsch verpackt daherkommen wie fettreduzierte Salamis und nicht so leicht zu durchschauen sind wie herkömmliche Appelle an unsere Bedürfnisse nach Sex, Macht oder Luxus.

William Gaines, Professor für Psychologie, der die Reaktionen der Menschen auf technologische Veränderungen untersucht, beschreibt die Situation folgendermaßen: »Um uns herum vollzieht sich ein rasanter Wechsel der technologischen Möglichkeiten. Wir versuchen, mit der Entwicklung Schritt zu halten, und bestimmen, welche Teile des elektronischen Angebotes uns nützlich sind. Gleichzeitig befindet sich die öffentliche Meinung über Regierungen und Politiker auf einem lange nicht gekannten Tiefpunkt. Die Kombination dieser beiden Umstände schafft ein Umfeld, in dem unterschwelligen Beeinflussungen mit erheblichem Argwohn entgegengetreten wird.«

Soweit bekannt, hat bisher niemand versucht, unterschwellige Botschaften auf einer derart heiklen Ebene wie in ›Wet Wired‹ auszusenden. Aber diese spezielle Art der Überredung wurde auch nach dem Einsatz von »Eßt Popcorn« und »Trinkt Coca-Cola« in Filmen weiterverwendet. Vielleicht existiert sogar Frohikes Favoritin, die ›nackte Frau im Eiswürfel‹, in irgendeiner Werbung. Der berühmteste Eiswürfeltrick gelang Gilbey's Gin im Jahre 1971. Zwischen den Eiswürfeln war das Wort ›Sex‹ versteckt. Trotz heftiger öffentlicher Proteste blieb Gilbey's nicht das letzte Unternehmen, das diese Strategie einsetzte. Seit der Einführung digitalisierter Bilder kann der Zuschauer Werbespots, Fernsehshows und Filme Bild für Bild ansehen, und erst kürzlich berichteten mehrere Personen, sie hätten das Wort ›Sex‹ in den Sternenmustern des beliebten Kinderfilms *Der König der Löwen* gesehen.

Aber nicht allein Filme bieten Zugang zum Unterbewußtsein.

Hersteller von Videospielen fügten an strategisch günstigen Punkten »Sie sind ein Siegertyp« und »Spielen Sie noch einmal!« ein.

Animatoren verbargen heimlich anzügliches und sogar verbotenes Material in *Falsches Spiel mit Roger Rabbit*. Ebenso finden Dutzende von Computerprogrammierern Spaß daran, seltsame oder erotische Bilder in Bildschirmschoner, Hintergrundgrafiken oder die weißen Stellen von Textseiten einzufügen. Zuletzt wurde Windows 95 daraufhin überprüft, ob sich nackte Frauen in den Wolken einer Hintergrund-Bitmap tummelten. Falls Sie diese Bilder nicht finden können, versuchen Sie doch, das Pärchen im neuen Windows-Logo zu entdecken!

Die lästige Musikberieselung, der man in Einkaufszentren und Kaufhäusern oft ausgesetzt ist, enthält nicht nur die Stimmen der Sängerinnen und Interpreten. »Nicht stehlen!« klingt unterschwellig im neuesten Lied von Nana Mouskouri mit. »Bedienen Sie sich!« swingt es zusammen mit »Respect Yourself« in den Köpfen der Käufer. Die seltsamste Berieselungsbotschaft wurde wahrscheinlich in Asien erfunden. Dort spielte man in die Hintergrundmusik eines notorisch langsam fahrenden Aufzugs in einem siebenundvierzigstöckigen Bürogebäude »Bitte entblähen Sie nicht« ein.

Das scheint eher amüsant als gefährlich zu sein. Aber die Verbraucherschutzorganisation gegen unterschwellige Werbung in den Vereinigten Staaten weist öffentlich auf ihre Ermittlungen gegen Judas Priest, Ozzy Osbourne, Alice Cooper und andere Vertreter der Hard-Rock-Szene hin. Nach Aussage des ehemaligen Vorsitzenden der Organisation, Colin Beech, könnten verdeckte Botschaften in der Musik der genannten Stars für die Selbstmorde von sieben Teenagern mit-

RÄTSEL 24

Es wird schwieriger: Notieren Sie sich 2 Punkte für jede richtige Antwort.

6. **Was gewinnt Sylvia, die Kandidatin der Spielshow?**
7. **Welcher bekannte Prozeß wird gezeigt, während Mulder Patniks Videosammlung anschaut?**
8. **Wie heißt das Figürchen, das Mulder vor Mrs. Riddicks Fernseher findet?**
9. **Wie alt war Joseph Patnik, als er seine Frau umbrachte?**
10. **Wie heißt der ›moderne Hitler‹, der Joseph Patnik unruhig werden läßt?**

ANTWORTEN

1. Mulder
2. Hunderte Stunden Nachrichtensendungen aus dem Kabelfernsehen
3. Einen Hund
4. Pat Buchanan
5. Den Lone Gunmen

---

6. Eine Waschmaschine und einen Trockner
7. Der Menendez-Prozeß
8. *The Little Traveller* (dt. ›Der kleine Reisende‹)
9. Laut jener Unterlage, die Mr. X geschickt hat, war er sechsundvierzig.
10. Ladoslav Miriskovic

Ihre Punktzahl:

verantwortlich sein. Die Fälle Judas Priest und Ozzy Osbourne wurden inzwischen aus Mangel an Beweisen fallengelassen. Aber auch sieben Jahre später herrscht noch kein Konsens in der Frage, wie effektiv unterschwellige Botschaften sind und ob sie überhaupt Auswirkungen haben. Zahlreiche Studien kamen zu einer Vielfalt an Ergebnissen.

1987 zeigten die Psychologieprofessoren Culligan und Harding ihren Studenten den Film *Blaue Lagune*. Die erwarteten Gedanken an Sex blieben aus. Aber trotz der Fülle an Wasser auf der Leinwand suchten die Studenten in der Pause eiligst die Wasserbrunnen auf. Nachdem man ihnen anschließend die Bilder von tropfenden Wasserhähnen, vollen Wassergläsern und Sanddünen, die nach jedem fünfundvierzigsten Bild unterschwellig in den Film eingefügt worden waren, präsentiert hatte, waren die einhundertachtzehn Studenten fest davon überzeugt, daß etwas Ungewöhnliches mit ihnen vorgegangen war.

Ein Experiment von Dr. Christian Clein im Jahre 1989 zielte auf den vermeintlichen Hunger von Personen ab, die Diät halten sollten. Es wurde unter wesentlich schärfer kontrollierten Bedingungen durchgeführt, lockte aber weder ein Magenknurren noch einen Tropfen Speichel hervor.

Spangenberg, Obermiller und Greenwald untersuchten die Effektivität von Aufnahmen zur unterschwelligen Selbsttherapie. Dabei entdeckten sie zwei interessante Phänomene, die miteinander in Verbindung zu stehen schienen. Als erstes stellten sie fest, daß bei den Versuchspersonen keine Korrelation zwischen unterschwelliger Botschaft und Verhalten eintrat, obwohl sie sorgfältig abgeschirmt waren und zusätzlich Placebos erhielten. Anschließend wurden einige der Bänder – unter anderem eines zur Entspannung und ein Lernprogramm – absichtlich mit falschen Aufklebern versehen. Da meldeten plötzlich viele der freiwilligen Testpersonen einen gewissen Effekt, der dem Aufkleber auf der Kassette entsprach. Allerdings verspürte niemand einen Effekt, der nach den unterschwelligen Botschaften zu erwarten gewesen wäre. Spangenberg und seine Kollegen schienen schließlich bewiesen zu haben, daß die meisten Personen, die nun einmal 14,95 Dollar investiert hatten, entschlossen waren, ihr Geld nicht als verschwendet betrachten zu müssen.

Was Rahmen, Umfang und, wie viele behaupten, auch die angemessene Darstellung der Auswirkungen unterschwelliger Botschaften betrifft, halten Rochester und Winston den Rekord. Zwischen 1987 und 1993 befragten sie 1 725 Personen und entwarfen sechs Versuchsszenarien, die jeder kritischen Überprüfung standhielten. Sie fanden heraus, daß annähernd 81 Prozent der Bevölkerung auf unterschwellige Botschaften und Bilder ansprechen. 64 Prozent eines beliebigen Publikums zeigen eine gemäßigte Reaktion, und 15 Prozent reagieren schnell und deutlich auf solche Botschaften.

Verhaltensanweisungen, die vom sozialen Standpunkt aus so akzeptabel sind wie »Stehlen Sie nicht«, dürften kaum als schädlich einzustufen sein. Tatsächlich gelten Gefängnisse, psychiatrische Kliniken und Entbindungsstationen gemeinhin als Orte, an denen unterschwellige, aber sozial vertretbare Botschaften vorteilhaft wirken könnten.

So verschieden die Ergebnisse der Wissenschaftler waren, so verschieden sind auch die Reaktionen der Empfänger auf unterschwellige Botschaften. Ein ausgeglichener Mensch, der vielleicht gewisse Hemmungen hat, sich in der Öffentlichkeit zu artikulieren, könnte von der Botschaft »Du kannst alles erreichen!« profitieren. Dagegen könnte ein Soziopath aufgrund der gleichen Suggestion im nächsten McDonald's Amok laufen.

FEHLERHINWEIS!

Mulder behauptet, er habe sechsunddreißig Stunden Videomaterial im Schnelldurchlauf angesehen. Das letzte Band, das er vom Recorder nimmt, war aber nie *in* dem Gerät. Es hatte nur zum Schein dort gelegen, während das Signal von einer externen Quelle eingespeist wurde.

Haben Sie die Anspielungen auf ›Jeopardy‹ in dieser Episode bemerkt? Sehen Sie sich einmal Mrs. Riddicks Videosammlung an. Sie werden eine Kassette bemerken, auf deren Etikett ›Jeopardy‹ steht.

Tachistoskop: jenes Gerät, das Vicary verwendete, um Lichtblitze und Bilder in Intervallen von 1/60 000 Sekunde auszustrahlen.

Trotz umfangreicher Forschungsarbeiten weiß man noch nicht genau, wie weit die Wirkungen spezifischer unterschwelliger Botschaften tatsächlich reichen. Der in ›Wet Wired‹ konstruierte Fall übersteigt zwar in weiten Teilen die Ergebnisse der modernen Forschung auf diesem Gebiet, aber zumindest ein Faktor, der erwiesenermaßen Einfluß auf den emotionalen Zustand von Menschen hat, wurde hier behandelt: Farbe. Hellrosa angestrichene Gefängnisse mögen, oberflächlich betrachtet, absurd anmuten; dennoch haben sich Effekte nachweisen lassen. Experimente mit Insassen, die in etwa das gleiche Sicherheitsrisiko darstellten und bei denen andere Lebensumstände aufgrund eines hohen Ähnlichkeitsgrades ausgeklammert werden konnten, zeigten, daß bestimmte Farben eine dämpfende Wirkung auf die Gewalttätigkeit ausüben.

Wir stehen erst am Anfang einer Entwicklung, in deren Verlauf wir die komplexen Beziehungen zwischen Körper und Geist möglicherweise erklären werden. Noch existieren mehr ungelöste Fragen als Antworten. Solange unterschwellige Botschaften geschickt eingestreut werden, wird die Öffentlichkeit nie mit letzter Sicherheit wissen, wann sie solchen Beeinflussungen ausgesetzt ist. Bisher konnten nur wenige Personen dazu überredet werden, noch nicht erprobte Medikamente zu Testzwecken einzunehmen. Die Intentionen und Auswirkungen beim Einsatz von unterschwelligen Botschaften sind ähnlich denen bei der Anwendung von Medikamenten. Es verwundert daher kaum, daß Menschen sich weigern, einer solchen Manipulation unterzogen zu werden.

Zunächst berichteten nur einige Fachzeitschriften, später dann auch Massenblätter wie *The Los Angeles Times*, daß Regisseur William Friedkin dem Einsatz unterschwelliger Botschaften in seinem Mystery-Thriller *Jade* zugestimmt habe. Regisseure, Produktionsfirmen und Filmverleihe fanden sich bald einem gezielten Kreuzverhör ausgesetzt. Die Antworten, die sie gaben, konnten nicht völlig befriedigen. Noch empörter reagierte die Öffentlichkeit, als sich herausstellte, daß in anderen Filmen – wie *Der Exorzist* oder *Cruising* – mit Hilfe raffinierter Schnitte Bilder untergebracht worden waren, die keiner Filmaufsicht standgehalten hätten. Derzeit werden zwei Gesetzesentwürfe vorbereitet, die die Filmstudios dazu zwingen sollen, das Publikum entweder vor solchen unterschwelligen Bildern zu warnen oder sie ganz wegzulassen.

In den USA hat die staatliche Kommission für Kommunikationswesen (FCC) 1974 alle unterschwelligen Botschaften in Rundfunk und Fernsehen verboten. Das Publikum von *Akte X* kann sicher sein, mit der Sendung keine zusätzlichen elektronischen Botschaften verabreicht zu bekommen. Wer seine Freizeit dagegen vor einem Computer verbringt, sich mit Videospielen vergnügt oder ins Kino geht, dem kann die FCC eine solche Sicherheit natürlich nicht garantieren.

Sollten Sie sich, wenn der erste *Akte-X*-Film in die Kinos kommt, also bei dem Gedanken ertappen, eine zweite Riesentüte Popcorn oder mal wieder Coca-Cola statt Pepsi wäre nicht schlecht, dann bestätigen Sie damit lediglich die Untersuchungsergebnisse von James Vicary, der für sich in Anspruch nahm, die unfehlbare Wirkung von unterschwelligen Botschaften enttarnt zu haben. Er behauptete, durch die unterschwelligen Botschaften »Eßt Popcorn« und »Trinkt Coca-Cola« seien die Verkaufszahlen für Popcorn um 57,5 Prozent und für Coca-Cola um 18,1 Prozent gestiegen. Jedenfalls wenn man davon ausgehen will, daß Vicary mit den Ergebnissen nicht ähnliche Spiele trieb wie mit seinen Arbeitgebern – er wurde anschließend Marketing-Berater, verdiente ungefähr 4,5 Millionen Dollar (was heute einer Summe von etwa 22,5 Millio-

Vicarys Popcorn-Experiment wurde angeblich in einem Autokino in Fort Lee, New Jersey, durchgeführt. In vielen Quellen wurde der Ort jedoch fälschlicherweise in die Nähe von Grover's Mill verlegt. X-Philes werden sich erinnern, daß das der Schauplatz von ›Krieg der Koprophagen‹ war. Langjährige Sciencefiction-Freaks erkennen natürlich auch sofort den Bezug zu Orson Welles' Hörspielklassiker über die Invasion vom Mars, *Krieg der Welten.*

nen Dollar, also um die 33 Millionen Mark, entspräche) und verschwand dann ohne Angabe einer neuen Adresse. Der Wissenschaftler Stuart Rogers, den die Neigung auszeichnet, Studien wie die Vicarys gründlich zu überprüfen, hat überzeugend dargelegt, daß Vicary sein berühmtes ›Popcorn-Experiment‹ nie durchgeführt hat.

Sollten unterschwellige Botschaften tatsächlich nicht die ihnen vielfach zugeschriebene Wirkung erzielen, dann ist zumindest ein Spielehersteller einem Irrglauben aufgesessen. Time Warner stellte sein Computerspiel ›Endorfun‹ als Mischung aus ›Tetris‹ und Gehirnwäsche vor. Man warb damit, daß dieses Spiel nicht nur unterhalte, sondern auch zu einem ›positiven Selbstwertgefühl‹ verhelfe. Die Spieler kämen in den Genuß eines qualitativ hochwertigen CD-ROM-Spiels, das nicht wie viele Neuerscheinungen auf diesem Markt auf Gewalt aufbaue, sondern zweiundvierzig verschiedene Spiele (mit fünfhundert Levels) biete. Zwischenzeitlich wird dem Anwender an vielen Stellen unterschwellig vermittelt:

»Ich bin ein Gewinnertyp!«
»Ich bin ganz ruhig!«
»Ich kann alles erreichen!«
»Ich bin glücklich und zufrieden!«

Sollte sich herausstellen, daß die nächste Generation von Spielern glücklicher und zufriedener ist, dann könnte damit die Frage nach der Wirksamkeit von unterschwelligen Botschaften beantwortet worden sein.

FALL X-3.24

Codename: ›Talitha Cumi‹

ZUSAMMENFASSUNG

Mulder und Scully kommen an den Tatort, der eigentlich Szenerie eines blutigen Verbrechens sein sollte. Sie sind erstaunt, als sie die Opfer des bewaffneten Überfalls auf wunderbare Weise geheilt vorfinden. Der

David Duchovny und der ›Krebskandidat‹ William B. Davis

ZITAT

»Menschen können nie frei sein, denn sie sind schwach, korrupt, wertlos und rastlos. Sie glauben an Autorität und sind es leid, auf Wunder und Mysterien zu warten. Ihre Religion ist die Wissenschaft. Höhere Erklärungen existieren für sie nicht. Wenn das ›Projekt‹ weitergeführt wird, werden sie auch nie etwas anderes glauben müssen.«

– Der Kettenraucher

mysteriöse Wohltäter ist, um einer Befragung zu entgehen, ›einfach verschwunden‹. Die Jagd auf Jeremiah Smith spitzt sich zu, als Scully übers ganze Land verstreut eine Reihe identischer Männer entdeckt, die den geklonten Gregors auf erschreckende Weise ähneln.

HINTERGRUND

Am Anfang – und am Ende!

Wenn es einen Satz gibt, der dem Fernsehpublikum verhaßt ist, dann »Fortsetzung folgt«.

Mit diesen zwei brutal an das Ende von ›Anasazi‹ angehängten Worten wurde die *Akte-X*-Fangemeinde zu einer viermonatigen, beinahe unerträglichen Wartezeit zwischen den Staffeln verurteilt. X-Philes wurden mit der quälenden Frage allein gelassen, ob oder wie Mulder aus dem geschlossenen, brennenden Eisenbahnwaggon in einem abgelegenen Winkel des Navajo-Reservates entkommen kann. Erinnerungen an das Ende der vorhergehenden Staffel, die auf ähnlich grausame Weise geendet hatte, kamen auf. Auch hier gab das *Akte-X*-Team seinem Publikum einige heimtückische Fragen mit auf den langen Weg durch die Sommerpause: Ließ sich *Akte X* dazu herab, in einer Hommage an klassische Science-fiction- und Horrorgeschichten den Schluß von *Krieg der Sterne* zu imitieren? Stand Fox Mulder, von Schuldgefühlen gebeutelt, vor der Erkenntnis, daß seine Nemesis niemand anderes als sein Vater war? War seine Mutter, die er so liebevoll ins Bett brachte – was unter X-Philes eine heftige Diskussionen über den Ödipuskomplex auslöste – früher einmal die Geliebte des Feindes?

Wilde Spekulationen liefen den Fragen »Wer tötete Laura Palmer?« und »Wer erschoß J. R.?« den Rang ab. Längst begannen die Videoaufzeichnungen zu verblassen, während die Fangemeinde noch immer auf die Auflösung im September – und auf den nächsten tiefen

Atemzug – wartete. Um die Spannung halbwegs erträglich zu gestalten, gruben sich die X-Philes ein, kratzten den letzten Rest Geduld zusammen und behalfen sich mit einer Notlösung, um den Streß der vielen Zwei- und Dreiteiler abzubauen. Da jedesmal gegen Staffelende die Verwicklungen der Verschwörung von Episode zu Episode undurchsichtiger, die Monster schrecklicher und der nackte Horror unerträglicher geworden waren, hatten clevere Fans ein Spiel erfunden, mit dem sich sowohl die Zeit zwischen den Staffeln als auch die Werbeunterbrechungen überbrücken ließen: Das inoffizielle ›*Akte-X*-Trinkspiel‹. (Jugendliche ersetzen die Drinks durch Gummibärchen, Erdnußflips oder, um einen Hauch von Nostalgie ins Spiel zu bringen, durch Sonnenblumenkerne. Bitte beachten Sie, daß Sie sich nach einem *Akte-X*-Episodenmarathon für einige Tage nicht ans Steuer eines Wagens setzen oder komplizierte Maschinen bedienen sollten!)

1. SCHRITT: ***Bereiten Sie den Rahmen vor.***

- Legen Sie so viele Videos mit Episoden bereit, wie Sie an einem Abend bequem anschauen können.
- Laden Sie andere X-Philes ein.
- Stellen Sie Getränke und eine Auswahl Knabbereien in Reichweite.
- Schalten Sie das Licht aus.
- Vergewissern Sie sich, daß *Sie* die Fernbedienung bedienen.

2. SCHRITT: ***Passen Sie genau auf, denn jetzt beginnt der Spaß!***

Nippen Sie einmal an ihrem Getränk, oder nehmen Sie ein Knabberstück, wenn folgendes geschieht:

- Jemand sagt: »Ich weiß es nicht!«
- Scully verdreht die Augen.

RÄTSEL 25

Leichte Fragen: Notieren Sie sich 1 Punkt für jede richtige Antwort.

1. **Weshalb muß Mrs. Mulder ins Krankenhaus?**
2. **Wo findet Mulder das Mikrofon?**
3. **Welches Wort schreibt Mrs. Mulder als Nachricht in Scullys Notizbuch?**
4. **Wie viele Menschen sind im Restaurant erschossen worden?**
5. **In welcher Gefängniszelle sitzt Jeremiah Smith ein?**

Es wird schwieriger: Notieren Sie sich 2 Punkte für jede richtige Antwort.

6. **Für welche Agentur arbeitet Jeremiah Smith?**
7. **Welcher Sender gibt Mulder ein Band von Jeremiah Smith?**
8. **Welche anderen Personen scheint Jeremiah Smith während des Verhörs zu sein?**
9. **Wo hat Familie Mulder ein Sommerhaus?**
10. **Welche ›Diagnose‹ stellt Jeremiah Smith dem Kettenraucher?**

ANTWORTEN

1. Wegen eines Schlaganfalles
2. In einer Lampe
3. PALM
4. Vier. Drei von Galen Muntz und Galen selbst
5. B18

6. Für die *Social Security Administration* (Sozialversicherungsanstalt)
7. WZCO, Kanal 11
8. William Mulder und Deep Throat
9. In Quonochontuag auf Rhode Island (Notieren Sie sich einen zusätzlichen Punkt, wenn Sie den Namen richtig buchstabiert oder geschrieben haben.)
10. Smith behauptet, der Kettenraucher habe Lungenkrebs.

Ihre Punktzahl:

- Mulder erläutert eine Theorie, die seine Partnerin verblüfft.
- Es wird eine andere Sprache als Deutsch gesprochen, oder Untertitel werden eingeblendet.
- Scully oder Mulder sagen: »Ich bin's.«
- Mulder wird anders als ›Mulder‹ genannt.
- Der Kettenraucher blickt durch die Rauchwolken seiner Zigarette.
- Mulder verliert seine Waffe oder sein Handy.
- Unsere Lieblingsagenten benutzen ihre Spezialtaschenlampen.
- Irgendeine Figur auf dem Bildschirm sieht/ißt/erwähnt Sonnenblumenkerne.
- Scully nimmt eine Autopsie an einer menschlichen Leiche vor.
- Mulder, Scully oder einer ihrer Kollegen bringen die Wissenschaft durcheinander.
- Eine Filmfigur, die nur durch einen beschreibenden Namen (zum Beispiel ›Kettenraucher‹) bekannt ist, taucht während einer Ermittlung auf.
- Eine Großaufnahme von Scullys Füßen wird eingeblendet.
- Im Hintergrund spielt moderne Musik.
- Mulder und/oder Scully geraten mit Vertretern der örtlichen Polizei- oder Justizbehörden in Konflikt.
- Scully und/oder Mulder stecken etwas in ein Fläschchen für Untersuchungsproben.
- Sie ertappen sich dabei, daß Sie ein Lexikon zu Rate ziehen.
- Irgendeine Filmfigur untersucht irgend etwas allein.

Wenn Sie folgendes hören oder sehen, nippen Sie zweimal an ihrem Getränk oder nehmen Sie zwei Knabberstücke:

- Scully erläutert eine Blutung.

- Eine Ziffernfolge erweckt den Anschein, als müsse sie etwas bedeuten.
- Bewaffnete Uniformierte, die bereit sind, unsere Helden zu erledigen, erscheinen auf Befehl eines geheimnisvollen Mannes.
- Scully und/oder Mulder mieten einen Wagen bei Lariat Rent-A-Car.
- Mulder spielt auf seine pornografische Sammlung oder sein Interesse für Pornografie an.
- Jemand befestigt Klebeband in X-Form an einem Fenster.
- Eine häufig auftretende Person sagt die Wörter ›Entführung‹ und ›Samantha‹ in einem Atemzug.
- Scully führt eine Autopsie an etwas *anderem* als einer menschlichen Leiche durch.
- Ein Hubschrauber erscheint.
- Jemand wird in einem Badezimmer angegriffen.
- Scully und Mulder bekommen DNS-/PKR-Testergebnisse in weniger als vierundzwanzig Stunden zurück.
- Eine Figur nennt eine andere ›Hurensohn‹.
- Eine tote Figur erscheint unter ›ungewöhnlichen‹ Umständen.
- Ein Außerirdischer (oder mehrere) taucht auf.
- Wir kommen in den Genuß, etwas durch ein Mikroskop betrachten zu dürfen.
- Mrs. Mulder schnieft.
- Scully und/oder Mulder tragen eine Brille.
- Die Kamera zeigt eine Uhr in Großaufnahme.
- Jemand spielt auf den Roswell-Zwischenfall an.
- Mulder scheint zu vergessen, daß er einen Abschluß in Psychologie besitzt, Scully vergißt ihren Abschluß in Physik.
- Jemand zitiert aus der Bibel.

Bei folgenden, seltenen Szenen haben Sie sich einen großen Schluck oder eine Handvoll Knabbereien verdient:

Haben Sie den Namen des Restaurants bemerkt? ›Brothers K‹ ist eine Anspielung auf *Die Brüder Karamasow* von Fjodor Dostojewskij. Die Szenen zwischen dem Kettenraucher und dem inhaftierten Jeremiah Smith sind dem Kapitel ›Der Großinquisitor‹ nachempfunden.

Amüsiert Sie der Gedanke, der Kettenraucher fahre Wasserski? William B. Davis, Darsteller des Kettenrauchers, war in seiner Jugend kanadischer Meister im Wasserskisport.

- Scully ist mit Mulder einer Meinung.
- Mulder spricht Scully anders als mit ›Scully‹ an.
- Scully und Mulder befinden sich in einem dunklen Raum und haben *etwas anderes* als ihre Spezialtaschenlampen dabei.
- Der Abspann enthält eine andere Botschaft als THE TRUTH IS OUT THERE.
- Mulder oder Scully treffen eine frühere Geliebte/einen früheren Geliebten.
- Eine der Hauptfiguren erscheint ohne Straßenkleidung.
- Jemand aus den Familien Mulder oder Scully wird ermordet.
- Irgend jemand wird hypnotisiert.
- Etwas explodiert.
- Jemand, gegen den ermittelt wird, befindet sich offenbar in einem bipolaren Zustand.
- Mulder und Scully erfahren in ihren Ermittlungen unbedingte Unterstützung durch die örtlichen Polizei- und/oder Justizbehörden.
- Tote Tiere sind zu sehen.

Sollte sich eine der folgenden Szenen ereignen, schalten Sie das Videogerät (oder den Fernsehapparat) ab. Gehen Sie mit Freunden aus, und machen Sie sich einen unvergeßlichen Abend, denn jetzt ist ohnehin alles vorbei!

- Die echte, ungeklonte Samantha Mulder wird gefunden.
- Mulder präsentiert dem Kongreß unwiderlegbare Beweise für die Existenz außerirdischer biologischer Einheiten.
- Scully und Mulder landen miteinander im Bett.

3. SCHRITT: ***Laden Sie die nächste Gruppe von Opfern ein.***

Beginnen Sie wieder mit dem 1. Schritt.

4. SCHRITT: ***Halten Sie diese Liste bereit, falls die nächste Staffel wieder an der spannendsten Stelle enden sollte, nur Wiederholungen ausgestrahlt werden oder falls Sie die Zeit zwischen den unvermeidlichen Zweiteilern überbrücken müssen.***

... viel Vergnügen!

Betreff: X-Akten.
Man lernt sich näher kennen

Das Publikum darf erwarten, daß die Filmfiguren im Laufe von drei Staffeln und mehr als siebzig Episoden kleine Besonderheiten entwickeln. Eine gewisse Ausprägung persönlicher Eigenarten, Vorlieben, Abneigungen und anderer emotionaler Wesenszüge erscheint normal. Wenn eine junge, attraktive Agentin darauf versessen ist, jeden Kadaver, über den sie stolpert, eigenhändig aufzuschneiden, obwohl dafür zahlreiche teils vom Staat und teils von der Kommune beschäftigte Mediziner angestellt sind, dann sollte man den Zuschauern verzeihen, wenn sie wissen wollen, wie diese Agentin ihre Freizeit verbringt.

ERSTE STAFFEL

Pilotfilm: ›Gezeichnet‹

In ihrem ersten gemeinsamen Fall beginnt für Scully, die bis dahin anscheinend noch nie an einer Exhumierung teilgenommen hat, ein lang andauernder und sehr persönlicher Umgang mit Leichen. Die erste Autopsie führt sie an dem toten ›Ray Soames‹ durch – oder einem Schimpansen – oder einem Orang Utan – oder...

›Schatten‹

Als könnte Scully gar nicht genug Zeit im Leichenschauhaus verbringen, untersucht sie sogar für die CIA Leichen! In diesem Fall sind es die zweier Möchtegerngauner, die zu ihrem Unglück versucht hatten, Lauren Kyte zu berauben. Das Auffällige an diesen Todesfällen – daß die Kehlen von *innen* zerdrückt worden waren – war bereits festgestellt worden.

›Eis‹

›Eis‹ beschert Scully mehr Autopsiepraxis als jeder andere Fall. Sie untersucht die sechs Leichen der Forscher, die in den Einrichtungen des arktischen Eiskernprojektes zu Tode kamen, sowie die von Bear und Denny. Insgesamt finden acht Tote den Weg in Leichensäcke und Kühlraum, bevor sie das Gelände verlassen. Der Hund des Projektes wird nur durch einige interessante Untersuchungstechniken davor bewahrt, ebenfalls auf der Liste zu landen.

›Der Wunderheiler‹

Trotz der Einwände eines evangelischen Kirchenvertreters gelingt es Scully schließlich, eine Autopsie an einem der vielen Bittsteller durchzuführen, die unter den Augen des wundertätigen Geistlichen starben. Wie vermutet, starb das Opfer Margaret Homan nicht an Handauflegen. Scully stellt als direktere und glaubwürdigere offizielle Todesursache Gift fest.

›Wiedergeboren‹

Als nächstes bekommt Scully Detective Barbala unters Messer. Er hatte sich in Begleitung von Michelle Bishop aus dem Fenster einer Polizeistation gestürzt. Nachträglich mag es Scully wie Zeitverschwendung vorgekommen sein, denn der einzige verwertbare Beweis – eine Verletzung wie nach einer Hinrichtung auf dem elektrischen Stuhl – war bereits von ihrem Partner vorausgesagt worden.

ZWEITE STAFFEL

›Kontakt‹

Sogar wenn Mulder sie nicht in neue, bizarre Fälle hineinzieht, kann Scully den scheußlichen grünen Ärztekitteln offensichtlich nicht entrinnen. Nachdem die X-Akten geschlossen wurden und man Scully nach Quantico zurückbeorderte, erfährt sie, daß ihre erste Aufgabe dort darin besteht, eine Autopsie als Anschauungsunterricht für Nachwuchsagenten durchzuführen.

›Der Parasit‹

Eigentlich sollte man meinen, daß Scully mittlerweile von Autopsien genug gehabt hätte. Während des ersten Jahres hat sie durchschnittlich eine Leiche pro Monat autopsiert, und zu Beginn des zweiten Jahres befaßt sie sich zum Wohle ihrer Studenten praktisch und theoretisch mit einem weiteren Schwung Leichen. Dennoch genügt ihr das offensichtlich nicht. In ›Der Parasit‹ *bittet* sie darum, die bisher unangenehmste aller Leichen obduzieren zu dürfen – die, in der sich ein kleines Egelwesen befindet.

›Blut‹

Offenbar hält Mulder Scullys freiwillige Autopsien seiner zahlreichen ›reisefertigen‹ Leichen für ein Zeichen von Enthusiasmus. Dieser soll natürlich auch erhalten bleiben, nachdem es ihr gelungen ist, den Schulungslabors von Quantico wieder zu entkommen. Mrs. MacRoberts, die Hausfrau, die scheinbar an einer Untersuchung Mulders vor dessen Tod interessiert war, dann aber selbst erschossen wurde, kommt als erste auf den Seziertisch. Im Laufe der nächsten Episoden sollen noch viele folgen.

›Schlaflos‹

Mulder bleibt seiner Praxis treu, Leichen zu behandeln, als könnten sie zum Versand eingepackt werden. Er *schickt* Scully buchstäblich einen ihrer seltsamsten Fälle. Trotz aller körperlichen Gegenanzeigen weist Dr. Grissom die erforderlichen biologischen Merkmale auf, die Scullys Neugier wecken. Um wieviel neugieriger müßte sie wohl sein, damit sie sich von ihrer zweiten Unterrichtsstunde am Bildschirm im Fach ›Wie-man-sie-am-besten-zerschneidet‹ ablenken ließe?

›Der Vulkan‹

Falls es in Scullys Leben ein einschneidendes Ereignis gegeben hat, dann war es ihre Entführung. Aber auch das bringt sie nicht von ihrer alten Gewohnheit ab, sich mit dem Inneren toter Körper zu beschäftigen. Trotz eines Mangels an geeignetem Werkzeug schafft sie es, eine ausführliche Autopsie an Tanaka durchzuführen. Dabei identifiziert sie einen bis dato unbekannten Organismus, obwohl ihr lediglich ein geologisches Labor zur Verfügung steht. Keine schlechte Leistung für eine Frau, die ihren ersten Fall seit Monaten bearbeitet und noch dazu soeben selbst dem Tod von der Schippe gesprungen ist. Trotzdem war sie wahrscheinlich froh, als Trepkos Ludwig in den Dampfhöhlen sorgfältig einäscherte. Die *Akte-X*-Crew mag das Bizarre. Es muß schwierig gewesen sein, mit jener kondomartigen Prothese zu arbeiten, ohne in Gelächter auszubrechen.

›Todestrieb‹

Diese Folge war eine Offenbarung für die meisten Scully-Fans. Nachdem Scully zwei Jahre lang massenweise Autopsien mit eisiger Routine durchgeführt hat, überrascht sie das Publikum jetzt. Mulder mag beim Anblick eines sternenklaren Himmels poetisch werden. Scullys einzigartiger Moment, in dem sie endlich einmal eine *kleine* Reaktion auf die dramatischen und bedrückenden Ereignisse seit ihrem Zusammentreffen mit Duane Barry zeigt, ereignet sich ausgerechnet angesichts der verstümmelten Leiche einer Prostituierten.

›Frische Knochen‹

Zeigte Scully in ›Todestrieb‹ angesichts einer Leiche noch Emotionen, erscheint sie jetzt wieder völlig ausgeglichen. Sie verlangt, die Leiche eines jungen Soldaten, dessen Todesursache ein gewöhnlicher Autounfall war, persönlich zu begutachten. Sie findet einen toten Hund, wo eigentlich der Leichnam sein sollte. Das ändert ihre Einstellung zu unmittelbar nach dem Tod durchgeführten Autopsien. Auf lange Sicht ist das eine vernünftige Überlegung – immerhin könnte die Leiche ja noch leben.

›Die Kolonie – Teil 1‹

Vielleicht legt man ein bißchen weniger Wert darauf, die Untersuchung als erster durchzuführen, wenn die Autopsieobjekte aufstehen und den Raum verlassen. Obwohl Mulder anregt, Scully solle sich einen Autopsietisch für die Untersuchung eines verstorbenen Agenten suchen, scheint sie in ›Die Kolonie – Teil 1‹ damit zufrieden zu sein, die Leiche in Augenschein zu nehmen und sich auf das offizielle Ergebnis einer früheren Autopsie zu verlassen.

›Sophie‹

Obwohl Scully für einige Wochen keinen Autopsieraum mehr betreten wird, kommt sie nicht umhin, im Inneren ihrer Opfer nach Beweisen zu suchen. In einem behelfsmäßigen Leichenschauhaus steckt sie buchstäblich bis zur Halskrause in ihrem nächsten und bislang größten Untersuchungsobjekt: Sie muß Gewebe aus der Gebärmutter eines Elefanten entnehmen und untersuchen. In der langen Reihe ihrer durchgeführten Autopsien ist diese Leichenschau die wohl sonderbarste, schmutzigste und produktivste ihrer Laufbahn. Immerhin findet Scully diesmal eine eindeutige Antwort: Ja, die Elefantenkuh war trächtig. Im Nachhinein, unter der

Dusche, muß sie sich allerdings fragen, ob diese Antwort es wert war, in einem drei Tage alten, verwesenden Kadaver eines Elefanten gestanden zu haben.

›Der Zirkus‹

Die Neugier läßt Scully keine Ruhe. Einmal mehr wird bewiesen, daß der Zirkus die ultimative Form der Unterhaltung ist. Dort findet jeder etwas für seinen Geschmack – sogar jemand, der in der Zeit, in der ihn die Kamera nicht erfaßt, in den Eingeweiden anderer Leute wühlt. Wie oft hat ein Mädchen schließlich Gelegenheit, das Innere eines Mannes, der als Motel für einen umherwandernden Zwilling fungiert, aus der Nähe zu betrachten?

›Unsere kleine Stadt‹

Scully ist beinahe wieder zur Routinearbeit zurückgekehrt. Während der Autopsie von Paula Gray entdeckt sie eine einfache, unspektakuläre, aber dennoch seltene Krankheit, die sich mit traditionellen Mitteln diagnostizieren läßt. Ihr Kommentar: »Ich glaube, die Autopsie von Paula Gray wird einiges aufklären.«

DRITTE STAFFEL

›Blitzschlag‹

Darren Oswalds ungewöhnliche Art, seine Opfer umzubringen, führt dazu, daß Scully interessantes Beweismaterial zu untersuchen hat. Obwohl ein örtlicher Leichenbeschauer bereits Untersuchungen durchgeführt hat, widmet sie sich den Leichen erneut. Der einzige Grund dafür, sich den Morgen mit geröstetem grauem Star und gut durchgebratenen Herzmuskeln um die Ohren zu schlagen, besteht darin, daß ihr Partner sie darum gebeten hat. Vielleicht ist sie auch nur dankbar, daß Mulder nicht von ihr erwartet, die gleichen Untersuchungen an den toten Kühen durchzuführen.

›Der Hellseher‹

Man muß kein Hellseher sein, um vorauszusehen, daß Scully wieder einmal einen Vormittag in zu großer Einwegkleidung und Latexhandschuhen verbringen wird, wenn eine Leiche gefunden wird. Aber ›Der Hellseher‹ wartet mit einer netten Variante auf.

Obwohl jemand anderes den größten Teil der Autopsien an den Hellsehern bereits vorgenommen zu haben scheint, kann Scully nicht widerstehen und schaltet sich ein. Sie autopsiert einen Puppensammler, der die Zukunft aus Teeblättern vorherzusagen pflegte und dessen Leiche aus einem See in der Nähe eines ›Nazi-Sturmtrupplers‹ gezogen wurde.

›Die Liste‹

Trotz der vielen Leichen, die sich aufgrund ›der Liste‹ einstellen, beweist Scully in diesem Fall bewundernswerte Zurückhaltung. Sie beschränkt sich auf die Anregung, der offizielle Pathologe solle die Leichen in den Kühlraum schaffen, bevor die Maden eventuell vorhandene Beweise zerstören könnten. Sogar als schließlich der Körper zu einem abgetrennten Kopf, der bereits im Leichenschauhaus liegt, gefunden wird, ignoriert Scully Mulders Sticheleien und läßt jemand anderen den wachsenden Leichenberg bearbeiten. Erstaunlicherweise obduziert die Agentin keinen der fünf toten Männer von Neechs Liste.

›Fett‹

In einem Rückfall in alte Gewohnheiten entschließt sich Scully, die Autopsie an Lauren MacKalvey selbst durchzuführen. Sie ersetzt den zuständigen Pathologen Dr. Kramer und bringt die Gefühlswelt des zartbesaiteten jungen Ermittlers Detective Cross durcheinander. Weil das Opfer bereits stark verwest ist, erweist sich die Untersuchung als fragwürdig – vielleicht überläßt Dr. Kramer sein Labor deshalb willig einer Außenstehenden.

›Offenbarung‹

Als Scully den Eindruck hat, daß sich die religiösen Überzeugungen aus ihrer Jugend vor ihr auf dem Obduktionstisch bewahrheiten, sinkt ihre Begeisterung für das Leichenschauhaus rapide. ›St. Owen‹, wie Mulder den ungewöhnlichen Mann nennt, der nur ›in den Himmel kommen‹ wolle, verfolgt Scully auf eine Art wie sonst selbst die groteskesten Leichen nicht. Religion im fest umrissenen, konfessionellen Rahmen ist offensichtlich etwas ganz anderes als Religion, die sich in der sterilen, wissenschaftlichen Umgebung eines Leichenschauhauses regt. Normalerweise erwartet im Leichenschauhaus niemand den Duft frischer Rosen.

›Andere Wahrheiten‹

Scullys unheimliche Begegnung im Leichenschauhaus von Ohio hat ihren Enthusiasmus für diese Art der Ermittlungsarbeit offensichtlich gedämpft.

Bis zu ›Andere Wahrheiten‹ hat sie kein Autopsielabor mehr betreten. In diesem Fall ist ihr Untersuchungsobjekt jedoch alles andere als übernatürlich. Der Karriere ist es eben nicht unbedingt förderlich, wenn sie als neue Hauptdarstellerin in dem Film *Der tote Außerirdische: Wahrheit oder Erfindung*? auftritt und Reißverschlüsse und Gummiköpfe aufspürt. Für den Rest der Episode bleibt sie der Autopsieabteilung fern.

›Heimsuchung‹

Scullys nächster Ausflug in die sterile Atmosphäre des Autopsietheaters ist wenig befriedigend. Weil Skinner in den Mord an einer Prostituierten verwickelt ist, fühlt sich die Agentin persönlich verpflichtet, die Ergebnisse der vor ihr tätigen Pathologen noch einmal gewissenhaft zu überprüfen. In ihrem Versuch, das ›merkwürdige und nicht analysierbare‹ Wesen des Vorfalls zu ergründen, zerrt sie sogar ihren Partner noch einmal vor die normal aussehende Leiche, damit er sie einem weiteren kritischen Blick unterziehe – alles vergebens. Trotz des Einsatzes aller der Abteilung zur Verfügung stehenden Mittel und ihrer Unvoreingenommenheit findet sie nichts. Allerdings werfen ihre Vorgesetzten ihr bald vor, daß sie Beweismittel verfälscht habe, um Skinner zu entlasten. Anscheinend lassen sich zwischen den Organen und Konservierungsmitteln sowohl Politik als auch Religion finden.

Nach zweiundsiebzig Fällen hat Scully nicht weniger als zwanzig Männer, sieben Frauen, einen Elefanten und ein unbekanntes Wesen, das ein Orang Utan gewesen sein könnte oder auch nicht, aufgeschnitten und wieder zugenäht. Nicht schlecht für eine Agentin, die innerhalb der Autopsiebehörde keine Amtsgewalt besitzt, keiner Klinik angehört und selbst beim FBI nicht für Laboruntersuchungen verantwortlich ist.

Betreff: X-Rätsel.
Auswertungstabelle für die Rätsel

So. Glauben Sie, daß Sie reif für eine Bewerbung beim FBI sind? Kann man Ihnen schon eigene Fälle übertragen? Zählen Sie zunächst Ihre Punktzahl zusammen - nicht mogeln! -, und stellen Sie fest, an welcher Position Sie rangieren.

Punkte	*Auswertung*
1–25	Hm, wie soll man das höflich formulieren? Ein Lone Gunman auf einer Eisbahn wäre weniger auffällig als Sie. Beginnen Sie noch einmal mit der Grundausbildung. Erbetteln, borgen oder stehlen Sie sich die sorgfältig gehüteten Videos aus den Sammlungen, die um die Videorecorder echter X-Philes herum entstanden sind. Und machen Sie sich diesmal Notizen!
26–100	Danke fürs Mitmachen! Aber wir könnten uns vorstellen, daß Sie für einen anderen Dienst besser geeignet sind - vorzugsweise unter einer anderen Regierung. Nimmt die Fremdenlegion eigentlich noch Bewerber auf?
101–150	Wären die Eintrittsanforderungen nicht auf 70 Prozent angehoben worden, hätten Sie's geschafft. Vielleicht könnte Sie ein Mentor durchschleusen. Zumindest würde er dazu beitragen, daß Sie bei Tischgesprächen über die populärste Fernsehserie der neunziger Jahre keine allzu schlechte Figur abgeben.

Punkte	*Auswertung*
151–200	Sie werden in Quantico wahrscheinlich nicht der alles überragende ›Junge mit dem goldenen Haar‹ sein, aber Sie könnten sich dort von der breiten Masse abheben. Schließlich sind die Pendrells und Danny Bernsteins das eigentliche Rückgrat der Behörde, nicht wahr?
201–205	Ja! Mit Ihrer scharfen Beobachtungsgabe, Ihrem unglaublichen Gedächtnis und Ihrer Fähigkeit, scheinbar unvereinbare Informationsteile zusammenzusetzen, sind Sie die Zukunft des FBI! Sie vermissen nicht zufällig eine Schwester, seit Sie zwölf waren?
206–?	Entschuldigen Sie, würden Sie bitte hier eintreten? Ignorieren Sie den Sicherheitshinweis. Wissen Sie, wir beobachten Leute mit Ihren – Fähigkeiten. Wer wir sind? Wir haben keine Namen...